U0557264

On Guanxi and Guanxi Networks

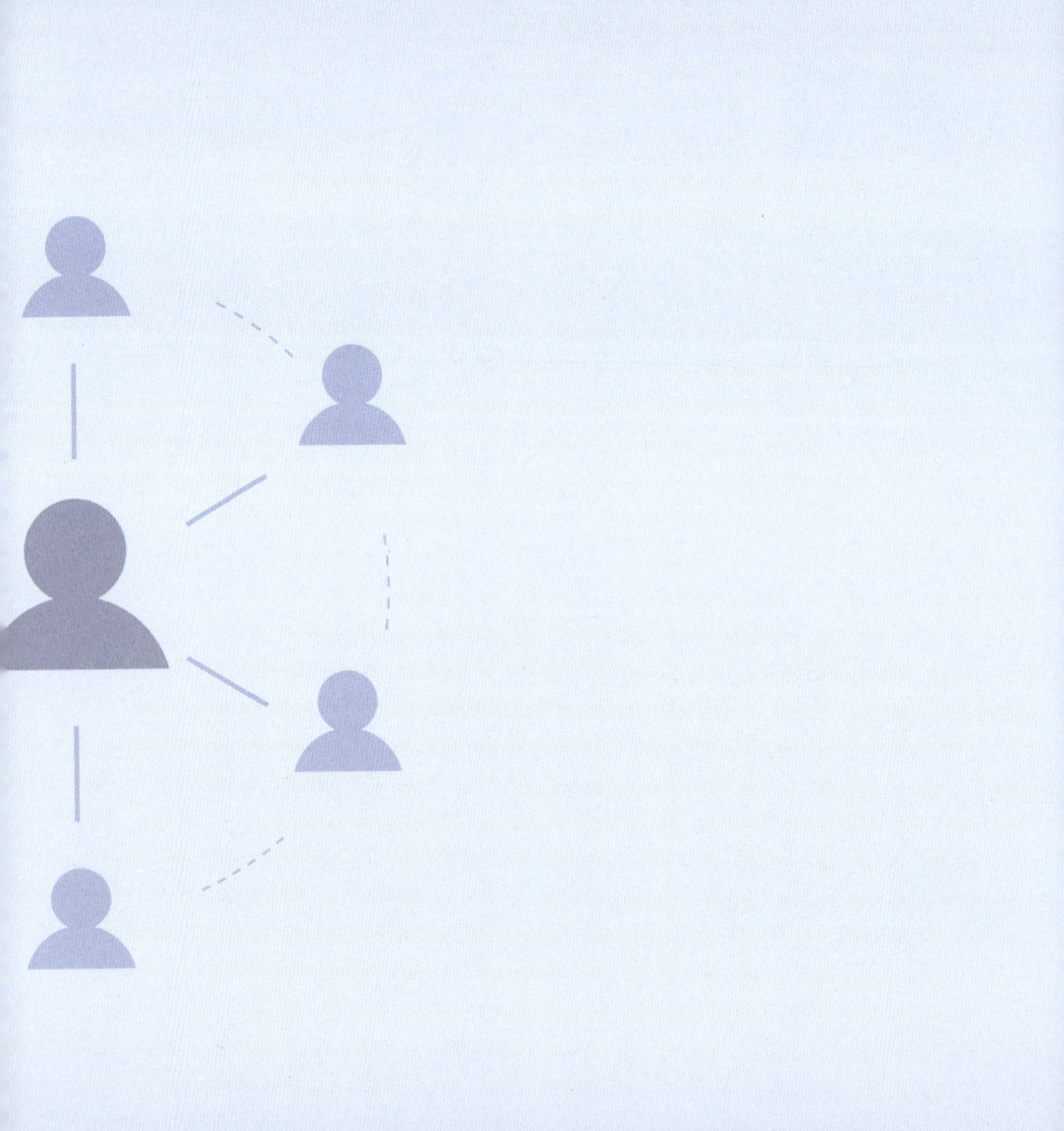

西安交通大学研究生"十四五"规划精品系列教材

■ 边燕杰 著

论关系
与关系网络

社会科学文献出版社

SSAP
SOCIAL SCIENCES ACADEMIC PRESS (CHINA)

丛书总序

边燕杰

关系社会学（Relational Sociology）是关于社会关系的本质、内在变动逻辑、影响作用的社会学研究。"关系社会学丛书"旨在向读者呈现关系社会学研究领域的学术成果，推动关系社会学研究与教学，建立关系社会学的知识体系。

社会学发轫于欧美。虽然欧美社会学不乏社会关系的经典理论和研究范例，但直到 20 世纪 70 年代社会网络分析才有了学科影响力，到了 90 年代关系社会学才被明确提出。在欧美，关系社会学是一种思维方法论、一种研究视角，是针对"实质社会学"（Substantive Sociology）而提出的。关系社会学视角中的社会行动者是社会关系的集合体，而实质社会学视角中的社会行动者是利益、价值、地位的承载体，理论上与关系无涉。可以说，从实质视角到关系视角，欧美社会学的理论抽象越来越接近现实。

关系视角是中国社会学家对国际社会学的重要学术贡献。早期留学欧美的中国学生注意到，欧美社会学关于社会和社会结构的假设，有实质社会学的倾向，无视社会关系的中心性，不完全适用于中国社会。1980 年，我和同学访问身居上海的留美社会学家应成一先生，他说的"中国只有关系，没有社会"指的就是这个意思。1950 年以前，在从关系视角探索中国社会和文化内在变动逻辑的、具有原创性的中国社会研究中，影响最大的是梁漱溟的"伦理本位"论和费孝通的"差序格局"论。20 世纪 40 年代，胡先缙关于面子的研究颇具国际影响力，美国社会学家戈夫曼（Erving Goffman）以此为基础发展了他的日常生活社会学学说。进入 20 世纪 80 年代，越来越多的中国关系研究成果在国际上发表。1992 年，费孝通的"差序格局"等系列论文集出版英译本，在国际学界产生新的影响。

创立和发展关系社会学是时代的召唤。一方面，中国改革开放四十多年的经济发展令世人瞩目，随着现代化的推进，社会关系的重要性不但没有下降，反而可能有所上升，这和现代化理论预测相悖，需要在实证研究的基础上提出新的理论解释。另一方面，在国际社会学界，社会网络和社会资本研究在过去 30 年有了长足进步，但许多被普遍接受和使用的概念、理论、方法，在中国的分析有效性有待证明，而基于中国关系现象的本土化研究，必将反过来丰富这些认识工具，同时在理论上有所创新，进而形成中国的关系社会学的理论流派。关系社会学可能成为中国社会学跨出国门、走向世界的路径。

诚挚希望这套丛书对关系社会学的研究和教学起到推动作用。

自　序

《论关系与关系网络》与读者见面了。这部专著是我在 2009 年提出"关系社会学"以来，就关系问题持续开展理论研究和实证研究所取得的阶段性学术成果的一个汇总，目的是给本科生和硕博研究生的相关课程提供一份阅读材料，也为关系研究者提供一个参考性专题读本。

关系社会学是坚持中国主体话语的学术努力和产物。以吴文藻、费孝通为代表的我国第一代、第二代社会学家，基于中国社会普遍存在的人情、面子、伦常等关系现象，走出西方社会学的群体性理论框架，坚持社会学本土化，提出了联系性理论视角，用以挖掘中国社会秩序的关系逻辑和深层结构，在 20 世纪 40 年代取得了突破性研究成果，形成了以联系性理论导向为特征的中国社会学派。在 21 世纪中国式现代化迅速发展时期创立关系社会学，我们的宗旨是继承和发展中国社会学派的联系性理论导向，深入研究当代中国社会的关系主义现象，从而获得关于社会关系模式的中国本土知识，并将其提升为一般理论和研究方法，向国际社会学做出中国贡献。可以这么说，开展关系社会学研究与教学是"讲好中国故事"的一个体现，具有重要的思想政治教育意义。

使用本书开展本科生和研究生教学，要联系中国式现代化建设实践，用以提高学生的政治意识、文化自信和理论自觉。习近平总书记在党的二十大报告中指出，"从现在起，中国共产党的中心任务就是团结带领全国各族人民全面建成社会主义现代化强国、实现第二个百年奋斗目标，以中国式现代化全面推进中华民族伟大复兴"。这为关系社会学研究与教学提出了最高目标。关系社会学坚持中国主体话语，立足于中国式现代化建设实践的研究，聚焦于挖掘社会生活中的中国本土知识，致力于学术研究成果的政策转化，为实现中国特色的社会主义现代化强国目标而服务。读者应该带着这些意识和相关问题阅读本书各章内容。

　　本书共 18 章，其中理论篇 8 章、实证篇 10 章，内容来自已经发表的中英文论文，所以保留了写作和发表年代的痕迹。我借作序的机会，回顾一下我的学研历程，让读者了解本书收录的理论和实证研究成果的形成过程，有助于历史地看待这些学术材料，选择性地汲取其中的知识养分，在相关议题研究中摒弃糟粕、弥补不足、修正错误、发展新知，推动中国社会关系的学术研究。这是著作出版的初衷。

　　我对关系现象和问题的学术关注，是从 1986 年在美国读博第二学年选修"社会网络分析"研讨课开始的，授课老师是我的博士生导师、社会网络和社会资本研究集大成者林南教授。林老师的课程聚焦西方社会网络理论和相关实证研究，并涵盖社会网络测量方法、分析模型、计算机编程、软件包使用等技术知识，但当时并没有涉及社会资本的概念和理论。课程令我特别感兴趣的是关系强度及其行为意义的理论和研究，包括马克·格兰诺维特（Mark Granovetter）的弱关系假设和林南老师的社会资源理论，于我既是全新知识，也是困惑所在，因为这两个理论逻辑与我的中国生活经验相左。

　　弱关系假设的理论逻辑是：有价值的非重复性信息，比如理想工作职位的招聘信息，是通过弱关系而不是强关系来传递的，因为弱关系连接着跨越群体边界的异质性行动者，而强关系连接的是群体边界以内的同质性行动者。我的困惑是：尽管这个理论逻辑在美国市场经济社会已被验证，此种情形在中国发生的可能性极小，因为在一个非开放的体系中，比如在城市工作的国家分配体制下，某些"好工作"的职业信息虽有价值，但它不被公开发布，即使通过人际关系暗中传递，也不可能抛开强关系而走弱关系渠道。况且，没有较强的人情关系撬动工作分配体制，即使有了这些职业信息，等待"服从分配"的学生们，也不能走正式渠道申请这些职位，除非有强关系为其打开"后门"，否则最终都将面临知而无益、束手无策、一筹莫展的后果。这些认识是我基于国内 20 世纪 70—80 年代的直接生活经验和广泛观察所得。

　　社会资源的理论逻辑在两个方面超越了弱关系假设。一是弱关系资源命题，认为通过弱关系渠道流通的不仅是信息，而且是更为广泛的资源，包括关系人拥有的权力、财富、声望及其派生出来的人际影响。二是社会资源动员命题，认为人们可以通过弱关系动员这些不同形式的社会资源，原因在于弱关系连接着跨阶层的资源相异行动者，具备流通差异性资源的网络结构条件；而强关系连接着本阶层的资源相似行动者，不具备动员差异性资源的网络结构条件。虽然这两个理论命题是逻辑自洽的，也被美国经验研究所证实，但与我的中国生活经验和广泛观察却是相矛盾的。在中国，借用关系人的威望、权力、地位来寻求个人方便，获得计划体制下的稀缺资源和机会，只有通过家人、亲属、铁哥们、真朋友等强关系，才能实现其行动目标。而所谓的弱关系，由于没有长期互惠交往积累起来的人情和信任，是不可能发挥这些作用的。

美国研究生教育是启发式的，鼓励课上课下师生互动，林老师的课亦是如此。所以我在课上积极提问，认为弱关系假设和社会资源理论是对美国社会事实的理论概括，与中国无关，并列举了我在国内的生活经验作为"证明"。林老师听得饶有兴致，但是反问我："你的理论是什么？"我当时理直气壮地回答："我没有理论，可事实如此！"我的回答引起全班同学哄堂大笑，有位来自南斯拉夫的同学还附和我说，他们那里也和中国一样。下课后，林老师让我到他的办公室单独谈话。他启发我说，"你讲的中国生活经验很有意思，但要从理论逻辑去思考和回答问题"（未必原话，含义如此）。他接着对我说，他于去年（1985 年）在我的家乡天津开展了求职过程抽样调查，问我是否愿意分析这个一手数据，看看强弱关系假设中到底哪个假设是数据支持的。我满心高兴地接受了这个任务，立刻投入数据分析中。但是出乎我的意料，数据结果证明弱关系假设和社会资源理论在中国也是成立的。这让我大感不解。我随即开始了长时间思考，投入相关文献研读中，开展了 30 多年的求职网研究。这竟成为我的终身研究兴趣，至今仍是进行时。

回头望去，我的求职网研究大体经历了三个阶段。第一个阶段是博士论文写作期间，我提出了"强-强-弱"的间接关系想象：AB 纽带和 BC 纽带都是强关系，AC 纽带是弱关系或者无关系。基于这个理论想象，我开展了1988 年天津调查，数据结果证明我的"强关系假设"是成立的。我在 1989年完成的博士论文研究的是国内单位制的社会分层后果，文中一章涉及求职过程问题，但是求职网数据的系统开发则在 1991 年我到明尼苏达大学任教之后开始的，深度访谈和描述材料在 1994 年《中国季刊》（*China Quarterly*）上发表，理论辨析和模型证明是我于 1997 年在《美国社会学评论》（*ASR*）上发表的论文的核心内容，与新加坡学者合作的中-新比较分析则发表在

1997 年的《社会力》（*Social Forces*）期刊上。在数据分析和论文起草与修改过程中，我不但持续得到林南老师的指点，也与许多一流学者有过一对一学术交流，基于他们的意见修改论文，直到发表。这些学者包括 Ronald Burt、Deborah Davis、Joe Galaskiewicz、Mark Granovetter、David Knoke、John Logan、Jeylan Mortimer 和 Harrison White。

　　第二个阶段是我在香港科技大学任教期间（1997—2006 年）开展香港和内地城市"社会网络与职业经历"调查（JSNET），集中解决两个疑难问题：一是微观上测量强弱关系纽带中是否流通着不同的关系资源，即职业信息和人情；二是宏观上区分市场经济、计划经济、转型经济三种不同的经济类型，考察不同体制条件下强弱关系作用的差异性、不同关系资源效用的差异性，以期验证微观层次中职业获得的关系作用是受到宏观结构制约的。为此，我申请了香港（地区）大学教育资助委员会的研究经费，在市场经济的香港和与计划经济最为接近的长春以及处于不同程度的转型经济的天津、上海、厦门、广州，利用统一问卷，开展随机样本的入户调查。该阶段的后几年，我和中国人民大学的李路路教授合作开展"中国综合社会调查"（CGSS），加上担任港科大的院、部行政职务，所以研究精力受到牵扯，数据开发多依靠我的博士生和博士后，学术成果也和他们合作发表，按照时间顺序这些合作者主要包括张文宏、李煜、黄先碧、梁玉成、张磊。

　　第三个阶段是我加盟西安交通大学之后（2009 年至今）。我是带着三个研究设想进入西安交大的。第一个研究设想是关于转型经济中关系作用变动规律的理论思考。我于 2007 年提出"关系作用条件性上升论"，曾在之后的许多学术场合讲过这个理论，这个理论也是 2009 年 JSNET 这个理论调查的理论基础。第二个研究设想是将 JSNET 项目范围扩大、内容细化。这一阶段，我将 JSNET 调查扩大到改革起步较晚的西部，包括西安和兰州，在原来五城市的基础上扩大市场化程度的地区差别（还增加了东部的济南），同时在调查问卷中细化对求职机制的测量，增强因果分析的严谨性，经历了2009 年、2014 年、2016 年、2019—2021 年四次调查，每次都增加了新的理论并进行测量创新，需要新的数据验证。第三个研究设想是创立"关系社会学"。我试图通过深入三秦大地，研究传统文化积淀下来的关系主义、革命时期开始的集体主义、市场化进程中蓬勃兴起的个人主义，就这三个理想型的行为模式，挖掘和积累本土知识，创新社会网络分析，创建中国话语的关系社会学。这是一个大胆的设想，很多理论构想和研究创新是通过 2010 年的

"中国西部社会经济变迁调查"（CSSC）探索的，同时利用 JSNET 项目来建构具体的研究模块，所以就有了多次 JSNET 调查。调查内容也超越求职议题，包括很多我和团队其他成员共同创立的具有本土特色的关系网络测量，例如拜年网、餐饮网、创业网、线上网等，其中餐饮网的测量进入 2017 年国际社会调查联合研究项目（ISSP），是中国特色研究对国际学术界的贡献。

以上是我从读博期间的一次课上发问到投身于关系研究 30 多年来的简要回顾。这个回顾也向读者交代了我为本书圈定的范围和内容的历史由来，通过理论篇和实证篇向读者展示已经获得的理论研究和实证研究成果。以下我将分章概述本书的内容，起一个领读作用。

理论篇的第一章和第二章是姊妹篇。第一章"论关系社会学及其学科地位"，内容曾于 2009 年 7 月在西安召开的中国社会学会学术年会上做主题演讲，转年发表在《西安交通大学学报》（社会科学版）上。本书用此章打头，用以交代我研究中国关系现象的学术立场和研究期待。第二章"论中国主体话语的关系社会学"，于 2019 年发表于《人文杂志》，与博士生杨洋合作。这是我对关系社会学 10 年研究的阶段性总结，集中阐述关系社会学的理论成果，并着意说明创立和发展关系社会学，是坚持中国主体话语社会学的一个重要契机和研究方向。论文设计阶段，我提出写作大纲，圈定范围，提出核心理念和结论，但是文献综述和论文初稿均来自杨洋。参与论文写作，也成为杨洋开展关系社会学研究的起点。

第三章"论关系文化与关系社会资本"，发表于 2013 年的《人文杂志》，与张磊合作。这是对我们合作的英文论文 "Corporate Social Capital in Chinese Guanxi Culture"（Bian and Zhang，2014）的改写，从中西比较视角讨论中国的关系性质、关系网络特征、关系导向的社会资本的理论含义和行为后果，提出了"关系社会资本"的新概念和理论模型，进而总结了中国关系网络的三大特征，即纽带亲情化、功能复用性、频发义务性，以与西方的弱关系网络和结构洞网络相区别。此章的关系社会资本理论模型在后来的相关论文中时有出现，有些也被本书收录，我保留了原文痕迹，以尊重历史，并保证各章内容的论证完整性。这里需要说明的是，在我和张磊构想本章理论框架的 2011—2013 年，张磊正在依据我于 2000 年开展的广东企业调查从事他的博士论文研究。为此，在我们合作论文的研究假设部分，虽然使用了我于 2007 年发展的关系作用动态规律性的理论模型，但以企业为分析单位。读者可从这些研究假设获取抽象的理论含义，用于对其他经济社会行为的研究。

第四章"论创业者的关系嵌入与核心关系圈"是我和杨洋的又一篇合作论文，于 2019 年发表在《探索与争鸣》上。这篇论文从大众创业中的关系机制出发，集中探讨创业者和成功企业家的关系嵌入和核心关系圈超稳现象，理论基础是关系社会资本概念和中国关系网络四大特征的理论阐述，即纽带亲情化、关系复用性、互惠义务强、关系圈超稳，最后一点概括是该文的理论创新。自雇者和创业者是杨洋博士论文的议题。基于他的广泛文献阅读、深度访谈和观察研究，他在与我的合作论文中提出了纽带强度嵌入、网络结构嵌入、社会资源嵌入的观点，并开展与西方研究成果的对比分析，这些是他的独立贡献。

第五章"论关系作用的动态规律性"，于 2020 年发表在《社会学评论》上，与缪晓雷合作。这篇论文有两个雏形：一是 2007—2017 年我提出关系作用动态模型时的中英文学术演讲稿；二是 2018 年在《中国季刊》（*China Quarterly*）上发表的论文"The Prevalence and the Increasing Significance of Guanxi"（Bian，2018）。策划中文论文时，我邀请晓雷合作，向他提出了两个要求：一是不能翻译，而是重写，根据国内语境、以国内读者为对象，像一篇新论文一样来起草；二是希望注入他的独立想法，留下写作痕迹，最好是理论贡献，成为一名真正的合作者。晓雷的初稿令我十分满意，不但确实是重写，不是翻译，而且最为重要的是增加了关于"关系惯习"的理论论述，是他的独立贡献，为这篇论文增色不少。

第六章和第七章是关系理论的补充性材料。学术研究必须既有继承又有创新，才能持续发展，这就要求学者站在前人肩上，在既有研究成果基础上做出理论突破。我开展关系研究借助了社会网络分析和中国关系研究两个领域的学术成果。在社会网络分析领域，我选择了受邀为"International Encyclopedia of Sociology"（"社会学百科全书"）和"Handbook of Economic Sociology"（"经济社会学手册"）撰写的三个词条，分别是社会纽带（Social Ties）、关系（Guanxi）、裙带主义（Nepotism），这构成了第六章的核心内容。从社会网络分析的理论视角看，这三个概念的共同点是人际联系性，区别是联系性质相异，内涵从一般到特殊，而外延从普遍的、处处可见的社会纽带到以人情交换为核心特征的中国文化场域中的关系，再到以亲族纽带维系的裙带关系，后者既是欧洲中世纪王朝制度的根基，也散布于现代职场等社会空间。第七章分四节，借用我曾写作的《社会学百科全书》词条和三篇书评，简述了关系研究领域最有影响力的四部理论著作，也是我提出关系社会学的学术准备，即费孝通的差序格局论、杨美惠的礼物交换论、阎云翔的礼物流动论、林南老师的社会资本论。关于费孝通先生差序格局论的内容，是我和张磊为《中国大百科全书·社会学》撰写的词条；其他凡以英文发表的词条和书评，均由姚远翻译。

第八章"论社会学本土知识的国际概念化"，是理论篇的收尾，2017年发表在《社会学研究》开辟的马克思主义社会学专栏上。我用此章收尾理论篇，其用意是：基于本土知识的关系研究，无论多么中国化、本土化、地方化，都必须满足社会学知识建构的最高期待，即通过国际概念化途径，确立关系研究成果进入全人类的知识范畴，为不同文化体、经济体、社会体的学者所认可和接受。起草论文的初衷不限于关系社会学研究领域，而是针对社会学本土化、讲好中国故事、中国经验的国际表达等学界热点问题而自设议题的。但是，我在文中以关系社会资本的理论概念作为范例，讨论了本土知识国际概念化的实现策略，可作为引玉之砖。

实证篇的10章展示了五种关系网络的实证研究成果，包括拜年网（第九章、第十章）、餐饮网（第十一章、第十二章）、求职网（第十三章、第十四章）、创业网（第十五章、第十六章）、线上网络（第十七章、第十八章）。前四种关系网络虽有西方研究作为参照，但均注入了大量本土知识，具有中国特色，在我国关系研究中具有高度的分析有效性，参与原文写作的合作者是我不同时期的学生和合作研究者，包括张文宏、李煜、王文彬、张磊、程诚、郭小弦、肖阳、郝明松；而后一种网络，线上网络，是探索性的，通过JSNET调查收集相关数据，雷鸣和缪晓雷对两章内容分别做出了贡献。

本书的顺利出版得益于马旭蕾的细心编辑工作和张伊雪对引用文献的规范化整理。社会科学文献出版社童根兴副总编多年来对"关系社会学丛书"给予重视和支持，编辑李明锋对本书做了认真审读、文字斟酌、体例修订。西安交通大学研究生院提供了专项经费支持本书的出版。在此一并致谢。

边燕杰

2022 年 11 月

目　录

理 论 篇

第一章 论关系社会学及其学科地位[*]

"创会建所为国，人类社会念先贤；立德立功立言，一代大师传风范。"2010 年 4 月，中国社会科学院社会学研究所主持召开费孝通先生诞辰百周年纪念会，笔者代表西安交通大学人文学院参会，并赠送了这幅题词。该题词，笔者撰稿，全国知名书法家、西安交大中国书法系主任薛养贤先生题写。费先生的学术生涯涉及人类学和社会学两个学科，但其理论影响了几代学人，波及人文、社会、管理等领域，是当代中国最具国际影响的社会科学家。

费先生的重要学术思想之一是闻名中外的"差序格局"理论，其基本立场是从人际关系的角度把握中国社会结构的根本特征。受费先生这一思想的启示，结合过去 30 年关于中国关系网络问题的学研体会，笔者就"关系社会学及其学科地位"破题，在本章中讨论四个相关的问题：一是关系社会学的时代意义；二是关系社会学在中国社会学发展中的地位；三是中国的关系社会学的国际化；四是推动和发展关系社会学研究的几点设想。

第一节 关系社会学的时代意义

1979 年 3 月，中国社会学研究会在北京正式成立。1981 年 2—12 月，费先生倡议、领导、主持的"南开班"开班，我有幸成为正式学员，参加和完成了一年紧张而卓有成效的学习生活。学习期间，费老、雷老等老一代

---

* 本章原文曾以"关系社会学及其学科地位"为题发表于《西安交通大学学报》2010 年第 3 期上。旧文重发，作者修改了题目，增加了一些注释，对相关内容作了适当的增删。

社会学家，奔波于京津之间，为培养我们年青一代、为中国社会学事业后继有人，呕心沥血。我的硕士导师吴泽霖教授，年近九旬，但他三下天津，亲自授课，亲手批改过我的论文，并推荐我出国留学。中国社会学会的历任会长，袁方教授、陆学艺教授、郑杭生教授，都在他们的任期内和任期前后，大力推动中国社会学向更高的水平发展。李培林教授当选学会会长以后，社会学在中国内地进入了一个新的时代：40多年前中国社会学重建伊始的初学者，开始成为这个领域的领潮者和舵手。

这不是一个人，而是一批人。这批人经历了10年"文革"的磨练，有政治智慧，了解国情，具有强烈的问题意识。这批人曾下过乡、扛过枪、进过厂，了解基层生活，懂得中国文化及其实践意义。这批人曾研习中、外社会学知识，了解中国和国际社会学的异同，形成了相应的学术理念。这批人有抱负，目前处在社会学教学和研究的关键岗位上，有条件也有能力将中国社会学再办得好一些、更理想一些。为此，这批人也就有责任去思考、推动和发展反映中国社会本土特征的社会学理念、学科方向、学术流派，并依此培养社会学人才，为社会服务，同时也为社会学学科作出具有中国特色的理论贡献。

笔者提出"关系社会学"[①]，目的之一就是试图说明中国社会的关系主义现象，以及对这个现象的系统的理论和实证分析，也许是探索和推动中国社会学理念、中国社会学学科方向、社会学的中国学术流派的一个可能的突破口。

所谓关系主义，是相对于个人主义、集体主义而言的。在我看来，个人主义的本质特征是利益本位、个人导向。具体地说，个人主义承认，行动者个体及其利益是根本的、原初的，是个人与个人、个人与社会关系的理论出发点（Renaut，1999）。这是因为，所谓社会及其公共空间，在个人主义理

---

① 关系社会学的英语是 Relational Sociology，Emirbayer（1997）"Manifesto for a Relational Sociology"是重要论文。这是原文发表时的注释。在西方主体话语中，Relational Sociology 是从联系性视角建立社会学知识体系的含义，没有涉及包括中国"关系"等文化特有性问题，与笔者提出的"关系社会学"尚有区别。笔者是从中国主体话语的"关系"出发提出"关系社会学"这一概念，开辟这个研究领域的，包含了文化特有性和理论一般性两重含义。在与 Ronald Burt 的一次交流时，他也持这个看法，认为"Relational Sociology"过于宽泛，不知所云。大约从2013年社会网络分析国际学会（INSNA）在西安召开世界大会之后，笔者在著述中将"关系社会学"的翻译修改为"The Sociology of *Guanxi*"，以示区别。旧文重发之际，做此注释，以留记录。

论家看来，是行动个体为其生存和发展而做出的利益让渡。如果这个公共空间满足了个体的权、责、利的诉求，则个体就持续驻足其间；不然，个体就收回或放弃让渡的利益，远走他乡，选择其他公共空间，谋求发展。改革开放日益纵深发展的市场经济，为个人利益成为行为调节的主要机制之一提供了越来越大的社会空间，也为社会学者提供了丰富的研究课题。

与个人主义针锋相对，集体主义的本质特征是价值本位、集体导向。这里说的价值，就是"集体利益高于一切"这一信条，而对"集体利益"的认同，往往是先验的，是个体进入集体之前既有的、不容个体谈判的。在一个传统的集体主义制度中，个人利益是没有地位的，讲求和彰显个人利益是受批判的，因为某一个体的利益的满足，往往导致集体利益的动摇、损伤、破坏，严重时甚至使集体以及集体中所有个体走向消亡。专制制度下的氏族部落、革命时期的地下党组织、古代和现代的军事集团、计划经济时期的人民公社和单位组织，是不同形式、不同程度的集体主义制度的个案。中国的经济改革是保护既得利益群体的增量改革，再分配体制下的集体主义和市场经济中新生长的集体主义，其存在形式和影响力度，是需要社会学学者去研究的①。

关系主义与个人主义、集体主义有着完全不同的理论逻辑。在研读梁漱溟（1949）、费孝通（1948）、金耀基（King，1985，1994）等先生的社会思想的基础上，笔者认为，关系主义的本质特征是伦理本位、关系导向。关系主义不是不承认个人利益或集体利益，但它的理论出发点是利益诉求的行动个体，并不像个人主义理论所假定的是相互独立的；利益诉求的集体，也不像集体主义理论所假定的是硬性地包揽个体的。在关系主义理论家看来，个体和集体的利益及其边界是动态的，因为它们是植根于个体与个体、个体与集体、集体与集体的关系之中的。一个行动个体，如果生活在伦理本位、关系导向的文化中，那么他/她的基本行为准则就是"划圈子"：最外围是熟与不熟的圈子，熟人之中是亲与不亲的圈子，核心圈是既熟又亲再加上义、利高度一致而达到的信任。也就是说，与个人主义、集体主义文化中的权、责、利相对应的关系主义文化中的行为规则是熟、亲、信。

从研究中国社会的角度看去，关系社会学是一套关于伦理本位、关系导

---

① 转型时期的新集体主义已有大的变化。朋友说，一个典型的新集体主义制度中，个人服从集体、保护个人的正当权益、个人和集体的共同发展，是三条重要的原则和规范。

向、熟亲信为特征的关系主义现象的理论知识。这是关系社会学的第一层含义。在这一层含义上，我们关心的是这套理论知识的基本内容是什么、在中国社会学发展中的地位怎样。关系社会学还有第二层含义，是方法论层次上的含义。从这层含义看去，关系社会学是探索和分析社会行为模式的一种思维方法论、研究方法论，即从关系主义的理论立场出发，研究中国社会和所有其他社会。这就涉及中国的关系社会学的国际化问题。当代中国社会学者处于这样一个时代，即中国对世界越来越有影响的时代。时代要求我们这批人探索和整理关系社会学的理论知识，并将这些知识国际化。这就是创立中国的关系社会学的时代意义。

第二节 关系社会学在中国社会学发展中的地位

怎样看待关系社会学在中国社会学发展中的地位和作用呢？笔者认为可以从几个角度思考和回答这个问题。第一，是不是可以这么说，关系社会学是把握中国社会现实及其变动的重要学术工具。因为不仅是传统中国社会，而且是我们生活其间的再分配经济到市场经济的转型社会，人际关系的非正式规范都是调节中国人社会行为的关键机制。为此，关系社会学的概念、理论、方法，对于研究中国社会、社会变迁，是处于中心学术地位的。如果我们肯定这一点，那么，第二，可以断言，关系社会学将是推进中国社会学学科建设的重要突破口。这并不是说，没有关系社会学就没有中国社会学学科建设，而是说，有了关系社会学，我们就多了一个直接反映我们中国社会、中国本土文化的社会学知识体系，就有了一个新的研究和教学领域，从而更好地建立和完善中国社会学学科体系的目标。如果我们做到了这一点，那么，第三，关系社会学将是我们开展和加强国际学术交流的新的阶梯和渠道。从这三个方面来分析，关系社会学在中国社会学发展中的地位和作用，笔者认为怎样估计都不会过高。

从学术研究的角度看去，距本人明确提出"关系社会学"只有12年，但是关系社会学所涉及的问题、观点、命题和研究，已经散布在社会学的期刊和著作中很长时间了。梳理这些相关的学术材料，是建立关系社会学的知识体系、推动关系社会学的研究和教学的基础工作。这些工作可以是学者的专著题目，也可以是博士学位的研究方向。如何梳理这些材料呢？笔者在

2010 年的文章中提出了一个初步思路。

设定我们掌握了全部相关的学术材料，梳理这些材料的根本目的，是区别关于关系主义现象本质特征的不同的观点，从而确定实证研究的理论基础。为了这个目的，一个比较简洁的办法是，分清有代表性、有影响的研究者对于我们中国人所说的"关系"的内涵和外延是如何界定的，在他们的研究中又是如何阐发关系主义现象的本质特征的。

笔者在《关系资本与社交餐饮》（Bian，2001；边燕杰，2004b）一文中总结了三种关系主义的理论模型，也许可以作为梳理相关文献的引子。第一种理论模型是将中国的关系主义的本质特征定义为家族亲情伦理的社会延伸。按照观点见诸文字的时间，代表人物是梁漱溟、费孝通、美国人类学家 Morton Fried（1953）、杨庆堃（Yang，1959）、金耀基（King，1985）。如果这一观点在改革开放的市场经济社会仍然是成立的、普遍有效的，那么两个理论命题应该得到实证数据的支持：命题一，血缘和姻缘关系是自我中心网络的核心；命题二，泛亲情化是人际关系成为社会资本、社会资源的必要机制。

第二种理论模型是将中国关系主义的本质特征定义为特殊主义的工具性关系。这是由美国学者魏昂德（Walder，1986）提出来的，并得到了广泛的认同，比较有影响的学者包括杨美惠（Yang，1994）、阎云翔（Yan，1996）等。这一模型不是对关系的泛亲情化的理论判断的否定，恰恰相反，"特殊主义"一词的使用承认了关系的亲情化倾向。但是第二种理论模型强调的是，中国人之间能达到关系认同的根本点是工具性的实惠交换；实惠交换是关系成立和存在的原因，亲情化只是其形式、是关系交往的手段。仔细想来，这一模型下的关系主义现象是比较复杂的，因为按照帕森斯等（Parsons & Shils，1951）模式变量的理论设想，特殊主义之所以是特殊主义，是因为熟人之间讲亲情不计较实惠的平等交换；而工具主义之所以是工具主义，是由于陌生人之间不讲亲情只计较实惠的平等交换。按照"特殊主义的工具性关系"这一观点，我们中国人是使用了熟人交往和陌生人交往的两套法则，并且是交替融合使用的。这就增加了两种困境：一是行为当事人对两种法则如何交替融合使用的困境；二是研究者对行为层面可观察的人际关系的本质特征作出理论判断的困境。解决这些困境，我提出两个相关的研究课题：第一，从微观看去，如果任何现实的关系都包含特殊主义和工具主义两种趋向，那么我们必须了解这两种趋向的因果条件性，由此区分关系的类型。第二，从宏观看去，在一个锁定的社会结构中，不管这些不同的关系类型的分布是平衡的还是不平衡的，研究者必须对每种分布的社会含义作出理论解释，进行实证分析。

关系主义的第三种理论模型将关系主义本质特征定义为非对称性的社会交换关系。这是我的博士导师林南（Lin，2001a）老师提出的。他的基本理论立场包括下列几点：第一，与经济交换的即时性和对称性相反，社会交换强调交换周期的长期性和每一次具体交换的非对称性；第二，虽然社会交换包含了情感性交换和工具性交换，但是交换的长期性和非对称性，使交换双方都把相互的承诺、信任、情感放在重要地位，否定和排斥赤裸裸的工具性的对等交换；第三，每一次具体交换中，人情交换双方是共赢的：人情获取方得到了工具性的满足，人情提供方得到了地位认同，提高了关系网络的中心性。林老师的结论是：关系主义作为非对称性的社会交换关系，其工具性交换只是手段，而维持、加强和扩大交换关系本身，才是目的。这一结论表明，第二种和第三种理论模型虽然都承认中国人关系的双重性，但在情感性和工具性的相互关系上，它们的理论判断是截然相反的，由此也就增加了我们用实证数据分析两种模型在当今社会的影响力度的研究兴趣。

这三种模型是笔者在 2000 年左右总结的。近 20 年来，国内有一大批学者对关系主义现象做了理论和实证研究。根据张文宏①（1999，2003，2007）连续三次较为详尽的评述，这些研究，包括笔者和合作者的研究在内，主要倾向是使用已有的社会网络分析的概念和测量，如关系强度、社会资本等，研究关系主义现象的问题。这些研究表明，社会网络分析的许多概念、测量和题器，对中国有一定的适用性，说明中国的关系主义现象并不一定是文化特有的。但是必须承认，现成的分析工具偏重于社会关系网络的结构特征，而没有充分反映或者完全没有反映中国文化的深层含义。2008 年11 月底在北京大学社会学系召开的"改革开放 30 年社会学国际学术研讨会"上，项飙曾提出关于社会网络作用空间的法律和道德的边界问题。② 从根本上说，项飙是批评社会网络分析的非文化性和去文化性。这种批评是尖锐的，也是中肯的。怎样反映中国关系主义理论的文化含义，并从理论概念和有效测量上把握这些含义，是关系社会学研究的重大挑战。

①　1999 年张文宏以笔名"肖鸿"发表论文。
②　这是项飙在笔者以"中国转型经济中关系的上升"为题所作演讲后的提问。

接受这一挑战，有兴趣的研究者应着力思考和解决理论概念的普世性和文化含义的本土性的矛盾。正是从这个意义上，我们应该探索中国的关系社会学的国际化问题。

第三节 中国的关系社会学的国际化

中国的关系社会学的研究出发点，是中国关系主义现象的文化本土性，失掉了这一点就不能妄谈中国的关系主义现象、中国的关系社会学。但是，我们的目标不限于对中国人说清中国人自己的事情，我们还有更高的理论目标、更高的学科目标。

这里说的理论目标是：笔者提出的关系社会学的知识体系，不是描述性的，而是理论的，也就是用抽象的概念来叙述和分析关系主义现象。梁漱溟（1949）先生提出过"伦理本位、关系无界、阶级无涉"的理论判断；费孝通（1948）先生提出过广为接受的"差序格局"的概念及相关推论；金耀基（King，1985；1994）先生将"面子"的行为逻辑置于关系建构及其理论的中心地位；Jacobs（1979）、黄光国（Hwang，1987）、杨美惠（Yang，1994）、阎云翔（Yan，1996）和 Tomas Gold 等（2002）强调关系双方的互惠原则以及回报机制的重要性；本人试图用"熟亲信"三维关系来勾画中国人关系网络的结构特征，并试图用"拜年网""餐饮网""企业脱生网"等手段测量之（边燕杰/Bian，1999，2009）。这些理论概念和相应的测量是否反映了中国的关系主义的本质特征呢？在急速变化的当今中国社会，哪些理论概念更能帮助我们发掘这些本质特征，从而建立起一套关于中国的关系主义的理论知识体系呢？可以肯定地说，谁能提出一个或一组新的、具有分析中心性的理论概念，将现有的关系主义的概念和观点整合在一起，并且为大多数研究者所接受，谁就为中国的关系社会学奠定了理论基础，也为进一步的实证研究提供了可资求证的理论假设。

除了理论目标，我们还应为中国的关系社会学提出学科目标。也就是说，中国的关系社会学的理论概念和话语，不能只为关系社会学研究者们所接受，还应得到不研究关系社会学的研究者的承认，同时也要得到对中国没有任何研究的国际社会学者的承认。换言之，中国的关系社会学的理论体系，必须最大限度地容纳、修正地使用、按学科规范去改造相关的社会学概念，使中国的关系社会学知识在国际社会学界不被当作另类，最好进入主流。

当中国越来越强大时、对世界的影响越来越大时，"关系"一词也进入了国际商界、政界、学界的话语体系。西方文化中没有一个对应的词可以直译汉语里的关系。但是，关系主义的现象并不是中国文化独有的，日本有、韩国有、俄罗斯有、法国有、德国有、荷兰有，加拿大和美国也有。这些判断，是各国学者和友人在听过有关中国的关系主义现象的研究和分析之后，对他们本国的关系主义的存在作出的肯定判断。为此，关系社会学的概念体系不应是中国独属的，或者说，中国的关系社会学应该国际化，成为世界的关系社会学的蓝本。

一位加拿大的社会网学者提出了这个蓝本的设想。这个人就是多伦多大学的 Barry Wellman 教授。他和他的两位中国学生，于 2002 年在 Tom Gold 等人编写的关于中国社会关系的最新研究的论文集的结论一章中，提出了这一设想。Wellman 等（2002）认为，中国关系主义的一些文化本土性概念，如关系、人情、感情、面子、哥们儿等，以及相关的行为互动过程，如请客、回请、送礼、还礼等，都可以用现成的社会网络概念进行改造，从而使研究的问题具有更高的可测性和文化之间的可比性，进入更广泛的学科话语体系。

另外有三位学者也从不同的角度提出过类似的问题，并且做了有意义的尝试。一个是大家熟悉的魏昂德（Walder，1986），他用"特殊主义的工具关系"来概括中国的关系主义本质特征，从而将中国的关系与特殊主义关系、工具主义关系两种理论理想型做了文化和制度差异性的比较。另一个也是大家熟悉的林南（Lin，2001b）老师，他的"非对称的社会交换"的概括，事实上将关系主义现象普世化了。不过林老师强调，中国的"非对称的社会交换"的分布密度，大大高于其他社会，特别是高于西方社会。还有一个之前没有来过中国，但是社会网络分析者都比较熟悉的学者，美国著名社会学家伯特（Ronald Burt）。他在 2008 年的一次社会资本的国际研讨会上对我说，他理解的中国的关系，就是情感开路、工具性交换跟随而上，也就是情感先导的工具性关系。这个观点与魏昂德的概括，有异曲同工之效。

在此介绍上述四位关心和研究过中国的关系主义现象的西方学者的观点的用意是：中国的关系主义现象在 2000 年前后就已经引起国际学者的注意，他们希望用一套社会学的概念，而不是中国本土概念，去表述中国的关系主义现象。说得更明白一些，关系社会学是摆在我们面前的一个学科建设任

务。中国学者应该责无旁贷地承担起这个学科建设的任务，让中国的关系社
会学走向国际。

可喜的是，近些年来，中国内地越来越多的社会学者，有意识地运用国
际社会学领域的常用概念和测量工具，来研究中国的关系主义现象和问题。
这里特别提出的是罗家德等（2000，2005）、赵延东（2002，2003，2006）
等，他们在这个领域做了大量的工作。在他们的带动下，社会网络分析已经
在中国内地很有市场了。

第四节　推动和发展关系社会学研究的几点设想

一个学术流派的形成、一个专业学科的建立，不是某人的鼓动和某个领
导的组织策划就能一蹴而就的。学术流派和专业学科靠的是热心参与研讨共
同关心的问题的一批学者，去真心实意地干出来的。有这批人的存在是个重
要条件，因为那就满足了所谓的"关键多数"（critical mass）的条件了。

关系社会学的"关键多数"应该有根据地。目前，北京聚集了很多关
心和研究关系主义现象的学者和学生，清华大学社会学系事实上起了根据地
的作用。上海也有一些中青年学者、学生关心和研究社会网络、社会资本问
题，上海大学社会学系是众望所归的根据地。广州也有不少研究关系主义现
象、社会资本问题的学者，主要聚集在中山大学社会学系。这是北、东、南
三个根据地。笔者 2009 年出任西安交通大学人文社会科学院院长之后，在
西安交大也聚集了一批学者、学生，合力探索中国的关系主义问题，探索关
系社会学的一些理论问题，并且在西部开展相应的定性和定量的实证研究。
这是中西部的一个新的关系社会学的根据地。

关系社会学是一个大有可为的新的教研领域，是发掘费先生学术遗产、
发展费先生学术思想的一个方向。上述勾画的有关这个教研领域的未来，要
靠很多人的参加才能创造出来。笔者认为，关系社会学是我们中国社会学的
未来亮点，也诚挚地呼吁所有关心这个问题、愿意为这个未来亮点增光的中
青年学者，加入我们的行列。

第二章 论中国主体话语的关系社会学[*]

社会学是关于人类群体生活模式及其行为意义的社会科学。欧美社会学奠基人提出的基本理论视角是群体特征的差异性,从劳动分工、阶级阶层、种族民族、性别年龄、社区组织等差异性分析人类社会行为,所重视的是群体的结构边界和文化认同对于人类社会行为的制约。这一理论视角虽然推动了社会学理论和实证研究,但它忘却了人类社会的一个根本特征,即社会联系性:无论群体内部还是群体外部,是人际联系性和群体联系性使得人类社会成为可能。简言之,没有联系性,就没有人类社会,也就没有社会学。

事实上,联系性和基于联系性概念所创立的关系社会学,一直是中国主体话语的社会学理论视角,也是中国社会学对于国际社会学的一个根本学术贡献。社会学于 1839 年诞生于欧洲以来,特别是 20 世纪 70 年代社会网络分析在美国兴起和波及世界之后,尽管西方社会学不乏社会关系的研究,不乏从联系性视角开展社会学研究,但在社会学发展史上,是中国社会学家先于西方学者倡导了联系性视角,也是中国社会学家在全球化时代提出和推动了关系社会学。当前,中国的国际地位日益提升,习近平总书记号召我国哲学社会科学者树立文化自信,创立和发展具有中国主体性的学科体系、学术体系、话语体系。^① 为响应这一号召,本章系统梳理作为中国主体话语的关系社会学,追溯其渊源,论述其在 21 世纪的新的发展趋势和学术成果,总结相关中西学术对话,探讨关系社会学作为建构中国主体的学科体系、学术体系、话语体系的途径和意义。

---

* 本章原文曾以"作为中国主体话语的关系社会学"为题发表于《人文杂志》2019 年第 9 期,边燕杰、杨洋合作发表。

① 习近平:《在哲学社会科学工作座谈会上的讲话》,《人民日报》2016 年 5 月 19 日,第 2 版。

第一节　关系研究的开拓性探索

研究人际联系性和群体联系性的核心学术概念是关系。当社会学于1903年传入中国时，主流社会学概念并不是关系，而是群体。这就是为什么严复先生将其英国老师斯宾塞的"The Study of Sociology"翻译为《群学肄言》的缘故（斯宾塞，1981）。但是，这并不影响中国社会学早期发展阶段的有识之士从联系性视角分析中国、开展中国特色的社会学研究。其中最有学术影响的是以吴文藻为代表的"中国学派"，主张社会学研究不能热衷于用中国的历史解说西方社会学理论，更不应该将英美通用的社会学研究方法套用于中国；相反地，应该从中国国情入手，以"社区研究"为核心议题讨论中国城乡社会结构及其社会行为意义（李培林，2008）。所谓"社区"，在社会学领域指的是相互联系的人们所共同维持的生活共同体。因此，"社区"是我国社会学者重视联系性视角的最初学术探索。

这一探索的理论突破者和集大成者是吴文藻先生的爱徒费孝通。费孝通在吴文藻指导下完成了燕京大学的本科教育，又在马林诺夫斯基的指导下完成了英国伦敦政治经济学院的博士教育，于1939年获得博士学位后返回祖国，在云南开展基层社会研究。他提出"差序格局"的概念，突破了欧美社会学的非联系性理论视角，奠定了中国关系研究的学理基石。此概念及其相关实证研究，也于1992年被译为英文，获得了深远的国际学术影响。当然，在差序格局概念提出之前，留美学者胡先缙于1944年在美国人类学学刊上发表了关于"面子"的论文，引起国际学界的广泛关注。在本章的这一部分，我们将从胡先缙这篇论文开始，按照发表的时间顺序，梳理关系研究的五个具有开拓性的理论观点，即胡先缙的脸面逻辑论、费孝通的差序格局论、梁漱溟的伦理本位论、弗莱德的组织经纬论、杨庆堃的关系帮扶论。这些观点之所以进入我们的文献梳理范围，是因为每个理论均出自对改革开放前中国社会的研究，均为关系社会学奠定了理论基础，均获得了深远的国际学术影响。

一　胡先缙的脸面逻辑论

20世纪40年代，胡先缙（Hu，1944）通过对面子（face）的语义分析，提出了脸面逻辑论。该理论指出，"面"和"脸"是面子概念的两大要素，也是人们获得社会声望、巩固及提升社会地位的两种准则。虽然"脸"和"面"指的都是身体上脸的部位，但其社会意义存在三个方面的区别。一是含义上的区别。"面子"代表中国人普遍重视的一种社会声望，可以通过个人努力获得成功或者依靠精明的炫耀手段等方式不断积累；而"脸"是群体对个人的优良道德品质的肯定，代表了社会对于个人品行端正的信任程度。因此，一个人"没有面子"表明其未能赢得声誉，但说一个人"没有脸"则是对其道德品质的严重谴责。二是获取的途径上的区别。"面子"必须靠外部社会环境获得，即面子是别人给的，一个人是无法自己给自己面子的；而"脸"代表了维护社会道德准则的一种约束力，可以通过内在的自我约束获得，即一个人可以自己决定要不要脸。三是量化程度上的区别。"面子"在量化上具有增减性，可以借出、争取、增加，并且有地位、有权力、有钱的人的面子往往也越大；但"脸"并没有量化上的属性，只存在有和没有的分别。

无论是"面"还是"脸"，都是在人际关系的基础上产生的，离开了社会关系就无所谓脸面了（丁华，2002）。胡先缙的脸面逻辑论，首次系统性地论述了面子的概念，并将其介绍到西方学界，奠定了关系研究的基础。美国社会学家戈夫曼就是学习和接受了胡先缙的脸面逻辑论之后，创立了戏剧理论（Goffman，1973）。戈夫曼提出的"面子功夫"（face-work）的概念受胡先缙的直接影响。他指出，人际互动通常注重面子，即自我形象的维持；人们在不同场合会采用各种手段提高自我形象，在遇到难堪时也会努力维持自我形象（Goffman，1955）。这正是脸面逻辑论中的"争面子""要面子""顾面子"等概念的含义所在。香港大学社会心理学家何友晖进一步指出，鉴于面子在社会互动中的作用如此普遍和重要，应该将其放到社会科学的中心位置（Ho，1976）。

二   费孝通的差序格局论

1939年从英国留学归国的费孝通，虽然颇得欧美社会学关于群体分析之要，但也深谙其理论视角的片面性，即缺乏关于中国社会结构的关系本质的认知。由此，在他归国之后，于基层农村社会的研究中，从联系性的视角探索中国社会结构及其行为意义，从中西方社会比较中，提出了著名的"差序格局"论，收录于 1948 年出版的《乡土中国》(费孝通，1948)，该著作后来多次重印再次发表，其中包括 1998 年北京大学出版社出版的《乡土中国 生育制度》(费孝通，1998)。费孝通以比喻的方式指出，西方现代社会结构是"团体格局"，个人是其利益和价值的负载体，所以人与人之间是相对独立的，以群体规范和国家法律为个人的行为约束，就像是"一捆一捆扎清楚的柴"；而中国则是"差序格局"，个人就像石头丢进水中产生的一圈圈的波纹，"每个人都是他社会影响所推出去的圈子的中心"，"像水的波纹一般，一圈圈推出去，愈推愈远，也愈推愈薄"(费孝通，1998)。这里的波纹和圈圈，指的就是人际关系及所形成的人际关系网络，关系亲疏远近不同，关系网络形成一个"差序"的状态，用现代社会网络分析的术语来解释，就是个人中心网络的交叉。费孝通用差序格局的概念试图解释，中国人的社会互动行为并不是个人利益和价值的直接反映，而是在人际关系网络的约束、影响下反映出来的；人际关系和网络，即差序格局，是中国社会带有根本性的结构。

差序格局论是具有中国主体话语的开创性概念，其理论意义至今都是学者讨论的议题(周飞舟，2018)。有学者指出，中国人关系结构的差序性，一方面包含人们亲疏远近的横向的"差"，另一方面又包括相互联系的人们之间因地位不平等所造成的纵向等级化的"序"，两者之间相互制约，也相互转化，所以关系的亲疏远近和上下高低具有弹性(阎云翔，2006)。另有学者用"亲亲"和"尊尊"来分别概括横向"差"与纵向"序"的行为逻辑，并从古代婚丧礼仪的研究中获得了证明(周飞舟，2015)。不过，差序格局并不完全是中国传统社会的结构特征。在当代中国的城乡社会，差序格局仍然发挥着持续的作用，成为资源获得(孙立平，1996)、利益诉求(陈俊杰、陈震，1998)、社区治理(贺雪峰，2007)、新市场理性(肖瑛，2014)的内在行为逻辑，而这一逻辑甚至被认为是人类社会结构的行为通则(苏力，2007)。

三　梁漱溟的伦理本位论

梁漱溟与费孝通一样，也认为中国人缺乏西方的团体式社会结构。他从文化的角度出发，提出了"伦理本位"论(梁漱溟，[1949]2011)。所谓伦理本位，本质上是"于彼此相关系中，互以对方为重""伦理本位者，关系本为也"。伦理本位体现在社会的各个方面：在经济上表现为财产的"相与为共"，共享程度视关系的亲疏厚薄依次递减，"凡在其伦理关系中者，都可有份"；在法律上表现为基于义务观而非权利观，重人情、轻财物；在政治上表现为伦理组织"无边界无对抗"，"以孝治天下"，人人孝悌于其家庭，从而达到"天下太平"；在宗教上表现为通过家庭伦理填补宗教的作用。

伦理本位论的基本立论是，家庭关系是中国社会关系的核心和立足点，中国人在家庭之外的社会互动和行为模式，就是按照家庭关系来调节的，即所谓的关系主义取向。从这个意义上看，伦理本位论的判断并未过时。例如，在乡镇政府中的官员选举、晋升及办事（冯军旗，2010），港澳台及东南亚地区的华人企业治理（储小平，2000），外来移民在工作与生活上的社会支持等（刘林平，2001），都需要依赖家族关系网络的运作才能完成。

四 弗莱德的组织经纬论

莫顿·弗莱德（Morton Fried）是美国人类学家，曾于1947—1948年在滁县开展民族志考查，在其著作 *Fabric of Chinese Society* 中讨论了人际关系在乡村社会中的作用（Fried，1953）。他提出了"组织经纬论"，批评以往的研究过于重视家庭和亲属关系，忽视了非亲属关系的作用。该理论认为，首先，中国人口众多，仅通过家庭、亲属关系串联起整个社会是不现实的，需要借助非亲属关系的力量。其次，非亲属关系包括友情、感情、阶层三种关系类型，友情关系是平等的，阶层关系是不平等的，而感情关系则是为减少阶层差异而采取的制度化手段。最后，在社会生活中占据主导地位的不是家庭和亲属关系，而是非亲属关系，尤其是感情关系。它们的作用，在乡村体现在租种土地、农业生产、商品交换、宗族庆典、教育与再生产等方面，在城市体现在组织发展、就业、生意运作、寻求政府优待等方面，是组织、串联社会的"经纬"（fabric）。

弗莱德毕竟是一位外国学者，对中国某些文化的理解难免偏离实际。例如，他对中国人的感情关系的理解是偏颇的，与众所周知的事实不符，更接近中国话语中的人情关系。还有，他研究的滁县，是抗日战争之后、新中国成立之前比较动荡的时期，而他特别关注抗战时期的社会状况，许多行为模式可能是特定条件下的短暂表现。当然，值得肯定的是，弗莱德对于非亲属关系的研究，强调非亲属关系是中国社会组织的经纬，则是他基于实证发现的开创性论点，进入了国际学界关于中国研究的知识文献（Hsu，1954）。

五　杨庆堃的关系帮扶论

与弗莱德在华调查的同一时期，杨庆堃从美国学成毕业回到广州岭南大学任系主任，在学校附近的村落从事社区研究（孙庆忠，2012）。此外，他还搜集了大量的政府制度政策、法律文件、报纸以及其他调查研究报告。基于多样化的资料，杨庆堃综合考察了宏观制度变迁下的微观村落社区，于20世纪50年代在美国任教期间，他系统分析了家庭和亲属关系对家庭经济的帮扶功能，其著作于1959年以英文出版。这个时候的中国大陆，社会学已被取消，但他坚信社会学将在不久未来得以恢复。

关系帮扶论与组织经纬论形成了鲜明对比，强调的是家庭和亲属关系在社会经济生活中的作用（Yang，1959）。首先，家庭制度是中国社会的基础，发挥着生产、消费、教育、宗教等功能。杨庆堃发现，在广州的农村地区，80%的家庭需求是通过自给自足的方式满足的，而广州南部地区94%的工商业企业均属于家庭经济。其次，家庭功能的维持，靠的是家庭关系、亲属关系及宗族关系的综合保障，从而达到互相帮衬、扶弱济贫，并激励个体对家庭组织的忠诚和认同感。最后，亲属关系以家庭为核心、父系血缘关系为主干，在三代之内形成了俗称的"六亲"，超越了核心家庭关系。这不但使得家庭经济成为传统社会经济模式的主导形式，而且也促成家庭和亲属成为社会帮扶的主要力量。

以上这些关系研究的开拓性探索，其观察与分析的对象集中在20世纪40年代新中国成立前的乡村社会，理论观点侧重于讨论关系相关的已有概念、总结关系结构的基本特点、论述关系的类型及其在社区生活中的作用，为后续关系研究的概念框架和理论体系建构奠定了基础。

第二节　改革开放时期的关系研究

改革开放使中断了27年的社会学迎来了恢复重建的春天，中国香港和美国社会学界，尤其是华人社会学家为推动中国社会学的发展提供了重要支持（边燕杰、杨洋，2018）。境外学者关于中国关系的研究陆续进入国内学者视野，并对国内的关系研究起到很大的推动作用。这里，我们的论及范围是若干具有学术影响的理论，理论提出者除了翟学伟之外，其他都是以英文形式发表论著的学者，这些学者的观点提出的时间顺序是：金耀基、黄光国、魏昂德、杨美惠、阎云翔、翟学伟、林南。

一　金耀基的关系建构论

金耀基于 20 世纪 60 年代就读于美国匹斯堡大学，师从杨庆堃先生，既受杨先生的学术影响，又在中国关系研究方面做出了原创性的理论贡献。他基于深入的文献研讨，以及对中国大陆、香港、台湾等华人社区的长期观察和思考，一方面赞同伦理本位下儒家社会思想对中国人的关系取向和社会依附性的塑造，另一方面也强调个人在关系建构上的自主性，进而提出了关系建构论。金耀基认为，个体是关系建构的设计师，关系网是个体以自我为中心建构网络的行为结果，其功能是将关系作为一种文化策略来调动社会资源，借以在社会生活的各个领域达成目标。

那么个人是如何建构关系的？金耀基区分了两种形式：一是"拉关系""攀人情"，即不存在前定的关系或者关系比较疏远时，通过培养人情来建立或加强与他人的关系。二是关系的回避，即为了避免拉关系对个人造成的社会压力，有意识地与他人保持一定的社会距离，避免关系过分亲密。这两种关系行为倾向是中国社会生活的常见现象，特别是改革开放之后尤为如此，但正是金耀基将其归纳总结，以中英文两种语言形式推动学术研究的。理论上，金耀基把握了特殊主义文化与普遍主义价值观的冲突、关系实践与现代化的冲突。他认为，关系的形成和作用可以来自正当的人情往来，但当公私利益碰撞和交织一起时，关系也可能存在"走后门"等不正当的形式。他的结论是，只有依靠市场理性主义的充分发挥，才可能在根本上转变关系实践的不正当性（金耀基，2002）。

二　黄光国的人情权变论

黄光国是台湾大学的心理学教授，是关系研究的理论整合和创新者。他从社会交换理论出发，将以往关系研究中的"人情""面子""报"等核心概念加以整合，首次提出了关系互动的理论框架，我们称之为人情权变论（Hwang，1987）。黄光国认为，中国社会的人际互动有其独有的逻辑，不能直接套用西方的社会交换法则。中国社会可能存在的关系分为三类：情感性关系、工具性关系和混合性关系，它们分别遵循相应的交换法则。情感性关系如家庭、亲朋好友等，是一种比较持久和稳定的社会关系，遵循需求法则；工具性关系是个体为了满足物质目标而与家庭外个体建立的纽带，遵循公平法则；混合性关系介于情感性关系和工具性关系之间，具有一定的情感成分，但又不及情感性关系那样深厚，其运作遵循人情法则。所谓人情法则，是中国社会人与人应该如何相处的社会规范，主要体现在两个方面：一是日常生活中互相走访拜会，"礼尚往来"；二是在危机困难时刻施予援手，"做人情"。人情法则背后是中国社会的"报"的规范，施恩者做人情的主要动机是对受惠者回报的预期，这导致了混合性关系互动呈现你来我往、延绵不断的特点。

人情权变论将中国关系互动的本质视为一种权力博弈。这种权力博弈是在施恩者与请求者之间进行的。对于施恩者来说，首先判断与请求者的关系类型，然后遵循相应的互动准则，权衡成本与回报，做出是否给予人情的决定。对于请求者，则会通过面子工夫来影响可能的施恩者，使其施予恩惠，以便自己获利。虽然黄光国的研究出发点是中国社会，但是他认为，人情权变论可以用来解释大多数社会，尤其是集体主义文化下的社会互动过程。

三　魏昂德的杂糅关系论

与上述关注日常互动行为的取向不同，魏昂德（Andrew Walder）讨论了在城市工厂这种单位制下的关系互动模式。单位是新中国成立后由国家设立的一种新型的、多功能的组织综合体：在政治上对职工行使行政管理和思想统治；在经济上作为再分配经济的一个生产单位；在社会服务上对职工提供住房、医疗、教育、社会保障等全方位的服务（路风，1989）。单位制造成了职工对单位全方位的依赖，而由于单位资源的分配主要掌握在领导手中，使得职工对单位的制度性依附转变为职工与领导之间的庇护依附（patron-client relations），魏昂德称之为"有原则的特殊主义"（principled particularism）。其含义是：由国家倡导的对政治信仰的忠诚在实践中转变成对单位领导的个人忠诚；在资源短缺的情况下，职工中的积极分子通过与领导建立密切的私人关系，以获取更多公私物资和福利设施等资源，由此产生了"工具性的特殊纽带"（instrumental particular-ties）（Walder，1986）。

魏昂德提出的工具性的特殊纽带是一种杂糅关系论。与黄光国的人情权变论一样，魏氏指出了关系具有情感性和工具性的双重特点。但与黄光国不同的是，魏昂德的理论出发点不是社会交换论，而是帕森斯的现代化理论。像很多经典社会学家一样，帕森斯认为，当人类从传统社会走向现代社会的过程中，人类的社会关系必然发生变化：在熟人为主体的传统乡村社会，以亲情和友情为基础的个人化纽带是特殊主义的，讲私人情义，不讲工具性交换；在陌生人为主体的现代城市社会，以角色互依和资源交换为基础的制度化纽带是普遍主义的，是"法律面前人人平等"，讲规则公正条件下的工具性对等交换，不讲个人化的交情、友情、亲情（Parsons，1951）。在帕森斯的理论预设中，特殊主义和普遍主义是一对零和关系，从传统到现代此消彼长，并不存在二者的杂糅。可是，魏昂德关于中国城市单位制的研究表明，计划经济时期的中国国有企业，无论规模和设施，还是技术和管理，虽然正在走向现代化，但其过程中的主体，即干部和工人，并没有像帕森斯预言的那样丢弃特殊主义、强化普遍主义，而是将两个理论逻辑相悖的原则杂糅一体，变为工具性的特殊纽带。魏昂德正是通过这一理论观点的创新，并用它来分析中国社会，成了美国社会学界的中国研究权威。

四 杨美惠的礼物交换论

既然关系互动如此普遍，那么关系具体是如何实践的呢？美国华裔人类学家杨美惠（Mayfair Yang）从人类学的"礼物"概念出发，描述了20世纪80—90年代中国城市居民礼物交换的关系实践（Yang，1994）。

杨美惠将礼物交换称为"关系学"，其意义体现在微观和宏观两个方面。在微观层面，关系实践充斥于城市生活的各个方面：在个体之间表现为靠关系获得稀缺商品、工作分配和调动、医疗服务、住房分配、政治提拔、乘车、更好的教育甚至享受娱乐活动等；在组织之间表现为企事业单位和国家机关的资源交换。在这些关系实践中，每个人都将自己置于关系网的中心，遵循关系运作的伦理、策略和礼仪，谨慎处理与谁建立关系、送什么礼、怎样送礼等问题。由此，人们一方面建构关系，同时也依赖于关系，这些关系实践的总和赋予了个体的"关系人格"。在宏观层面上，礼物交换中蕴含的政治经济学挑战了国家再分配经济中的权力力量和商品经济中的市场力量。当代中国的政治经济涉及三种模式：再分配经济、礼物经济和商品经济。再分配经济由政府主导，按需分配，通过单位制、户籍制等制度安排形成对城市居民全方位的控制。商品经济随着市场制度的逐渐确立不断发展。礼物经济不同于国家和市场权力，通过礼物交换建构的关系网络，一方面构成了挑战国家制度权力的文化力量，另一方面也比纯粹的经济交换更富有人情意味（杨美惠，2009）。

礼物交换论描绘的是"文革"结束不久的中国城市社会。所以，作者的实证分析聚焦于当时的关系实践形式，或多或少地带有匮乏经济的特征。正是由于这一时代特征，有的学者根据 20 世纪 90 年代中国城市经济的一些变化而断言，关系的作用将成为历史，因为代之而起的市场理性主义，而不是非理性的关系交换（Guthrie，1998）。但是，杨美惠坚信，关系作为一种文化要素具有很强的韧性，在制度变迁造成某些领域关系下降的同时，还会在其他领域形成新的关系运作空间（Yang，2002）。在国际学界的中国研究领域，关于改革开放以后关系的重要性是上升还是下降的讨论，仍在继续。《中国季刊》（*China Quarterly*）于 2018 年发表了笔者的相关综述论文，总结了这一讨论的观点（Bian，2018），另一家英国学术期刊 *Asia and Pacific Business Review* 也多次设立专栏讨论这个问题，包括 2020 年的一期专辑。

五　阎云翔的礼物流动论

杨美惠研究了城市的礼物交换及其关系学实践，那农村的情况如何呢？美国华裔人类学家阎云翔教授同样以礼物为切入点，分析了中国乡村的社会互动实践。基于对曾经生活过 7 年的黑龙江下岬村的民族志考察，阎云翔提出礼物流动论，总结乡村社会关系互动的特点，并挑战了以往礼物研究中的互惠规则。礼物交换论可以归纳为如下几点。首先，礼物具有工具性和表达性的双重特点。从工具性上看，礼物的流动支配了个人的目的性行动及其态度，构成了一个"道义经济体系"；从表达性上看，礼物的流动为人们提供了一种培养、维持和扩展关系网络的基本方式。其次，礼物交换的实践挑战了以往礼物研究中的互惠原则（阎云翔，2000）。下岬村民的礼物交换遵循四种原则：一是普遍性的互惠原则，二是维护现存社会地位等级体系的原则，三是延续相互置礼的历史传统的原则，四是回礼的价值微量增加原则。这些原则相互交错，有时候甚至彼此冲突，但是村民之间是循规蹈矩、礼尚往来、轻车熟路的，说明互惠礼物交换已经根植于文化根基之中。最后，礼物交换体系不是一成不变的，会随着社会变迁而变化。在下岬村，礼物交换的仪式和场合随着制度变迁产生了新的形式（例如计划生育制度施行后兴起的在流产与绝育时送礼的风俗），礼物的内容随着商品化的推进逐渐从以日常生活用品为主过渡到以金钱和商品为主。

与城市相比，礼物流动论所描述的乡村社会的关系互动有两点独特之处。一是关系互动的动态连续性。礼物流动论将礼物交换视为连续的过程，并凸显了社会地位不平等导致的不对称交换，突破了以往静态的、对称的研究视角（潘泽泉，2005）。二是关系的表达性。无论是魏昂德还是杨美惠，都重在强调关系互动的工具性特征，即关系对获取资源的重要性。尽管杨美惠也发现了乡村社会的礼物经济更具人情化特点，但她主要是从性别差异的角度来解释这一现象的，指出关系学中的计谋性、世俗性和政治化更符合男性的特质，而乡村社会中的人情伦理更符合女性化特征（杨美惠，2009）。阎云翔对下岬村的研究表明，正是关系的表达性赋予了日常交往的意义，是乡村社会的一种生活方式，对两性来说都是如此。

六 翟学伟的三位一体论

很多国内学者在实证研究中引入了关系视角。这种视角与社会网络和社会资本的概念交织一起（张文宏，2011），时有区分、时有混同。与众不同的是，翟学伟长期聚焦于关系研究领域，提出了系统的理论分析。他认为，"人际关系"概念在西方仅表示一种研究范围，没有确切含义。而对中国的"关系"研究，他认为必须寻求本土化的概念，表现本土特色的人际关系，由此提出了"三位一体"的关系论（翟学伟，1993）。

所谓"三位"，即人缘、人情和人伦。人缘指"命中注定"，来源于传统文化中的天命观。人情指包含血缘关系及其扩展的人际交换行为，来源于中国的家族制度。人伦指人与人之间的规范，外在形式是"礼"，内在形式是"仁"，来自儒家的伦理思想。继而，人情是核心，决定人际关系是什么；人伦为关系提供一套制度化的原则和规范，决定怎么样；人缘将关系限定在一个总体框架中，从根本上解释为什么；这三者彼此包含，又各自发挥作用，构成三位一体的中国人际关系的基本模式。

　　翟学伟的三位一体论是从文化的视角理解关系的又一代表。这种研究取向的适用性较广，目前在理论上已从社会学领域拓展到本土管理研究领域（梁觉、李福荔，2010），在实证上从社会人际互动拓展至企业—顾客关系互动（卫海英、骆紫薇，2014）、中小企业成长等方面（翟学伟，2009）。

七　林南的非对称交换论

　　如果说上述的关系研究都或多或少带有本土取向，那么美国华裔社会学家林南教授提出的非对称交换论，则突破了关系的区域性和文化特殊性（Lin，2001b）。他认为，关系并不是某些时期（例如杨美惠所讨论的"文革"结束后的时期）或某种政治经济制度（例如再分配体制）所独有的，它在其他时期以及世界其他地方也都存在。就是说，关系原则和关系实践是普遍性的，而不是文化和制度特殊性的。

　　那么，如何理解关系的普遍性？林南首先回顾了以往研究中总结出的关系本质：一是达成工具性目标的手段，二是基于情感来维系，三是与网络密切相关，将关系定义为持续的、以情感为基础的工具性纽带，实现人情与社会声誉的非对称交换。然后，林南讨论了两种社会互动的基本形式：经济交换和社会交换。经济交换具有即时性、非连续性，交换双方具有对等性，其目的是交易资源，力图实现最大化利益；而社会交换是长期的、持续的，交换双方可以是不对等的，交易的内容是难以量化的人情，这对于人情接收者来说得到了好处，而对人情给予者来说则获得了社会声誉。因此，关系的工具性导向、情感基础、非对称交换、社会声誉积累都符合社会交换的普遍性特征。中国的"关系"的特殊性，就在于关系在中国历史、政治、经济中都非常普遍且占据主导。

　　改革开放以后关系研究的推进，在理论上更加系统化、体系化，从以往的概念分析为主逐渐转向理论框架的构建；在研究视野上更加开阔，从以本土分析为主逐渐发展为跨国界和跨学科的学术对话，为关系社会学的提出和发展奠定了基础。

第三节 关系社会学的创立与研究成果

一 关系社会学的提出

任何一门分支学科的产生都不是一蹴而就的。关系社会学的创立，乃至成为中国主体话语的一个研究领域，需要具备一定的理论基础和学术储备，还需要拥有一定的国际影响力。如果说上述关系研究的开拓性探索和改革开放以后的推进为关系社会学打好了理论基础，那么 2000 年以后，关系研究的学术体系和国际影响也逐渐成形。

学术体系的形成需要多个"关键少数"（critical mass）。在关系研究上，清华大学社会学系、上海大学社会学院、南京大学社会学院、中山大学社会学系、西安交通大学实证社会科学研究所，先后组织和建立了关系研究团队，形成了东西南北中五个关系研究的学术"根据地"。以西安交大团队来说，目前已出版《关系社会学丛书》4 册，发表中英文学术论文 200 余篇，组织承办"关系社会学"大型国际研讨会，做出了特色学术贡献（边燕杰、杨洋，2018）。就国际影响力看，自 2000 年以后，关系研究在两个议题上是国际学术界讨论的热点。一是制度转型下的关系变迁，讨论随着市场化的推进、制度的转型，关系在社会发展、政企关系、市场交易、工作获得、法律秩序等方面的表现形式、发挥作用及变迁趋势（Gold et al.，2002）。二是关系研究与西方社会学自 20 世纪 70 年代兴起的社会网络和社会资本理论在视角、方法和概念上的平行，使得关系网络与关系资本成为中西方社会学对话的一个重要议题（翟学伟，2007）。

2009 年，笔者在全国社会学年会上正式提出了"关系社会学"，相关内容以论文形式于 2010 年发表，论述了其时代意义、学科地位和国际影响（边燕杰，2010）。关系社会学不仅是一套关系主义现象的理论知识，也是探索与分析社会行为模式的一种研究方法论，对这些知识和方法论的探索及其国际化推进，构成了建立关系社会学的时代意义。而作为一门分支学科，关系社会学是把握中国现实及其变动的学术工具，推进社会学学科建设的新的突破口，开展和加强国际学术交流的阶梯和渠道。因此，中国关系社会学的理论知识体系不应该仅仅为中国的学术界所承认和应用，同样应该得到国际社会学界的承认，最好进入主流。

二　关系社会学的理论模型

中国是一个关系主义、关系导向的社会，这是近代以来社会思想家的基本判断，也是关系社会学的基本出发点。如前两章所述，已有的关系研究显示了三种关系主义的理论模型（边燕杰，2004b；Bian，2001）。

第一种模型将关系主义的本质定义为家族亲情伦理和义务的社会延伸。符合这一模型的理论包括费孝通的差序格局论、梁漱溟的伦理本位论、弗莱德的组织经纬论、杨庆堃的关系帮扶论、金耀基的关系建构论等。该理论将血缘、姻缘基础上的家庭关系，亲密朋友等构成的类家庭（pseudo-family）关系视为社会互动的基础。在关系互动中，遵循伦理规范、履行义务会给个人赢得"面子"、积累社会声望，进而有助于目标达成。

第二种模型将关系的本质定义为特殊主义的工具性纽带，以魏昂德的杂糅关系论为代表，还包括黄光国的人情权变论、杨美惠的礼物交换论。该模型同第一种模型都认可关系的"特殊主义"，即关系的情感化、私人化特征，但该模型强调的是在特殊性基础上关系的工具性导向，即建立私人关系的目的在于获取资源等收益。因此，关系互动的基础并不在于对社会伦理和义务规范的履行程度，而在于资源掌握和交换的能力。这样一来，关系的建构可以突破家庭和类家庭的限制，发生在任何需要资源交换的场域。

第三种模型将关系的本质定义为非对称性的社会交换，由林南提出。该模型与第二种模型都重视关系在情感基础和资源交换的双重特征，但它们对关系的定位有不同的判断。第二种模型认为资源交换是目标，关系是达成目标的手段；而第三种模型则视关系的建构和维持本身为终极目的。因此，只要能够维持和延续非对称的社会交换，亲属、类亲属乃至非亲属都可以成为建构关系的基础。该理论模型下的关系范围最为广泛、关系类型最为多样、关系功能最为发散。

这三种理论模型对关系的测量及实证研究提供了不同的启发。例如，在关系的类型上，是侧重亲属、类亲属还是非亲属关系；在关系的功能上，偏重情感性支持、工具性支持还是二者皆有；在关系的运作逻辑上，是遵循社会伦理和义务规范，还是礼物交换，抑或是人情资源交换。但无论采用哪种取向，关系是行动者之间特殊主义的、带有情感色彩的、具有人情交换功能的社会纽带，是熟亲信为一体的社会纽带，这是理解关系的基础，也是关系研究的立足点（Bian, 2006）。

三 关系社会学的概念测量和实证研究

一个学术体系的建构，既需要理论模型的指导，也依赖测量体系和实证研究的推进。2000 年以后，受西方学界，尤其是社会网络和社会资本学派的影响和启发，关系的概念测量和实证研究突飞猛进，经历了从借鉴西方，到本土创新，再到走向国际化的发展过程。

最早对关系网络的系统性测量是"讨论网"提名法。该方法将 1985 年美国综合社会调查中的"重要问题讨论网"翻译成中文，应用于 1986 年在天津进行的城市居民抽样调查中，主要测量被访者与哪些关系人讨论重要问题，以反映人们获得的社会支持程度（阮丹青等，1990）。该题器可以得到被访者关系网的规模（关系人的数量）、密度（关系人之间的联系程度）、趋同性和异质性（网络中成员之间在社会经济特征方面的共性与差异程度，例如年龄、性别、职业和政治面貌等方面）。

中国社会的关系主义特点要求关系测量须反映本土特征，"春节拜年网"提名法就是本土测量创新的代表。该方法由笔者提出，首次应用于1998 年在天津、武汉、上海和深圳四个城市进行的调查中，主要测量人们拜年对象的规模、职业和单位状况，可以反映出人们所能摄取的关系资源（边燕杰、李煜，2000）。拜年人数越多、拜年对象的职业地位越高、职业类型越丰富，则所蕴含的关系社会资本就越丰富，越有利于地位获得（边燕杰，2004a）。

关系的测量体系不仅要体现本土化，还应该走向国际化。"餐饮网"测量是首个从中国本土推向世界的关系测量题器，由笔者在 1998 年的调查中提出，并在 2017 年国际社会研究项目（International Social Survey Programme）中得以在全世界推广应用。中国人的饮食文化十分发达，常常喜欢请客聚餐；在西方，"宴会"（banquets）也是非常重要的聚会场合。因此，"餐饮网"测量的就是人们的饮食社交网络，反映人们通过请客吃饭建构和维持关系网络的能力（Bian, 2001）。

这些关系测量被广泛应用于实证研究，分析发现：关系的建构有助于地位获得（包括求职、收入、工作流动、再就业、创业等方面）、社会支持

（情感支持、物质支持）、组织运作、市民社会（包括政治参与、信任）等方面（张文宏，2011）。而对地位获得的深入讨论，产生了专门测量地位获得过程中的关系建构与效应的指标体系。创业与求职是人们参与劳动力市场、获得社会经济地位的两种主要形式，因此求职网和创业网测量应运而生。

求职网即求职者在求职过程中所动用的关系网络状况，最早由笔者应用于1988年在天津进行的求职调查，并逐渐推广到目前的大型抽样调查中，例如2003年开启的中国综合社会调查（CGSS）、2009年开启的社会网络与职业经历调查（JSNET）、2012年开启的中国劳动力动态调查（CLDS）等。求职网主要的测量指标包括求职过程中是否使用了关系、所求助的关系人的数量、关系人与求职者的关系类型、关系人的社会经济状况、关系人所提供的帮助类型等。实证研究发现，求职过程中的关系网使用普遍存在，可以为求职者提供信息资源（例如就业信息、单位或雇主情况、指导申请和提供建议等）和人情资源（例如帮助推荐、打招呼、安排会面甚至直接提供工作等），助其成功（边燕杰等，2012b）。

创业网测量的是创业者在创业过程中所动用的关系网络状况，在产生时间上晚于求职网，目前在JSNET、CLDS等均得到了应用。创业网测量的指标包括创业者在创业过程中是否使用了关系、关系人与创业者的关系类型、关系人的社会经济状况及其所提供的帮助等。研究发现，创业是一个网络现象（边燕杰，2006b），创业者在创业过程中普遍寻求网络的支持，获得融资、项目、提升经营绩效（王文彬、赵延东，2012）。

第四节 关系社会学视角下的国际对话

一 作为研究方法论的关系社会学

方法论是社会研究的基本取向。当代社会学研究包含两种对社会结构和社会现象的基本观点：一是地位结构观，将社会结构视为社会位置或者社会行动者属性特征的分布模式；二是网络结构观，将社会结构视为社会行动者之间联系的模式。前者属于实在主义方法论，以静态的视角看待社会现实，强调个体、群体、组织等行动者的社会经济属性和文化价值观，社会阶层地

位的归属，以及对权力和资源的占有和控制等；而后者则属于关系主义方法
论，以动态的视角理解社会互动，重视行动者之间的联系性、嵌入性，行动
者关系网络的纽带、结构和嵌入资源及其效应（Emirbayer，1997）。

关系社会学遵循关系主义的方法论，对关系的理解包含两层含义
（Bian，2019）。第一层含义是将关系视为影响社会结构的一个基本要素。基
于家庭、亲属和类亲属的关系，以及通过人情、面子和礼物交换等途径建构
的关系，在城市可以获取稀缺商品和服务、得到好的工作、获得庇护，在农
村可以扶贫济困、互相帮扶、赢得社会声望。第二层含义是将关系视为构成
社会结构的一个基本要素。中国的社会结构，是"伦理本位"下的差序格
局；关系互动是乡村社会的基本生活方式，是城市单位制度下的亚文化，是
礼物经济的运作逻辑。

二 关系研究与社会网络分析的对话

同样关注人与人之间的联系性，关系研究与社会网络分析存在诸多共
性：关系研究中的行动者，包括个人、群体、组织等，在社会网络分析中被
视为一个个的纽结（node）；关系最基本的形式是两个人之间的关系，在社
会网络分析中被视为纽带（tie）；多个人之间的关系形成了网络结构
（network structure）；人们在关系网中受到各种伦理规范的约束，而联系紧密
或松散的网络也会带来不同的结构约束（network constraint）。

早在21世纪初，社会网络分析国际组织（INSNA）创始人之一的韦尔
曼（Barry Wellman）等人就提出了"网络关系"研究，倡导采用社会网络
分析的方法研究关系，将关系取向的中国社会理解为网络取向的社会
（Wellman et al.，2002）。此后，中国的拜年网、讨论网、餐饮网、求职网、
创业网等题器逐步发展，测量与分析了关系的类型（家人、亲属、类亲属还
是相识）、关系的强度（熟亲信）、关系的连接性（直接联系、通过中间人
介绍）、关系嵌入的资源（信息、人情）等。这些以社会网络分析方法对关
系的研究，有助于识别关系如何影响转型中国背景下的社会行为模式
（Bian，2018）。

Ronald Burt 及其同事提出的"关键事件联系人"提名法，讨论了中西
方关系网络及其作用机制的共性与差异，是社会网络与关系研究对话的最新
成果（Burt & Burzynska，2017）。该方法测量企业家在创立企业及经营过程

的"关键事件"中所求助的关系人网络及其效果,分析发现:第一,关系
是具有高度互信的、相对独立于网络结构影响的纽带。这种纽带在中西方社
会都存在,但在中国非常普遍(大约 2/3),而在西方只占很小一部分(不
足 1/10)。这是首次从数据分析出发对关系的定义。第二,中国企业家关系
网建构的特点是强关系持续贯穿创业过程。强关系呈现高度的熟亲信特征,
无论网络是开放的还是封闭的。第三,中国企业家的关系网兼具"结构洞"
与网络闭合的双重特点。一方面,网络中的大部分成员相互熟知、高度互
信;另一方面,相当一部分关系人占据跨越网络边界的"结构洞",为创业
者提供异质性资源,助其成功。

三 关系与社会资本的对话

社会网络是传递资源的载体。这些嵌入在关系网络中的资源,在西方一
般被称为社会资本(Lin,2001a)。资源的分布不是随机的,而资源的传递
和获取会受关系的纽带、网络的结构的影响。就纽带来说,关系有强弱之
分。强关系倾向于将大量相似的个体联系在一起,他们互动频繁,传递的资
源比较重复,但也保证了资源的可靠性;弱关系可以联通不太熟悉的个体,
传递更丰富的异质性信息等资源(Granovetter,1973)。就结构来说,网络
有开放与封闭之别。封闭性的网络中,成员之间联系紧密,互信度高,维持
规范和义务;而开放性的网络中,成员之间联系松散,存在大量的结构空
白,即"结构洞",因而占据洞位置的个体可以沟通互不相识的个体与群
体,享有信息与控制优势(Burt,1992)。西方的社会资本研究主要集中在
经济和政治两大领域。经济领域主要关注市场制度下竞争优势的来源。西方
市场制度完善,资源的获取可以依靠市场机制,解决信息不对称是建立竞争
优势的主要方式。因此,社会资本的作用主要表现在,通过弱关系网络所传
递的异质性信息,以及沟通互不相连的个体或群体、占据"结构洞"等,
确保竞争优势(Burt et al.,2013)。政治领域的研究关注市民社会的建构,
社会资本的作用表现为通过参与公共团体和协会组织,推进民主社会建设
(Putnam,1995)。

在中国,经济转型过程中市场制度的建立健全需要一个过程,这导致市
场信息的不确定性很大,并且资源无法完全依靠市场获得。因此,关系的强
纽带、强义务性保证了信息来源的可靠性(Boisot & Child,1996),并且通

过人情交换可以获取稀缺的资源，补充正式制度的不足（Xin & Pearce，1996）。政治领域的研究主要关注社会信任和社会秩序的维持。实证分析发现，熟人信任和亲友信任都对提升政府信任有正向的影响（胡荣、胡康等，2011），而人们在重要节日中建构的强关系圈有利于获取非正式支持、加快灾后重建（赵延东，2007）。

中西方在社会资本获取上的差异与其关系建构和网络结构的差异有关。就关系纽带来说，西方的特征是强度上较弱、功能上较单一、义务性较浅；而中国则是强关系主导、功能复用、义务性强（边燕杰、张磊，2013）。就网络结构而言，在西方人们可以参与多种组织、团体、协会，自由流动于不同的群体，网络结构比较开放。而中国人的网络建构呈现出差序性的"圈子"结构，圈子内部是"自己人"，基于血缘、姻亲、亲朋好友等强关系构成；圈子外部是"外人"，熟亲信程度都很低；并且圈子与圈子之间缺乏联系（罗家德，2012）。因此，西方社会资本的获取更多依靠弱关系、"结构洞"，而中国关系资源的获得则是靠强关系、封闭圈。

但这并不意味着关系与社会资本是完全对立的。在劳动力市场领域的求职研究中，关系与社会资本出现了一定程度的整合趋势。研究发现：尽管美国和中国在文化、政治制度和劳动力市场结构上存在明显差异，但求职的2/3—3/4 都是通过社会网络渠道获得的；这些社会网络渠道在美国被称为社会资本，在中国则被称为关系社会资本（DiTomaso & Bian，2018）。

第五节　结语

联系性视角是中国学者对国际社会学的学术贡献，而关系社会学则是该视角下中国主体话语体系的学术研究领域。理论立场上，关系社会学既能概括中国本土知识特征，又能解释普遍性的人类社会交换行为，是根植于本土、通行于国际的中国学术流派。方法论上，关系社会学坚持联系性和嵌入性的视角，站在社会网络分析的国际学术前沿，为社会结构和社会行为的研究提供了一般方法论。概念测量上，关系社会学经历了从移植西方，到本土创新，再到推向国际的发展过程。实证研究上，关系社会学注重关系现象的文化发掘，同时与西方社会资本的研究议题交叉，开始显现中西整合的趋势。推进作为中国主体话语的关系社会学的学科体系建设和学术体系建设，是中国哲学社会科学建立学科体系、学术体系、话语体系的一个有效的实验场和前沿阵地。

学科体系的建设是基础。关系社会学作为一门学科，是 10 年前由笔者提出的。为了该目标，笔者担任领军学者，在西安交通大学社会学团队组建"实证社会科学研究所"，从全球聘请知名学者担任驻校研究员；成立电话访问中心；每年举办暑期方法培训班，以社会关系网络分析为主，邀请国内外著名学者授课，办班 10 届以来共招收海内外 1200 余名学员。但是，目前关系社会学的相关学科门类还不多，开设的学校也较少，培养出的专业人才也有限，因此学科体系的建设有待推进。

学术体系的建设是支撑。经过 10 年的研究，关系社会学已经取得了诸多特色学术成果（边燕杰、杨洋，2018），列举如下：第一，在关系测量上，以大型社会调查为依托，提出了确立包括日常接触网、春节拜年网、社交餐饮网、团体参与网、求职协助网、职为晋升网、自主创业网等网络测量方法。第二，开展关系与社会资本对职业获得和职业发展影响效应的系统化研究，包括初职进入、职业流动、职位晋升、收入获得、人职匹配、工作满意度、职业隔离、自主创业等方面。第三，开展关系的社会效应研究，例如资源交换、社区救助、社会融合、知识社群、身心健康、教育获得、社会信任、分配公平感等方面。第四，开发"反事实模型"，包括倾向值模型、工具变量模型、差分法模型、互为因果模型等，论证关系网络的因果效应问题。第五，从实体关系网络到虚拟关系网络推进，开展线上网络测量、虚拟网络建构、网络舆情、网络行为、社会认同与心理等方面的研究。

当前，中国正在走向世界的中心，国际社会对中国的期待也随之提高。中国主体话语体系的建设，不仅要体现中国特色、中国风格、中国气派，而且要与世界其他文化相互沟通，使国际社会更好地认识中国、理解中国（李友梅，2016）。关系社会学需要推进本土知识提炼，扩大国际学术影响，承担时代重任。

第三章 论关系文化与关系社会资本*

所谓关系文化，是指人们关于社会关系的含义、规范、合法性的价值认同和行为倾向（边燕杰，2010）。从跨文化视角讨论这个问题首先需要解决一个术语困境。因为关系一词在我国具有感情、人情、面子、回报等丰富的行为内涵，而西语的关系如 relation 或 connection 均无此意，为此，西方研究者在他们的文献中对中国文化中的关系不做翻译，直接使用汉语拼音 *guanxi*，斜体表明是外来语。虽然现代汉语也包括了大量的音译外来语，如基因（gene）、摩登（modern）、拜拜（bye-bye）、托拉斯（trust）等，我们在本章中不想制造"瑞来神"（relation）或"康乃神"（connection）等怪异词，因为那样势必增加阅读困惑。

以关系文化条件下企业社会资本的研究为例，我们的处理方法是，直接使用读者熟悉的"关系"一词，在行文时注意区别该词的中西文化差异。这样将增加表述任务，但确保了可读性。为此，虽然中西之间，社会资本是指基于自然人的社会关系而产生的社会资源，企业社会资本是指基于法人的社会关系而产生的社会资源（Knoke，1999），我们的研究任务是，在中国关系文化的条件下发掘社会资本的行为含义和影响机制。为此，我们使用"关系社会资本"来描述中国关系文化条件下的社会资本，以区别于西方研究文献中已经使用的"一般社会资本"。简单而言，研究问题则是：关系文化条件下怎样的企业社会资本才能发挥其提高企业绩效的作用？而这些作用是西方文化条件下并不存在或很难产生的？

本章首先简述西方企业绩效理论中的关系主义视角，重点了解他们关于

* 本章原文曾发表于《人文杂志》2013 年第 1 期，边燕杰、张磊合作发表。收入本书时作者做了适当修改。

企业社会资本的一些理论观点和研究结论。这是中西比较必要的铺垫。进而，我们剖析中国关系文化的含义，重点讨论基于关系社会资本的特征和作用机制，并与西方一般社会资本进行对比。接下来，我们在中国转型经济的大环境中，讨论关系社会资本的重要性及其作用空间。在本章最后，我们探讨关系社会资本对中国企业绩效的影响和作用，讨论几个值得研究的重要议题，并提出实证研究假设。

第一节　西方企业绩效理论的关系主义视角

在西方，关系主义视角是 20 世纪 70 年代提出的，此前的理论主流是非关系主义视角的权变理论、交易成本理论、资源依赖理论、制度主义理论。简言之，权变理论将企业绩效归因为企业对环境的适应程度，环境适应程度高，则企业的绩效就会提升。交易成本理论认为，对外部环境的适应与企业内部有关：如果企业的管理架构和发展策略将外部的道德风险最小化，则交易成本降低，企业的业绩就会提升。资源依赖理论认为，企业依赖的最关键的外部环境是其他相关企业，所以，如果企业能够通过其权力获取其他企业的资源，则本企业的绩效就会提升。制度主义理论则强调，企业赖以生存和发展环境中包含了各种与认知、规范、合法性相关的制度因素，满足了这些制度条件，调整了制度环境，企业才能提升其绩效（Scott，2005）。

企业绩效的关系主义视角强调企业及其行为是嵌入于具体的、不断变动的社会关系网络之中（Granovetter，1985）。企业寻求生存和发展，关键是基于社会关系网络的管理架构，而不能通过简单的市场化或是科层化来实现。从这个角度说，关系主义视角强调了企业作为法人的社会属性，进而改写了原有的企业绩效理论。比如，权变理论强调依据具体环境信息进行决策，而关系主义视角明确提出，只有通过组织间的关系网络才可以获悉这些重要的外部信息。资源依赖理论强调企业在获取环境资源时所拥有的相对权力，而关系主义视角则把企业的相对权力重新定义为企业在组织间网络中所占据的中心位置。对交易成本理论，关系主义视角认为，组织间的社会网络可以控制道德风险，进而建立长期的依存关系，降低交易成本。最后，关系主义视角推动了同构性概念（isomorphism）的提出，此概念将组织间的社会网络植入以合法性为基础的制度主义理论之中（Powell，1990）。

　　关系主义视角中的社会网络至少通过三种机制影响企业绩效。第一种机制是网络纽带。网络纽带把企业连接起来并提供了跨越企业边界获取信息、知识和技能，以及实体资源和道德规范的通道。第二种机制是网络结构，主要有两种结构。一是关系松散的网络结构，包含了成员之间不发生直接联系而产生的"结构洞"：占据了"结构洞"位置的企业可以获得多样化的信息、资源和支配其他企业的权力，从而可以有更高的绩效。二是关系紧密的结构，最为极端的状态是成员之间都发生直接联系的网络闭合结构：由于成员之间提供了排他性的、及时的商业信息和盈利机会，所以网络内部的企业可以提升绩效。第三种机制是网络资源。网络纽带和网络结构带来的是潜在优势，这些优势只有通过实际的资源动员才可以实现。这里所说的资源是广义的，包含了有形的技术、人才、财富，也包括了无形的信息、权力和影响力、作为市场信号的企业地位和声望。所谓企业社会资本是指上述三种机制的总合。通过社会资本的力量，企业之间共享知识和信息，建立和维护企业间的行为准则和共识，互相施加影响和控制，从而提升绩效。

　　企业社会资本的关系基础是人际关系，而基于人际关系的社会资本是一个动态过程，是行动者有意而为的结果。在社会资本动员模型（Lin，2001a）中，林南明确指出这是一个分两步走的过程。第一步，社会行动者首先加入资源丰富的社会网络之中，获得摄取潜在社会资本的优势。第二步，这些行动者通过有意识的行为去动员这些资源，从而实现其预期目标。需要特别说明的是，潜在的社会资本不一定被动员，因为实证研究表明，潜能与动员之间的脱节现象在美国和中国都有例证（Bian，2008a）。同时，社会资本的形成与动员受文化环境和制度环境的影响。文化为社会网络的建立与维护提供了价值、道德与意义的基础。而正式与非正式的制度也为社会资本功能的发挥设定了带有强制性的各种规范与约束。例如在美国，通过弱关系寻找工作信息是合情合理合法的，但是如果某些人通过"发小网"（old-boy networks）的强关系进行暗箱操作，用人情交换职位，则被认为是不道德的，或者是非法的行为（Saloner，1985）。问题是，后一种情况在历史上和当下的中国都是普遍的行为。我们在本章中不关心道德或法律问题，我们关心的是，社会资本的作用是受文化和制度的影响的。显然，弄清关系文化条件下社会资本的作用，阐述转型经济制度条件下社会资本的作用，是重要的研究任务。

第二节　中国关系文化与关系社会资本

关系是中国文化和制度中极为重要的组成部分。关系一词对中国人来说并不陌生，但是其内涵却又丰富得难以把握。遵循笔者在《经济社会学国际词典》中的定义，视中国文化条件下的关系为行动者之间特殊主义的、带有情感色彩的、具有人情交换功能的社会纽带（Bian，2006）。在这一定义之下，血亲纽带和姻亲纽带是原初的关系，而非亲缘纽带由于互动双方人情和义务的增加可以升级为稳定的亲密关系。关系需要投入相当的时间与资源来建立、维系、发展或重建（Yang，1994）。特别是一些在中国文化中极为重要的时刻和场合，比如传统和法定的节日、婚礼、生日宴会、社交餐饮等，都被看作是建构、维系关系的重要契机（Bian，2001）。关系最为重要的属性之一就是人情交换。而且中国人所说的"人情"在内容上也远远比传递有用信息更加丰富，它是一种实质性的帮助。简单地说，在关系文化中，人们有义务向关系人或关系户提供人情帮助，相互期待未来获得人情回报。这样一种强烈的人情互惠机制，在西方也是存在的，虽然频率低、表现少、社会覆盖面较小（Arrow，1998）。这给跨文化研究者提出了重要学术任务：如何概括关系社会资本呢？

我们的方法是中西特征对比。西方社会资本有三大要素，即关系纽带的弱连带性、承载功能的单一性、偶发义务性（Nahapiet & Ghoshal，1998）。而构成中国的关系社会资本也有相对的三个要素，即强关系纽带的特殊性、功能复用性、频发义务性。大量的研究表明，在中西之间，社会资本的作用是同位的，但是构成要素的特征差异很大，正是在这一意义上，我们提出关系社会资本是一般社会资本的"同位素替换"。这就像水（H_2O）与重水（D_2O）之间的关系一样，它们的元素构成有差异，但是化学和物理功能相似。我们具体描述一下中国的关系社会资本的三个要素的特征。

特殊纽带。所谓特殊纽带是指高度个性化、富有亲情，或拟亲情色彩的强关系纽带。特殊纽带依靠情感维系，通过重复的人情交换得以发展。中西文化中都有强纽带。我们用特殊纽带表明这是特强纽带，"特"指的是亲情特别是拟亲情的成分更多、更强，所谓"师徒如父子""近邻胜亲戚""兄弟手足情"，在西方不是普遍存在的。特殊纽带遵从费孝通先生所提出的

"差序格局"的态势建构和变化：人们不断地混合情感性与工具性，把关系人纳入个人中心网络之中，赋予"亲疏远近"的属性，开展人情交换。策略是与资源丰富的交往对象"套近乎"或"攀亲"，提升特殊主义程度，从而增加社会资源。

复用纽带。复用纽带是指同一条关系渠道为相关双方提供多种不同的功能。如果把某条纽带看成一个整体，复用就是社会关系中角色、交易内容或隶属关系的重叠（Verbrugge，1979）；如果把给定的纽带按其所承担的功能加以分解，复用就是两个相关的行动者之间存在的多条渠道，虽然渠道在结构上是冗余的但它们却为双方提供了关系的"备份恢复"机制，使得双方的关系不易因为某种功能的中止而完全破裂（Mitchell，1969）。"买卖不成仁义在"体现了纽带复用的机制。复用性混合性质不同的交换功能，比如情感性与工具性的混合、社会性交换与经济性交换的混合、私人交换目的与公共交换目的的混合。在西方，不同属性的交换一般严格遵从不同的道德、制度和法律规范。而中国人所说的"面子"模糊了本应具有严格差异性的交往逻辑，而这种模糊化也正是中国关系交往中的惯习（King，1994）。

义务纽带。义务就是关系双方承担互相关照、协助、互惠的责任。互惠义务是中西文化的普遍特征，其差别是，在西方，人们之间的互惠义务较浅，工具性较弱，并且是偶发的，而在中国，互惠义务特别深，工具性特别强，并且是频发的。受儒家思想影响，中国人讲求交往中的"义"，"义"是中华传统文化中的重要道德准则，甚至超越普适的法律准则。这也推动了非对称性的社会交换的普遍化：人情的付出与回报在质量和时空上可以是不对称的，因为"义"产生了信任。在每次交换中，接受人情的一方在经济利益、声望、地位和权力等方面都得到了相当的提升，这为其将来向提供人情的一方给予更高品质的人情回馈提供了潜能，而互惠义务确保了这种潜能可以兑现。而这一兑现并不需要是即刻的，也不需要发生在未来同样的场合或是情境之中。由于互惠义务的保证，人们可以理性地期待在未来需要人情帮助的任何情境中，曾经接受人情的一方会竭尽所能提供回报。这种附加在关系纽带之上的强互惠义务在中国一直存在。

表3-1总结了上述讨论中的三个要素，并把关系社会资本与一般社会资本进行了对比。表3-1体现的是一种理论上的理想型：关系社会资本在三个要素上都取较高的得分，而一般社会资本则至少在某一要素上取相对较低的

得分。左上角的类型 I 体现了强特殊主义、强复用和强互惠义务的组合，其相应的例子就是中国的关系以及西方的"发小网"。右上角的类型 II 中特殊主义水平较低，但是复用较多，同时具有中等程度的互惠义务，其相应的例子是协会成员网络以及精英网络。右下角的类型 III 在上述三个维度上水平都很低，我们常说的西方弱关系网络以及"结构洞"网络都属于这一类别。最后左下角的类型 IV 特殊主义程度和互惠义务相对较高，但是复用程度低，我们常说的亲属网络和同一种族/民族成员形成的网络都属于这一类。

表 3-1　关系社会资本与一般社会资本的比较和理论概括

复用纽带	特殊纽带	
	高/强	低/弱
高/强	类型 I：极强互惠义务 ●中国关系网络 ●"发小网"	类型 II：中等互惠义务 ●协会成员网络 ●精英网络
低/弱	类型 IV：强互惠义务 ●亲属网络 ●种族/民族网络	类型 III：弱互惠义务 ●弱关系网络 ●"结构洞"网络

关系社会资本这一概念向现有组织理论中引入文化因素来解释绩效。在制度主义理论看来，组织需要在"组织场域"中不断积累现实、道德和认知的合法性。在中国，这些合法性都具有关系因素，例如企业家通过与官员的人情交换来获取商业成功，而这正是"企业主寻求合法性的不便明说的关键手段"（Wank，1999）。资源依赖理论强调企业在不平衡的权力结构中通过调整商业策略来获取资源并提升企业的效能与效益。在中国，商业策略大量依赖于关系，在中资企业以及中国员工比较集中的外资企业的日常实践中，通过关系打开市场以及关系公关都是非常有效的手段。对于交易成本理论而言，虽然基于关系的制度安排也许并非效率最高，但却是实际中可行且有益的安排，特别是在当年与交易相关的法律法规体系仍不健全的情境中更是如此。

第三节　关系社会资本的作用空间及其变迁

在中国转型经济的背景下，关系社会资本的实际效用是不是也在发生变化？学者们对这个问题给出了三种答案。首先，如果经济行为的社会嵌入性理论描述的是一种跨文化的普适现象，那么除非中国文化本身发生重大变化，否则关系对中国企业将一直有效。而另一种声音是关系有效性的持续下降以至终结。基于上海企业的个案研究，辜瑟瑞（Guthrie）认为在中国经济理性化和全球化程度不断上升的情境下，经济领域中的理性决策会随着私有产权和预算硬约束的发展而不断增加，与此同时非理性的基于人情交换的关系在企业行为中将不再具有有效性并会慢慢消失（Guthrie，1998）。

与这两种截然相反的判断不同，第三种声音强调了关系社会资本得以发挥作用的条件性。大量研究表明，关系在转型期的混合经济中、官商之间的"共生纽带"中、乡镇企业围绕亲缘建立的产权和管理结构中，通过亲缘网络传递非标准化的市场信息时，企业通过合作培育新兴的商业模式时，以及在市场国家资本主义环境中持续存在政商纽带的前提之下是有效的。由于关系在中国转型经济中的特殊重要地位，一些学者甚至把中国的经济模式称为"网络资本主义"（Boisot & Child，1996）。

如何从较高的抽象层次理论化地解释转型经济中关系社会资本的作用空间？我们把转型经济分解为两个维度，即体制不确定性程度与市场竞争程度，并以此为框架来讨论这个问题。表3-2给出了这两个维度所构成的4类情境。体制不确定性使用诺斯的定义（North，1990），即指规范和规则中的模糊、不透明以及不相容的属性。当规范和规则明确、透明且相互不冲突时，制度的不确定性就低，反之则高。同时，表3-2中的市场竞争程度在开放的由多个竞争者参与的自由市场中就高，而在由国家或是寡头垄断的市场中就低。

具体来说，1956—1978年的再分配经济时代，由于统一计划支配的原因，体制不确定性和市场竞争程度都较低。1978—1992年的改革开放初级阶段，成功的改革策略也同时提升了制度的不确定性："走一步看一步"是规则的非透明性，"双轨制"是冲突规则的非相容性，"摸着石头过河"的试错策略是规则的模糊性。与此同时，市场化程度提高。在1992年以后的深化改革阶段，体制的不确定性和市场化程度都大幅度提高。直至2001年中国加入世贸组织，体制的不确定性开始面对透明、清晰和普适的国际标准的冲击，而市场化提高到全球竞争的程度。

表 3-2　体制不确定性、市场竞争和关系作用空间的动态模式

制度不确定性程度	市场竞争程度	
	高/强	低/弱
高/强	Ⅲ：最大关系空间 ● 改革开放深入期 ● 1992 年以后	Ⅱ：不断扩张的关系空间 ● 改革开放早期 ● 1978 年之后
低/弱	Ⅳ：条件性关系空间 ● 全球化经济时代 ● 加入世贸组织之后（2001 年之后）	Ⅰ：有限关系空间 ● 再分配经济时期 ● 1978 年之前

在体制不确定性和市场竞争程度不断上升的背景之下，关系社会资本显得尤为重要。从宏观的角度来说，在体制不确定性很强的经济环境中，信息不对称的程度也很高。由于正式制度的缺位，经济行为中的信任以及对非法经营行为的法制打击力度都很弱。不同制度安排之间的区隔或说"制度洞"为关系社会资本发挥作用提供了空间。由于关系社会资本弥合"制度洞"并造就官商之间的共生关系和利益链条，中国的经济发展模式也被概括为各种不同形态的"网络资本主义"。从微观的角度来说，关系社会资本可以通过团结不同的企业组织从而为行动者提供竞争优势。这在市场竞争不断加剧的情境中显得更加重要。在这里我们提出两个命题：在中国的转型经济中，（1）体制不确定性越高，关系社会资本在提供竞争优势上所发挥的作用就越强；（2）市场竞争程度越高，企业就越会依靠关系社会资本来增强其竞争优势。上述两个命题相互关联，并导出了四个可以经验检验的研究假设。这四个假设即表 3-2 中的四个格子。

假设Ⅰ：改革之前的中国体制不确定性和市场竞争程度都低，从而关系社会资本的作用空间就比较窄小。

假设Ⅱ：改革初期由于上述改革策略，体制不确定性快速增加；此时商品市场虽已出现，但市场竞争程度不高，主要体现在新兴的小商品市场、国企的绩效工资制度、农村家庭联产承包、城镇个体户等方面。在这样的条件下，关系社会资本发挥作用的空间开始扩展。

假设Ⅲ：以邓小平 1992 年南方谈话为标志，中央提出确立和建设"社会主义市场经济体制"。这期间经济体制中的诸多方面开始改革，比如劳动力市场的出现、金融市场的放开、大力吸引外资以及鼓励私有经济的发展。制度的不确定性和市场竞争程度都很高。在这样的条件之下，关系社会资本

在企业日常的资源动员和经营运作中发挥出最大的效能。

假设Ⅳ：2001 年"入世"之后，中国经济在全球层面上面对更强劲的竞争。在全球化影响力较弱的地区和行业中，制度的不确定性得以维持甚至增加；而在全球化和国际标准/规则/规范/惯例影响较为深入的地区和行业中，体制不确定性开始下降。在这样的复杂条件之中，关系社会资本的有效性是有条件的。

第四节　跨文化视角下的研究议题

作为本章的总结，本小节提出关系社会资本效用的三个研究议题。这三个议题以企业生命周期所经历的三种情境来划分，即企业的创立、面对生存危机、巩固市场地位。

议题Ⅰ：企业的创立

在改革开放之初的 20 世纪 70 年代末，中国普遍贫穷，没有金融资本，也没有市场经验和技能。谁"先富起来"呢？谁有勇气"下海"，并真的获取了商机和资金大干了一场，成为企业家了呢？

从一般社会资本的视角，这些是机会结构的问题：你认识谁？你和他们的社会网络怎样？回答是：处于由大量弱纽带和"结构洞"构成的稀疏网络的人们，具有信息优势、商机优势、借款优势，所以更可能去创业，成为未来的企业主。形象地比喻一下，某个西方人改革之初来到中国做研究，如果他从西方观点出发就会认为，首先下海和富起来的是有着广泛社会交往的人们，无论这些交往具有多少人情交换的成分。

从关系社会资本的视角将给出不同的答案和研究假设。在关系文化中，激发一个人的创业精神也是一种人情交换，而这种人情往往进一步引发与创业相关的商业信息、稳赚不赔的初始合同、提供启动资金等更加重大的人情交换。而人情交换的重要前提就是创业者与支持者同属一个关系网络，相互之间具有特殊主义的、复用的、以强互惠为行为准则的人际纽带。在改革初期，几乎所有的创业者都是白手起家，而且在当时由于很强的体制不确定性，人们难以判断创业是不是真的有前途。这使得在那个时代借钱创业，不论是向银行借还是通过非正式渠道筹款，都非常困难。随着改革的深入，人们对创业前景的信心虽然不断加强，但是市场竞争的程度却变得更高，这使得创业投资的风险不降反升。在面对未来的不确定性和风险时，那些拥有较强关系的人最终成了创业者，拾取了"第一桶金"，并且"先富起来"，其中一些人成为今天民营经济的领军人物。

议题Ⅱ：面对生存危机

在中国经济转型和高速发展的大背景之下，经营风险是常见的。比如，人才的流失会在企业内部制造危机：某企业的高级销售经理突然跳槽并把销售团队和订单一并卷走。此外，借贷行为也会造成危机，这不仅因为国有大型金融机构不向中小企业提供支持，而且各种类型的"三角债"问题也非常突出，导致融资困难以及应收账款迟迟不能到位，从而资金链断裂的危险每天都可能发生。还有，出于种种原因很多在建项目突然被行政叫停也是经常发生的事情。总之，企业经常要面对种种生存危机，在 2003 年珠三角地区进行的 830 个中小企业调查中我们发现至少 70% 的企业曾经有过一次面对生死危机的经历（Bian，2008b）。我们不禁要问，企业是如何从这样的危机中走出来的？

按照一般社会资本的解释，其他条件相同的情形下，与资金强大的组织结成战略联盟，将更有可能度过危机（Galaskiewicz & Zaheer，1999）。此外，占据商业网络中的"结构洞"地位从而可以得到及时准确的信息，可以帮助企业在危机到来之前就有所准备，进而得以生存下来（Burt，1992）。而在关系文化的背景下，上述解释需要加以修正：关系的亲情程度、复用程度、互惠义务程度是决定性的要素。从关系社会资本的视角判断，其他因素相同的前提下，拥有较多关系社会资本的企业更有可能平安度过危机。举例而言，如果一个企业家没有在关键人物女儿的婚礼上"凑份子"，那么将来他就不可能及时得到预警信息，也不可能在危机到来之时动员他们所拥有的资源。

议题Ⅲ：巩固市场地位

企业如何靠关系社会资本巩固其市场地位？一个企业的市场地位很难客观准确地测量，但是，在当前的商界语境中，有一个主观的测量是可用的，即一家企业在其所在地区或是行业中是不是被人们公认为是"龙头企业"。从一般社会资本的角度来说，其他条件不变的前提下，企业主或是经理人如果拥有由大量弱关系和"结构洞"构成的社会网络，那么这家企业就更有可能长期占据较高的市场地位。从关系社会资本的角度我们将提供另外一种解释：如果某个企业与策略联盟中其他企业建立的人际关系亲情程度高、复用程度高、互惠义务程度高，那么，这个企业就更有可能长期占据较高的市场地位。

第四章 论创业者的关系嵌入与核心关系圈[*]

创业是我国经济社会生活中的一件大事。改革开放 40 多年，对内搞活和对外开放的政策，激发了各类社会主体的创新创业活动，一个重要的标志是民营经济的突飞猛进，为全社会贡献了 50% 以上的税收、60% 以上的产值、90% 以上的新增就业岗位[①]。近年来，创新创业成为我国市场经济的新动能，政府号召大众创业万众创新。"双创"成为一种国家发展战略，启动了从改革初期的"人口红利"发展模式向深化改革时期的以原创技术为本的科技强国模式的战略转型（蔡昉，2013），作为一项长期战略任务，已被郑重地写进了政府工作报告[②]。摆在我们面前的问题是：如何更好地推动创业？本章关注创业者及其社会关系网络的作用机制。

众所周知，创业犹如探险，虽有行动目标，但无成功把握；虽有资源投入，并无回报保证；虽可持续努力，难免以失败告终。全球数据显示，创业失败率高达 70%（于晓宇，2011）。换言之，从创业到可能成功，机会不足 1/3。为此，熊彼特主义理论[③]视域下的早期创业研究，关注创业者的风险偏好、成就动机、创造性认知等心理素质（吴晓波、周浩军，2010），探索在这些独特心理素质驱使下，创业者的效用最大化行为模式，尤其是在激烈

---

* 本章内容曾以"中国大众创业的核心元素——创业者的关系嵌入与核心关系圈"为题发表于《探索与争鸣》2019 年第 9 期，边燕杰、杨洋合作发表。

① 《中共中央政治局委员、国务院副总理刘鹤就当前经济金融热点问题接受采访》，中国政府网，2018 年 10 月 19 日。

② 《政府工作报告（文字实录）》，中国政府网，2019 年 3 月 5 日。

③ 经济学家约瑟夫·熊彼特在《经济发展理论》一书中首次提出"创新理论"，以创新理论解释资本主义的本质特征，并以此解释资本主义的发生、发展和趋于灭亡的结局。该理论的最大特色，就是强调生产技术的革新和生产方法的变革在经济发展过程中的至高无上的作用。

竞争环境中百折不挠、由弱变强、虽败犹荣、反败为胜的行为主义取向及其结果（Kihlstrom & Laffont，1979）。虽然这些早期研究捕捉了创业者的心理特征及个体微观世界，但将创业者视为原子化的"独行侠"、常人可望而不可即的"孤胆英雄"，则大大偏离了社会真实。社会真实是，创业者是常人中的一员，与常人一样也是社会关系的总和，是他们身处其中的人际社会网络的纽结，其创业成功往往是"三个臭皮匠合成一个诸葛亮"的集体智慧和切磋互补的结果。这一点，当历史推进到 20 世纪 70 年代，学术研究发生了质的飞跃：社会网络学派的兴起，突破了熊彼特主义的分析框架，引发了关于创业者及其社会关系作用机制的研究，并逐渐成为创业研究的一种主流范式（Aldrich & Zimmer，1986）。

这一范式对我国创业研究的分析价值是毋庸置疑的。一方面，我国大众创业的主体是社会大众，是常人中涌现出来的创业者，符合社会关系网络范式的前提假定。另一方面，也是更重要的，大众生活的基层社会是一个"差序格局"的社会结构（费孝通，2013），注重的是"伦理本位"的文化规范（梁漱溟，［1949］2011），以"熟亲信"关系圈子为行为调节的社会机制（边燕杰，2010），所以人际关系互动频繁，人情关系运作常见，关系网络资源雄厚。这些社会文化特征对于创业的意义，就像一些西方研究者所描述的那样，"中国是要先有好的关系才能做生意，而西方则是做成生意后就建立了关系"（Park & Luo，2001）。这个观察和评价提醒我们，研究中国创业者及其社会关系机制，既要参考基于西方经验研究所产生的社会网络理论，又必须深入探索中国的社会文化情境，提出符合本土情境的理论分析框架，用于解释我国创业者及其行为后果。

第一节 创业者关系嵌入的中西比较

大众创业的原初承载者和主体是个体创业者。虽然创业参与者非常广泛，包括个体、企业、机构以及他们的联合形式（木志荣，2007），但基于"全球创业观察"（Global Entrepreneurial Monitor）的概念框架（GEM，2018），本节重点关注开展商业经营活动的个体行动者，即日常生活中所谓的个体户、自雇者、个体。创业者是如何借助社会关系机制而开展创业的呢？这要首先弄清关系嵌入的理论视角。该视角包含两大概念要素：一是中国本土知识中的"关系"概念，二是源自西方社会网络理论的"嵌入性"
概念。

作为本土知识，如第三章所述，"关系"有别于西方的相关术语。例
如，英语中的 relations 或 connections 均表示两个行动者之间的联系性，仅此
而已。但是，中文的"关系"一词却包含了相熟、相知、人情、面子等多
重文化含义（翟学伟，1993）。为此，在西方学者看来，关系"并不能以某
个英文单词直接表达，因为它的文化特殊含义太丰富了"（Parnell，2005）。
理论上，这种文化特殊性有别于西方，至少表现在三个方面（边燕杰、张
磊，2013）。一是情感特殊性，指关系是高度个性化、富有亲情或拟亲情色
彩的强纽带，是熟、亲、信等多维度的综合体。如果西方的情感特殊性保留
在较小的家庭和亲族边界内，中国的家庭伦理亲情往往越过该边界而走向社
会，使得公共空间成为泛亲情文化规范活跃的社会场域。二是功能复用性，
指关系的使用和功能并不是单一的，而是可以重叠的，这与西方形成了鲜明
对照。西方人的行为规范趋向于公私分明，人际关系纽带依其所在的场域发
挥相应的功能，例如工作关系与家庭关系有着相对明确的界限；而中国人的
关系不太讲究公私之分、场域之分，是情感性导向的"义"与工具性导向
的"利"的结合，从而人情交换往往突破制度约束和公共规则的边界，满
足相互的个人需求（沈毅，2013）。三是强互惠义务性，指关系双方的相互
承诺与责任达到不可或缺的程度。如果西方理性文化强调权利为本的交换性
责任，那么中国伦理社会中强调的则是人情为本的互惠性义务，人人均以对
方为重，"各人尽自己义务为先"（梁漱溟，[1949] 2011）。基于《经济社
会学国际词典》中的关系概念（Bian，2006），本章将创业者的关系定义为：
创业者与其他行动者之间带有特殊主义和情感色彩的、具有人情交换功能的
纽带。

"嵌入性"是社会网络分析范式的基本理论立场。其核心含义是，无论
是否处于市场经济，人类的经济行为和运行都深深嵌入持续变化的社会关系
网络之中（Granovetter，1985）：生意信息来源于人际沟通，协同合作发轫
于人际信任，寻觅人才凭借人际介绍，知识学习借助人际渠道，经商信誉靠
的是人际传播，合同执行也离不开人际运作，就连赢得市场竞争也需要建立
和维持行之有效的人际关系网络。所谓关系嵌入，就是指这些具体的经济行
为和运作都基于关系网络，或者说都在不同程度上受社会关系网络的制约。
深究之，创业者受着三种不同类型的关系嵌入的制约，即纽带强度嵌入、网

络结构嵌入、社会资源嵌入。有意思的是，每种类型都存在中西异同，以下一一论述之。

一　纽带强度嵌入

重复的人际交往形成了稳定的关系纽带。关系纽带有强弱之分，近亲较强，远亲较弱；挚友较强，一般朋友较弱，其他相识更弱。我们这里关心的是，纽带强度差异影响着创业者的行为后果。创业者与各类市场参与者的纽带关系，发挥着两种重要的功能：一是获取市场信息，提高创业成功率；二是增强互信，减少交易风险。在成熟的市场经济中，市场参与者之间的互动有完善的制度规范，机会主义行为面临很强的法律约束，因此创业者的纽带关系越广泛，信息不对称程度越低，竞争优势就越大，创业成功率就越高。西方研究表明（Granovetter，1973）：强纽带关系的建构耗费时间，产生较高成本，往往是在群体内部、阶层内部发展的，因此重复性的冗余信息充斥其中，不利于创业者；相反，弱纽带关系的建构成本较低，跨越群体和阶层的结构边界，连接互不熟悉的个体，拓展联系和沟通范围，获取更丰富的非冗余信息，所以有利于创业者。

与西方相比，转型中国的市场经济尚未成熟。特别是市场转型进程中，产权保护不完善，公平竞争制度正在健全，法律执行力有待提高（蔡莉、单表安，2013），这些体制特征导致两种后果：一方面市场信息的不确定性很高，另一方面市场交易存在很大风险。在这种情况下，创业者只有依靠强纽带关系，通过持续的时间与精力投入、频繁的走动往来，才能获得及时和有效的内部信息，保证与交易者的强互惠义务性，提高他们之间的互信，降低交易风险，实现成功创业的目标（Wank，1996）。因此，中西创业者之间，虽然都需要通过关系纽带获取信息、建立信任、减少风险，其差异在于，西方创业者主要是弱纽带关系嵌入，关系纽带发挥了信息桥的功能；而中国创业者往往是强纽带关系嵌入，关系纽带发挥了人情影响的功能，既可以降低制度的不完善带来的机会成本，又有利于获取内部信息，降低市场不确定性。

二　网络结构嵌入

多个人际关系纽带构成了网络。网络结构可以分为两种：一种是纽带密度较低的开放性网络；另一种是纽带密度较高的封闭网络。开放性网络内部，成员联系松散，存在两种状态。一是网内有的成员之间没有直接联系。这种情况也可以说存在联系空缺，从整体看就像一个洞穴，被学者称为"结构洞"（Burt, 1992）。例如，成员 B 和成员 C 不发生直接的联系，而分别与成员 A 发生直接联系；换言之，A 占据了 B-C 结构洞位置，从而享有分别来自 B 和 C 的信息优势，进而享有使用这些信息的控制优势。二是网的边界比较松弛。因为网内的纽带联系密度较低，所以来自网内的联系性制约也较少，为此人们拥有较多自由跨越网络边界，与网外发生联系。研究证明，西方创业者的人际社会网络大多属于开放性网络，人们比较自由地流动于不同的群体和组织边界之间，方便与不甚熟悉的人沟通，结为弱纽带，有利于占据两个网络的成员之间的结构洞位置，获得信息优势和控制优势，从而获得较多的商机，提高创业的成功率（Burt et al., 2013）。

封闭网络的结构特征刚好相反。在封闭网络内部，成员之间的联系非常紧密，缺乏直接联系的个体很少；与此同时，网络的边界比较明确，对内拥有很高的团体认同感，对外存在很强的排外性。从而，团体内成员互通有无，共享信息，价值观一致，使得高密度网络具有很强的内部凝聚力，有利于强化群体规范，惩罚违规行为（Coleman, 1988）。封闭网络或高密度的网络结构与中国普遍存在的"圈子现象"（罗家德，2012）高度吻合。一方面，圈子将"自己人"与"外人"分开，"自己人"基于血缘、姻亲、挚友等强纽带关系构成，他们彼此互信、高度认同，"外人"很难进到这个圈子中。农民工创业普遍存在的"同乡聚集"现象（万向东，2012）就是例证，他们来自同乡、同村，以血缘、地缘为纽带，进入城市之后聚集而居，从事同一行业，共享创业渠道和资源。另一方面，圈子之间通常存在明显的界限，很少发生联系。中国人的文化价值观并不认同"脚踏两只船""墙头草"等机会主义行为，不仅圈子之间缺乏联系，甚至还可能产生冲突。早期研究显示（龙登高，1998），东南亚的华商创业者和企业家，往往以同族宗亲结成各个派系，关系圈之内联系密切，而关系圈之外则存在恶性竞争，相互排斥和争斗。

三　社会资源嵌入

纽带关系和网络结构中蕴含了丰富的社会资源。所谓社会资源，一般是指与行动者发生联系的他人所拥有的信息、权力、财富、声望等，行动者可以通过纽带关系和网络结构来获取和使用，服务于自身的目标达成。对于创业者来说，与之发生联系的他人所拥有的资金、技术、知识、人脉等，都是创业者急需的各类社会资源。社会资源的分布并不是随机的，而是像金字塔一样是层级化分布的；因此，关系人的社会等级越高，资源拥有量越多，从他们那里可以摄取和获得的社会资源品质越高、种类越多、规模越大，其行为效果就越好（Lin，2001a）。这是中西之间的共同性、相似性。但是，如何获取社会资源？获取什么性质、什么类型的资源对创业者最有效？中西社会文化之间存在很大的区别。

研究显示，西方创业者摄取和获得的重要社会资源是商业信息，所以其主要渠道是弱纽带关系和开放性网络。研究表明（Bae et al.，2011；Baum et al.，2000）：创业者自身的知识储备和创新能力有限，通过发展更多的弱关系，可以联通各类政府机构、科研院所、中介组织，获取更多的技术创新信息，提高知识传递与吸收的能力，提高创业创新绩效；依靠跨越区域界限的桥梁纽带即"结构洞"，可以引入外界新颖的知识和信息，对于高新技术类企业的创业绩效的提升作用明显；开放性的企业联盟网络为创业者提供了学习竞争对手知识的机会，在激烈的市场竞争中减少了风险。

中国的情况与之有别。如前所述，中国是"差序格局""伦理本位""熟亲信"三位一体的人情社会，商业信息固然重要，但是具有决定性意义的社会资源是人情影响，所以强纽带关系和紧密而封闭的网络结构是人们摄取和获得社会资源的有效渠道。纽带关系强度越高，能从关系人那里动员的人情社会资源就越多；身处紧密而封闭的网络结构之中，就越容易通过内聚性信任和互惠性规范而摄取和获得网内的人情社会资源。为此，即使是信息资源，社会资源的获取也是一种人情交换，请托者与帮助者的游戏规则均强调实质性的"施"与"报"（Hwang，1987）。这在最新的创业者研究中得到了证实（Bian & Wang，2016）：基于大城市的抽样调查表明，亲属和类亲属等强纽带不仅为创业者提供了创业资金，而且还通过鼓励、建议等情感资源支持其创业。此外，通过春节拜年、请客吃饭等人情往来建构的拜年网、餐饮网，均有利于获得跨越不同单位体制壁垒的资源，为创业者带来更丰富的资金和商业信息，助其成功。

四　中西异同的概括

表 4-1 总结了中西方创业者关系嵌入的异同。创业者的关系嵌入均有助于创业成功，但中西方在市场制度和社会文化上的差异导致创业者关系嵌入机制的不同导向。虽然中西方创业者建构关系都是为了获取资源，但关系投入与产出的效果不同。在西方，创业者有完善的市场机制做后盾，不必过分担心交易的机会成本，因而可以尽力发展弱纽带、营造开放性网络、沟通不同群体，以占有信息资源优势，提高绩效。而中国的创业者需要应对制度不完善带来的不确定性，因此必须遵循关系社会的文化规范，依靠亲属和类亲属的强纽带，融入"自己人"圈子，从而确保信息的可靠、人情的交换，助其成功。

表 4-1　创业者关系嵌入的中西比较

	纽带强度嵌入	网络结构嵌入	社会资源嵌入
中国	强纽带嵌入 强纽带建构有助于创业成功	封闭网络结构嵌入 封闭的网络结构有助于创业成功	人情资源嵌入 人情资源交换有助于创业成功
西方	弱纽带嵌入 弱纽带关系建构有助于创业成功	开放性网络结构嵌入 结构洞网络建构有助于创业成功	信息资源嵌入 信息资源交换有助于创业成功
异同	均可以获取信息；强纽带确保信息的高质量，且降低了制度不完善带来的机会成本；弱纽带重在信息获取的丰富性和异质性	均与社会结构有关；中国的强纽带偏好导致封闭网络，否定"墙头草"式的机会主义行为；西方的弱纽带偏好导致结构洞网络优势	均强调创业资源获取；中国的关系资源交换重在人情的施与报，通过深度嵌入而实现；西方的关系资源交换重在解决信息不对称问题，较少深度嵌入

第二节　创业过程中的关系作用机制

创业不是一个离散的事件，而是一个过程，是从商机识别到资源获取再到经营绩效的过程。虽然创业过程存在不同的划分标准，但是对于任何创业者来说，要想成功创业必须处理好以下三个方面的议题：一是获取商机，二是获取资源，三是提高经营绩效。没有商机，创业就无从谈起；有了商机，创业者就要整合资金、技术、人力等资源，抓住并利用好商机；但市场竞争激烈，失败风险很高，创业者必须尽力维持并提升经营绩效，才能做大做强。那么，前述不同的关系嵌入对于创业过程三个方面的作用机制如何呢？

一　关系嵌入与商机识别

商机是创业的前提，而创业过程就是识别、评估和实现商机的过程（Shane & Venkataraman，2000）。识别机会的一个重要因素是创业者掌握的市场知识和信息。这些知识和信息要么是创业者自己学习积累，要么来源于他人。单凭自己的知识开拓机会的创业者凤毛麟角，对于大众来说，更常见的是从他处获得。关系嵌入作为信息传递的渠道，不仅有助于创业者发现商机，而且可以提供咨询与建议，帮助其评估商机的可利用性（Birley，1985）。从纽带嵌入机制来看，强关系嵌入保证了创业者在不完善的市场机制中获取信息的可信度，从而有助于其对商机的评估和利用。从结构嵌入机制看，中国人通过圈子将"自己人"与"外人"区别开来，在"自己人"的圈子内大家共享信息和知识，而对"外人"展示出高度的不信任感。因此，创业者只有融入封闭的网络结构才可能共享信息，在不同圈子中占据"结构洞"的行为则很可能会被视为"脚踏两只船"而被排斥。从资源嵌入机制看，关系人的社会地位越高，其嵌入的资源含量越丰富，越可能给创业者提供市场信息。经验告诉人们，越重要的商业信息越稀缺，这就需要创业者通过人情交换才能获取。

经验研究证实了创业者的关系嵌入有助于机会识别（周立新，2014；张玉利等，2008；Ma et al.，2011）。尽管强纽带传递的信息具有重复性、冗余性，但这也保证了信息来源的可靠性和质量，使创业者更容易做出判断和决策。对于下岗职工、农民工群体来说，家庭成员和亲戚等强纽带增加了他们识别创业机会的概率。在台湾地区，纽带强度与机会识别具有显著的正向影响；同时，联系松散、密度较低的网络结构对创新性机会的识别并没有显著影响，"结构洞"对机会识别具有负效应。基于人情交换的拜年网的网络资源含量越高，机会识别的概率越大，那些与高地位拜年网成员交往密切的创业者更容易看到创新程度更高的商机。这些实证发现表明，缺乏关系嵌入的网络很难建立起信任，不太可能为创业者传递优质、可靠的商机信息。此外，中国草根创业者的社交范围本来就比较狭窄，家庭、亲戚、同乡等强纽带、高密度和人情往来较频繁的关系网是其获取商机的首要选择。

二　关系嵌入与资源获取

走出商机识别的第一步，创业者需要整合各种资源，从而有效地利用和实现商机。大众创业者拥有的资源通常是有限的，单靠自己很难满足创业资源的需求，这就要从他处获取；并且，只有获取特定价值的、稀缺的资源，才有助于提高创业者的竞争力（Barney，1991）。在转型背景下，政府拥有很强的资源配置权力，创业急需的资金、技术、项目等稀缺资源并不能完全依靠市场机制获取，这使得关系嵌入成为创业者整合资源的新途径。强关系的义务期待、封闭结构的高度融合互信、关系资源的人情交换，为创业者获取稀缺资源奠定了基础。

家庭是强纽带、封闭圈、人情交换的典型场域，这使得家庭在创业者的资源获取上扮演了重要角色。家庭的重要性首先表现在创业资源的继承和传递上。中国的家庭经济盛行，社会价值观认可"子承父业"，因此创业者可以通过家庭直接接管生意。此外，有过商业经营经历的家庭还可以向子代传递创业所需的知识、技能、管理经验、客户等核心资源，助其创业。基于全国抽样调查的数据发现，无论中国的城市还是农村，父母的创业经历均显著增大了子代的创业概率（吴晓刚，2006）。

亲友关系网是仅次于家庭的关系嵌入形式，也是创业者资源获取的重要来源。亲友关系网的资源嵌入首先表现在融资支持。融资约束是全球创业者普遍面临的问题，持续表现在创业的各个阶段（Evans & Jovanovic，1989）。在中国农村地区，由于金融体系建设相对落后，创业者面临的融资约束更大。研究发现，亲友网络为农村地区的创业者缓解了融资约束，并且在正规金融越不发达的地方其对于创业的支持作用越高（马光荣、杨恩艳，2011）。这些亲友网络，是在富有文化意义的传统节日、婚丧嫁娶等中国社会的重要社交场合，通过礼品、金钱等人情往来建构和维系的，具有高度的强互惠义务。维系血缘、亲缘不仅可以在原出生地提供相互支持，在流动迁移之后也会以类似的形式展现。上文提到的农民工同乡聚集现象就是典型例证。他们在流入陌生城市之后仍然聚集而居，共同经营，就是为了共享创业资源，相互支持（刘林平，2001）。在中国做生意，除了这些市场资源的获取，来自政府的支持也必不可少。对私营企业主的调查表明，为了弥补制度支持的不足，企业家会通过赠送礼物等方式与官员建立信任关系，获取政府支持（Xin & Pearce，1996）。因此，创业者稀缺资源的获取，无论是物质支持和制度支持，都是通过强关系、高密度网络获取的人情资源交换。

三 关系嵌入与经营绩效

面对激烈的市场竞争，为了避免失败、取得成功，创业者不但需要维持经营，还需将业务做大做强。关系嵌入所提供的信息和人情资源，可以帮助创业者建立竞争优势，减少风险，降低失败率。经营是一个长期的过程，创业者的关系网也会发生变化。对企业家的追踪调查表明，创业者的关系嵌入是一个强纽带比例逐渐降低、关系结构逐渐松散、关系资源不断丰富的演化的过程（Guo & Miller，2010）。在这种动态视角下，如何理解关系嵌入与经营绩效的关系？一个可行的切入点是在经营的"关键事件"中发挥关系嵌入的作用。任何创业都不是一帆风顺的，创业者在经营过程中会面临各种困境或危机，例如资金链断裂、人才流失、产品质量缺陷、合伙人撤离等。这些关键事件的解决关系着企业经营的成败，而关系嵌入在应对关键事件上的持续表现，可以反映其影响经营绩效的效果。

一项长三角地区企业家的抽样调查提供了最新的实证发现（Burt & Opper，2017）。在企业创立和发展的各类关键事件中，创业者总会寻求强纽带关系的帮助，这些人与创业者之间认识长久、相互熟知、互信无间，无论亲属还是朋友，均是如此。这些人被研究者称为"关键事件的关系人"，呈现出网络闭合和结构洞的双重特点。一方面，关键事件的关系人大多数来自创业者的闭合网络，不但已经获得创业者的高度信任，他们也和闭合网络的其他成员保持高度的互信；另一方面，相当一部分的关键事件的关系人，与创业者尚不熟悉的其他人有着这样那样的人际联系，占据着跨越两个网络的结构洞，所以能够为创业者带入异质性的资源，不但使得创业成功，而且在以后的发展中持续起着关键事件的关系人作用。

四 关系作用机制的概括

表4-2概括了以上实证发现。对于中国的创业者来说，强纽带、封闭网

络、人情资源是创业的三大关系作用机制，有助于创业者识别有效商机、获取稀缺资源、应对创业过程中的危机和困境。中国制度转型的背景，导致市场信息渠道纷繁多样、难以判断；市场机制的不完善增加了资源获取的难度，加上"摸着石头过河"造成了很大的不确定性，使创业过程举步维艰。对草根创业者来说，一方面自身资源能力有限，另一方面缺乏制度支持，只能依靠关系嵌入弥补。在关系文化社会中，"熟亲信"的强纽带、基于血缘和地缘的圈子融合、重大节日和人生事件场合的持续人情往来，确保了人际关系的特殊主义倾向，强化了互惠义务，复合和叠加了多种社会功能，为创业者出钱、出力、出点子，提供非正式的各种支持，助其成功。

表 4-2　中国创业过程中的关系作用机制

关系嵌入机制	创业过程的三个方面		
	识别机会	获取资源	应对危机
强纽带嵌入	保证商机的有效性和高质量	依靠家庭关系继承和传递资源，亲友和拟亲属关系提供创业支持	企业创立和发展中面临关键事件时寻求强纽带关系的支持
封闭网络嵌入	封闭网络增强信任，确保商机来源的可靠性	家庭、亲属和类亲属圈子缓解融资难题，同乡同学聚集共享创业渠道和资源	对关键事件的关系人的信任水平很高，持续发挥作用，其前提是存在封闭结构
人情交换嵌入	拜年/餐饮等人情交往提高了机会识别概率	重大节日和人生事件场合的社交联系和人情交换成为资源获得的有效机制	关键事件的关系人所提供的支持带有明显的人情交换色彩

第三节　创业者的核心关系圈

关系嵌入机制的既有研究预示了中国创业者关系建构的重要特征。这一特征是，创业者遵循关系文化规范，交往行为上具有三个平行的倾向性：一是关系纽带的特殊性较强，是"熟亲信"的综合体；二是关系功能的复用性较强，亲朋好友成为生意伙伴的重要来源；三是互惠义务性较强，重复的人情交换将关系人长期绑定在一个共享的闭合网络之中。这些特征的不同组合，提供了解读我国创业者关系圈现象的分析框架。

一　创业者的关系圈

社会网络理论和创业实践经验都表明，特殊性、复用性、义务性是发生变异的，都有强弱之分。为此，根据关系强度的变异性及其组合，表4-3呈现了创业者的三个关系圈。象限Ⅰ是强强强的组合，形成创业者的"核心关系圈"，这是开拓创业和企业治理所直接依赖的关系圈。象限Ⅲ是弱弱弱的组合，形成创业者的"外围关系圈"，这是企业发展到一定规模所维持的外部联系性。象限Ⅱ是位于两者之间的"中间关系圈"，属于强弱强的组合，虽然纽带特殊性和互惠义务性都较强，但是功能复用性却较弱；部分中间关系圈的成员，随着时间的推进、角色任务的增加、工作经验和经营业绩的积累，功能复用性将大幅提高，而纽带特殊性和互惠义务性也都随之提高，从而进入核心关系圈。

表 4-3　关系强度与创业者的关系圈

功能复用性	纽带特殊性	
	强	弱
强	互惠义务性最强 Ⅰ 核心关系圈	
弱	互惠义务性较强 Ⅱ 中间关系圈	互惠义务性较弱 Ⅲ 外围关系圈

二　关系圈在创业中的作用

关系圈在中国创业者中是一个普遍的现象。受费孝通先生"差序格局"理论的影响，境外的华商研究都显示了关系圈对于创业成功的作用。例如，1949年新中国成立前后移入香港的上海企业家，在香港完成的二次创业，就是依靠了他们的沪港关系圈才得以实现的（Wong，1988）。在台湾，家族企业的"老板班底"就是一个稳定的核心关系圈，由创业者和他的近亲好友组成，而中间关系圈和外围关系圈是可流动的"班底"成员的预备（陈介玄，2001）。东南亚华商研究也表明，基于血缘与地缘纽带，关系圈构成的商业往来为华商的家族式企业经营提供了经济活动的便利舞台，形成了家庭圈—本地同乡圈—外地同乡圈—外地华裔圈等形式的差序格局（龙登高，1998）。

我国改革开放以来，创业者的关系圈现象也得到研究者的密切关注。罗家德等人提出，创业者的"内圈"包括了亲属和类亲属，人际互动准则是需求满足；"中圈"包括各种好友，人际互动准则是长期人情交换；"外圈"包括了边缘化的相识他人，人际互动准则是公平交换原则（Luo & Cheng，2015）。在一个茶叶销售的小企业，帅满发现茶商创业者就是在编制和阶段性地重新编制这三个关系圈，通过关系圈成员的内聚和外联功能，实现企业治理和业务拓展。该研究还发现，企业员工与创业者的互信程度，是进入哪层关系圈的决定性因素。当领班销售经理建立了以自己为核心的关系圈时，这被认为挑战了创业者（即老板）的权威，所以终止了他的合同，另请创业者信赖的技术专家代替之（帅满，2016）。

创业者的三个关系圈是动态演化的，视创业过程的阶段性而发挥不同的功能。一项跟踪研究同时观察了六家企业的创业过程，发现每家企业都经历了如下三个发展阶段（Guo & Miller，2010）。一是创立阶段，核心关系圈很小，包括提供资金和咨询的近亲挚友，感情原则维系着这些成员的信任关系。二是创业之后的最初发展，中间关系圈开始形成，由技术和管理人员组成，虽然他们之间并不十分熟悉，但每人都在核心关系圈有其知心者和支持者，长期人情交换是该关系圈的主导调节机制。三是当企业发展壮大时，外围关系圈才适时出现了，带有异质性资源的弱关系或陌生人进入这个关系圈，感情和人情两项原则已经无效，待之而起的是短期交换的交情原则。另一项关于高科技创业的经验研究表明，创业者的三个关系圈具有功能互补的特征：核心关系圈是知识保护和企业治理的团队保障，中间关系圈是知识创新和转移的团队依托，而外围关系圈是知识创新的信息来源和动力所在（Fu et al.，2006）。

三　核心关系圈的关键作用

核心关系圈至关重要。首先，核心关系圈是创业伊始的依托，圈内成员与创业者均是熟、亲、信的强关系，风险分担、荣辱与共、成败同行。其次，核心关系圈属于封闭式的网络，具有较高的稳定性。不但创业者与圈内成员之间的互信度很高，圈内成员之间也保持着较高的互信度，"一方有难，八方支援"。最后，核心关系圈提供的是异质性的人情资源，尤其是在创业者面临重大困难时提供关键的、实质性的帮助和支持，作为"避风港"助其渡过难关，降低失败率。

核心关系圈的重要性可从西方学者提出的"蚕茧论"得到深入理解。"蚕茧论"认为（Burt，2019），中国创业者需要构建一个强关系的核心圈，就像"蚕茧"一样，为其提供持续的支持和庇护；"蚕茧"内部不是一成不变的结构，而是需要保持一定的"结构洞"优势。与之相异的是，核心关系圈的概念强调的是异质性的人情资源，即是说圈内成员之间差异性的关键并不在于网络位置，而是在于其自身所嵌入的社会资源。创业过程是一个资源整合的过程，创业者会面临各种各样的经营风险，因此对资源的需求也是多样性的。在中国，资源的获取需要通过人情交换，核心关系圈所提供的异质性的人情资源，可以满足创业所需资源的质量和多样性，帮助创业者处理好关键事件，度过危机，降低失败风险。因此，对于创业者来说，应该有意识地从自己的熟、亲、信的关系人中建构核心关系圈，圈内成员既有较高的互信，同时也要具备互补的异质性资源，需要策略性动员核心关系圈的资源，保证资源多元化。

核心关系圈的概念有助于探讨关系作用趋势的研究困惑。随着制度转型的不断推进，学界对关系作用趋势的前景产生了两种对立的观点。一种是制度视角，认为随着市场机制的完善和法制的健全，市场竞争会越来越重视商品和服务价格与质量，而"靠关系办事"而取得商业成功的有效性，将会逐渐降低，最终退出历史舞台。这就是世界知名的"关系下降论"（Guthrie，1998）。另一种是文化视角，将关系视为渗透在中国社会 2000 余年的文化现象，不会因一时的制度转型发生根本的变化；相反，关系作为核心文化要素，将伴随制度变迁产生新的关系形式、关系语义、关系表达方式、关系潜规则（Yang，2002）。实证研究的跟进方面，在地位获得研究中仅有少数个案访谈和非随机抽样调查与关系下降论一致，绝大多数的抽样调查研究支持了关系作用的持续甚至上升（Bian，2018）。我们的分析结论是，在创业领域，创业者关系嵌入，尤其是核心关系圈的作用仍然是持续的、起主导作用的。这说明，无论制度设计如何变化，中国的基层社会仍然是关系文化主导的结构。关系网络一方面与制度结构相互作用、相互影响，另一方面关系网络本身也构成了一种社会结构，理解中国人的社会经济行为，离不开关系结构的嵌入约束（Bian，2019）。

第四节　结论

中西方的创业活动都离不开关系网络。我国改革进程中的大众创业是一个关系嵌入的现象，这一方面是由于创业者无法完全基于形式规范获取足够的创业支持，转而依靠私人层面的人际关系；另一方面是因为关系文化规范的作用之下，中国创业者依靠强纽带来编织核心关系圈，以此持续人情往来，从而捕捉可靠商机、获取稀缺资源、应对经营危机。西方创业者在成熟的市场机制下，依靠弱关系和结构洞网络来消减信息不对称，从而成功创业。为此，中西之间在关系嵌入形态上形成了鲜明的对照。

在我国，创业离不开关系，更要善用关系。创业是持续的市场交易行为，信任和资源对于创业者至关重要，两者相辅相成、缺一不可。"人无信不立"，企业没有诚信无法赢得消费者，创业者没有诚信无法建立供销渠道，身处困境时难以得到支援。核心关系圈的建构和维持是大众创业者能否成功的关键就在于圈内的强纽带连接着高度互信的生意伙伴，持续提供异质性人情资源，既能破解经营困境，又能协助内部治理，是推进创业的核心动力。远见卓识创业者的成功秘诀之一，就是建构、维持、调整、加强其核心关系圈。

第五章　论关系作用的动态规律性[*]

本章聚焦富有争议的一个学术话题，就是关系的作用在中国改革开放时期的动态规律性。从经验数据上看，关系作用的变化趋势无论是上升、下降还是稳定不变，都涉及了如何看待市场化不断增长的宏观背景下，人际社会关系如何发生变化的问题。人际社会关系的动态规律性是社会学研究的一个根本问题，我国改革开放时期关系作用的变化趋势也引发了国内外学者的极大研究兴趣，但是观点相斥、视角交叉、结论不一。笔者认为有必要对这一问题给予明确的理论判断和系统解释，并基于经验事实提出系统的实证分析。为达此目的，本章将集中讨论四个相关问题：第一，关系作用趋势的学术论争；第二，关系作用的双重制约；第三，劳动力市场的关系作用空间；第四，关系概念再思考。

第一节　关系作用趋势的学术论争

关系，无论日常生活还是学术领域，是指个体之间的纽带联系。在社会网络分析领域，作为纽带联系的关系概念，并不是指阶级关系、政治关系、社会关系等概念中那种理论抽象的联系性，而是指彼此相识、互相来往、情义相笃、资源交换的人际关系（Bian，2006）。如前所述，在我国文化中，关系一词具有感情、人情、面子、回报等丰富的行为内涵（翟学伟，

---

[*]　本章相关内容的英文稿曾以"The Prevalence and the Increasing Significance of Guanxi"发表于《中国季刊》（*China Quarterly*）2018 年第 3 期，中文扩充版以"如何解释'关系'作用的上升？"为题发表于《社会学评论》2020 年第 1 期，中文论文由边燕杰、缪晓雷合作发表。作者修改了题目和相关内容。

1993）。这超出了英语学术文献中的 relation 或 connection 的语词含义，所以不做翻译，直接使用汉语拼音 *guanxi*，斜体表明外来语（边燕杰、张磊，2013）。在国际学术界，如果从胡先缙 1944 年在《美国人类学》期刊上发表"中国人的面子概念"一文开始（Hu，1944），关系研究正式进入西方社会科学研究视域，75 年来，特别是我国改革开放以来的 40 多年来，积累了丰厚的理论和实证研究成果，也引发了究竟如何评价市场化过程中关系作用的变化趋势的学术论争（Bian，2018）。由于论争的历史起点是改革开放之前的计划经济时期，所以我们选择这一起点展开讨论。

一 改革开放前的关系作用

改革开放之前的计划经济时期是公有制的一统天下，经济资源的统分统配是主要的体制特征。这一体制特征的社会行为意义可从城镇劳动力资源的统分统配得到一些基本的认识。1956 年开始的社会主义工商业改造，开启了劳动力的统筹分配政策，国家控制并集中分配城镇工作岗位，职业终身制和劳动力使用的"单位所有制"并举，由此产生的"充分就业"和"大锅饭"式的经济平均主义，被错误地认为是社会主义制度的优越性（吴敬琏，2002）。当时，"服从分配"是普遍的社会行为规范，而"自谋职业"则是极少数伤残贫弱居民以个体劳动者身份来获得生活来源、维持生计的一种补充性制度安排。数据表明，在"文革"结束、改革开放即将开始的 1978 年，全国城镇劳动力的 99% 以上都安置在全民所有制部门和集体所有制部门，个体劳动者不足 1%（国家统计局，1984）。

上述制度安排被国际学界称之为社会主义再分配制度（Szelenyi，1978）。该制度下，直接生产者（工人、农民、其他劳动者）将其生产剩余全数上交国家，国家按照计划目标沿着行政"条块"体系由上至下分配人、财、物等各种经济资源，统一管理产、购、销等各种经济运行环节（Bian，1994b）。根据魏昂德（Walder，1986）对于计划经济时期国有企业的研究，再分配经济造就了一个"组织化依赖"的社会运行体系：单位依赖国家以获得各种再分配资源，职工依赖单位以获得吃穿医住行等生活必需品，个人依赖对党的忠诚和对直接领导的追随而获得政治上的认可、事业上的机会、物质上的优惠。在魏昂德看来，最后一种组织化依赖尤为重要，因为个人对于政治核心的依赖程度决定着他们的生存机遇，其关键机制就是"工具性的特殊主义关系"（instrumental particular-ties）的建立和运用。也就是说，个人通过与上级领导建立稳定的特殊主义关系，完成工具性交换，实现个人利益的满足。魏昂德将这种特殊主义称为"有原则的特殊主义"（principled particularism），即对政治信仰的忠诚在实践中变成了对单位领导的个人忠诚。

对于改革开放前的普通公民而言，由于资源再分配是国家主导的、各级干部执行的，因此利用个人与各级干部的私人关系获得再分配资源成为一种体制性的特征，无论是城镇工作单位，还是农村人民公社，皆是如此（Bian，1994a；Yang，1994；Yan，1996；Kipnis，1997）。城镇职业工作是一个特别引人注目的再分配资源，引发了很多学者的研究兴趣。在工作分配的过程中，国家劳动部门首先按照教育水平和职业培训将城镇等待分配的青年统一配置到不同的工作单位，这些青年人在各个单位内再分配一份具体的工作，为此他们的关系作用发生在两个方面：首先是动员可能的关系力量进入一家"较好"的单位，然后是动员可能的关系力量在单位内部获得一份"较好"的工作岗位（Bian，1997）。

那么，什么是"较好"的单位和岗位呢？其标准当然存在个体差异，但对于每位等待分配的青年而言，他们都对于"较好"的单位和岗位都有一个比较明确的期待，问题是决定这个期待高低的关键要素并不在于个人教育水平，而在于能否有一个"关系人"在单位和岗位分配过程中发挥了"关键"作用（Bian，1994b）。职业分配是这样，其他资源分配也是这样。杨美惠（Yang，1994）将掌握分配资源的"关键人"称作"看门人"，而她在中国城市的广泛深入的观察表明，所有的再分配资源都有"看门人"守护，而与"看门人"建立了私人关系，人们就可以在一定程度上克服种种限制，获得这些再分配资源，小到包括国营商店出售的瘦肉、门诊医生开具的病假条、一张确定班次的火车票、预定任何酒店房间的单位介绍信，大到家用电器购买证、住房指标、岗位调动名额、晋升机会，等等。由于和"看门人"建立私人关系的核心机制是礼品交换，所以杨美惠称计划经济时期的再分配经济为"礼品经济"（gift-economy）。

上述实证研究表明，改革开放前关系作用的前提条件是国家的垄断、资源的稀缺、流通的封闭、市场的缺位。为此，人们自然会联想到，当改革开放之后，在市场化不断上升的新形势下，这些宏观经济条件发生了根本变化之后，关系作用是否就将退出历史舞台？

二 改革开放后的关系作用

1978 年改革开放以后，我国经济体系施行"双轨制"，即计划体制和市场体制的并存。"双轨制"的表现是多方面的：在劳动力配置方面，国家分配和市场配置两种渠道并存（Naughton，1995）；在商品价格上，政府定价和市场议价两种机制并存；在生产领域，计划内资源调拨和计划外资源购买两种方式并存；在工资发放上，预算内收入和预算外收入两种收入来源并存。1992 年邓小平南方谈话以后，我国经济改革进入全方位的深化发展阶段，非国有部门扩张迅猛，大量农村剩余劳动力涌入城市，国有企业实行裁员增效改革，出现大批下岗、待业职工。在"抓大放小"政策下，主要行业和企业巨头重组的大型经济集团依然由国家调控，并受中央、省、市各级政府监管（Keister，2000）。因此，中国的改革开放过程是一个经济转型的动态过程，趋势是越来越偏离再分配经济，越来越向市场经济靠拢。针对经济转型过程中关系作用的内在逻辑，学者观点相异，具有代表性的是市场转型论和权力维续论。

市场转型论认为，市场化是资源配置机制的变更，是由再分配机制向市场机制的过渡和转型。这种过渡和转型既是渐进的过程，也将权力和资源从再分配者转移到直接生产者，即从计划官员和分配官员转移到企业家、专业技术人员、工人和农民的手中。所谓市场转型，指的就是资源配置从再分配向市场的转变，从而导致社会分层机制的两个相互关联的革命性变化：一是政治权力和政治资本的贬值，二是专业技术能力和人力资本的升值（Nee，1989）。与此同时，市场转型还意味着，国家计划管控的垂直供销关系的弱化和萎缩，而代之而起的是生产商之间的横向合作关系的强化和扩张（Nee，1992）。市场转型论的推论是，魏昂德关于计划经济时期"有原则的特殊主义"的关系作用逻辑，将随着市场化的提升不断式微，最终退出经济领域的历史舞台（Guthrie，1998）。

权力维续论与市场转型论的核心判断是针锋相对的。权力维续论认为，市场化不仅是经济运行机制、经济产权的变化，更重要的是经济过程与政治过程的相互影响和相互协调（Bian & Logan，1996；Parish & Michelson，1996；Zhou，2000）。中国的经济改革是在政治制度不变的条件下以渐进的方式进行的，行政机制和市场机制同时发挥作用。所以，市场机制推动了人力资本的升值，而行政机制又维系了政治资本的力量。因此，伴随着市场化过程，社会分层机制将出现两种重要的变化趋势：一是"双轨制"条件下，随着经济的增长，政治资本和人力资本将同时增值，而不是一方贬值、一方增值（Bian & Logan, 1996）；二是"抓大放小"的产权改革之后，国家出于政治稳定和实现国家意志的需要，将继续维护国有部门的垄断地位，在富有战略地位的相关产业形成"国进民退"的格局，从而加强政治权力的经济基础，强化政治资本的作用（Bian, 2002a）。在权力维续论视野中的社会分层体系，社会网络关系的作用同样持续，因为政治权力运作预示着人为成分在各种资源配置中的作用不是消退，而是维持，甚至是加强。为此，纵使关系不会像市场转型论期待的那样不断式微，相反地，通过强关系寻找实权人物而获得政策倾斜和市场机会，从而得到人情回报的空间将会增大（Bian, 2002b）。

三 关系作用变化趋势的"辜－杨论争"

市场转型论和权力维续论间接地涉及了关系作用的变化趋势问题。事实上，关于关系作用在改革开放时代的变化，已经构成了一个独立的研究议题。这是因为计划经济时期"组织化依赖"的社会运行方式正在接受市场化的洗礼，那么当"组织化依赖"日益变形和消失的改革开放时代，关系的命运，特别是在经济领域中的作用及其变化，便成为一个人们开展独立研究的议题。但是，由于学者们的经验观察各有不同的区域，持有不同的视角，又获得了不同的实证分析结果，所以他们关于关系变化的理论判断是针锋相对的，为此引发了一场持续不断的学术争论，集中反映为"辜－杨论争"。

"辜－杨论争"发轫于辜瑟瑞于 1998 年在《中国季刊》（China Quarterly）上的一篇论文（Guthrie, 1998）。辜氏当时是一位青年社会学者，博士学位就读于思想活跃的美国加州伯克利大学，《中国季刊》上的论文就是他的博士论文的核心部分。这篇论文有两个要点。一是经验观察上，辜氏在上海开展了国有企业管理者的访谈。访谈涉及了很多问题，包括企业和员工的雇佣、供应商和销售商的选择、企业内部的各项经济决策过程等，在这些企业运行问题上辜氏的关注点是关系的作用。他的访谈对象告诉他，关系作用已经式微，不重要了。二是辜氏对于他的经验观察做出了理论推论。他认为，中国的关系其实质是人情交换，是非理性的：再分配时期"组织化依赖"的企业运行模式下，国有企业接受的是"软预算约束"，无论盈亏国家统收统配，多了上交、亏了补贴，为此管理者可以不顾及企业的产值和利润，非理性地雇用关系人推荐的待分配者，无论其能力高低，只看推荐人与自己的关系远近亲疏。但在经济改革日益深入的条件下，即使国有企业也越来越受"硬预算约束"，自负盈亏，全面理性，所以绝不会顾忌关系人的推荐，只考虑企业的效益，使得关系的作用日益下降。根据这些推理，辜氏在其1998年论文中旗帜鲜明地提出了"关系下降论"，并于四年后进一步扩展他的论证，引发了学术界的广泛关注（Guthrie，1998；2002）。

广泛瞩目的后果是支持与讨伐的同期而至。支持者认为辜氏的理论逻辑是令人信服的，关系下降趋势是符合市场转型论的理论预测的，所以进一步开展实地调查，收集经验数据，为关系下降论提供新的例证。有两项求职研究的实证结果提供了观察发现。一是韩泽尔（Hanser，2002）发现，对于90年代的初职获得者，无论进入新兴的市场部门，还是进入改革后的国有部门，关系都没有发挥作用。韩泽尔的解释是，就像辜氏所说，无论国有还是非国有的雇主，对于工作申请人的筛选是按照经济理性来进行的，只看其资质，不看其关系。二是黄先碧（Huang，2008）发现，到深圳求职的大学毕业生，云集招聘大厅，她访问了很多人，其中有些人确实动用了个人关系渠道，但是这些关系渠道并没有起什么作用，因为雇主只看求职者的个人能力，不看他们的社会关系。黄先碧的解释是，深圳的高端劳动力市场已经形成，本科毕业的高校信号和个人在面试时所表现的各种能力，使得关系的作用撞了南墙，产生了"边界"（limit），失效了。

美国知名人类学家杨美惠（Mayfair Yang）也是基于实地观察开展关系研究的，而不是系统抽样的调查研究，但是她的观察结果和理论观点与辜瑟瑞完全相反，引发了所谓的辜-杨论争。杨美惠研究关系的早期著作《礼物、关系学与国家：中国人际关系与主体性建构》，发表于1994年，2009年翻译为中文（杨美惠，2009），对于计划经济时期和改革开放初期关系在城市社会生活中的作用，做了非常翔实的观察和分析。当她读到1998年辜氏论文后，发现辜氏反对她关于关系作用的结论，当时未做出反应，但当辜氏2002年再次以她的观点和研究作为批判靶子的时候，她反击了，于当年在《中国季刊》（China Quarterly）发表了长篇论文，对辜瑟瑞的研究从理论概念、哲学思考、方法论等方面提出了全面的质疑和批判（Yang，2002）。

在杨美惠看来，辜瑟瑞的理论结论是研究简单化的体现。辜氏将研究重点放在上海少数大型国有企业上，范围有限，而他的访谈是表面性的，草率从事。她认为，市场化的重要成果之一是消费品市场的充分发展，所以在获得消费品方面关系不再起作用，是不足为奇的。但是，关系起作用的宏观条件是短缺经济，所以在市场经济发展的某些领域，只要存在短缺性，特别是国家持续控制的领域，关系的作用就一定还起作用。例如与政府相关的合同、进口指标、银行贷款、税收政策、市场信息等。这些新兴形式主要发生在需要与国家经济打交道的商业领域，关系在这里找到了发挥作用的新空间。杨美惠将关系总结为弹性制度下的适应机制，不断创造和再现新的行为表现形式。因此，中国在改革开放之后，关系的影响将持续存在。

社会学家张光琦（Chang，2011）支持杨美惠的观点。她将关系视作获取稀缺资源、连接权力资源、嵌入信息互惠的社会网络行为策略。在她看来，关系永远不会消失，关系的使用随着制度不确定性的程度而变化，资源配置、信息传递和市场竞争的不确定性越大，关系的重要性和工具效用就越大。如果说辜瑟瑞受新古典制度主义的影响，提出了市场理性制度观，那么杨美惠、张光琦则认为关系深深根植于中国文化，具有弹性地适应经济制度变化的特性。所以，进一步理解关系在改革开放后的变化，需要寻找合适的场域，综合文化、制度、市场等多种因素进行考量。

第二节　关系作用的双重制约

"辜-杨论争"引发了我们对于关系作用的深入思考，涉及微观和宏观两个层面。微观层面，关系的作用发生在两个相互联系的社会行动者之间，即求助者和关系人，前者向后者寻求实质性的帮助，后者在风险—收益的博弈中提供帮助，是一种人情交换的人际互动行为（Wellman et al.，2002；边燕杰、孙宇，2019）。宏观层面，任何人情交换行为虽然存在于每个文化体和社会体之中，但其发生率和有效性在文化体之间和社会体之间存在极大差别，传统到现代的转型社会研究提供了有力的佐证，这是帕森斯社会结构和社会行动理论的核心内容（Parsons & Shils，1951）。为此，在我国改革开放40多年来的背景下深入研究关系作用的变化，必须从宏观层面提出分析性框架，就人情文化的持续性和经济结构的变异性两个方面给出恰当的理论分析。

在本章的这一部分，我们基于第一作者的前期研究，对这一框架所包含的社会文化和社会结构两个方面给以理论分析，概括为"文化惯习制约"和"经济结构制约"。制度经济学的杰出学者、2009 年经济学诺奖获得者奥利弗·威廉姆森（Williamson，1993）曾提出了一个重要观点，他认为文化惯习是相对稳定的，千年一变，而经济结构的变化相对较快，十年一变。我们无须纠缠他的论点的具体实证结果，但是他关于文化惯习的稳定性和经济结构的变异性给了我们极大启示：在文化惯习制约方面，我们应该特别注重我国数千年累积下来的那些稳定的文化惯习制约要素；而在经济结构制约方面，我们应该特别观察近 40 多年来究竟哪些经济结构制约要素发生了重大变化。这就是我们关于关系变迁的双重制约论点。

一　文化惯习制约

文化惯习对于关系作用的制约，可以借助法国社会学家布迪厄（Bourdieu，1989）的"场域—惯习"论开展分析。布迪厄认为，惯习（Habitus）是一种组织性行为的结果，是与环境不断交互作用后产生的一种行为倾向系统。惯习指派了一种存在方式和一种习性的立场，并且是一种前提预设和趋势偏好。同时，惯习与场域密不可分，布迪厄将其称为"被遮蔽的双重关系"，并用一个等式表达了场域、资本、关系三组概念之间的关系：惯习×资本+场域=实践（Bourdieu，1986）。在社会交往中，行动者经常处于复杂、混乱或信息冗杂的情形中，没有时间为自身的行动进行理性的思考。这时，行动者常常会遵循期望理论（Kahneman & Tversky，1979），按照某种系统的、可预见的方式进行决策。在儒家文化占统治地位的历史长河中，中国关系文化已经被实践反复证明了是行之有效的，所以成为人们理性思考和行动的第一惯习。我们认为，关系行为惯习从浅至深包括六种类型：亲属惯习、亲情惯习、复用惯习、面子惯习、人情惯习、延展惯习。下文我们一一讨论。

（1）亲属惯习

行动者在使用关系时，首先习惯于区分亲属关系与非亲属关系。关系起源于亲属关系网络中情感和义务的家庭联系，它是中国社会关系的核心和立足点，中国人在家庭之外的社会互动和行为模式，就是按照家庭关系来调节的，即梁漱溟所谓的关系主义取向（梁漱溟，［1949］2011）。家庭关系超越了亲属关系的界限，通过互助、互惠等方式来影响社会互动。因此，本书作者将关系定义为"行动者之间特殊主义的、带有情感色彩的、具有人情交换功能的社会纽带"（Bian，2006）。居于关系之间的行动者有三种关系类型：亲属关系、类亲属关系和非亲属关系（Lin，2001b），行动者总是倾向于向亲属关系与类亲属关系进行沟通和寻求帮助，从而形成了亲属关系使用中的亲属惯习。同时，关系类型可以衡量特殊性程度的不同，从而行动者会被施加社会和心理压力，帮助或制约其利益交换。

（2）亲情惯习

在亲属关系与类亲属关系中，行动者习惯于区分强关系与弱关系。中国社会的关系模式是费老提出的以行动者自我为中心的网络重叠的"差序格局"（费孝通，1998），在这种模式下，行动者通过反复的情感性和工具性交流，建立起以自我为中心的亲疏网络，从而改变关系的特殊性程度（社会距离）。相比较互动较少、亲密程度较低的弱关系，中国社会更依赖联系频繁且感情紧密的强关系（Bian，1997）。关系反映了一个完整的特殊性联系，一个人的核心关系是强关系，其处于在弱关系与强关系连续分布的右侧（Bian，2018）。亲情惯习是典型的强关系类型，可以超越家庭关系和亲属关系，成为社会帮扶的主要力量（Yang，1959）。因此，行动者在使用亲属关系或类亲属关系时，会附加亲情的选择作用，形成关系使用的亲情惯习。

（3）复用惯习

行动者越是注重强关系，便越倾向于关系的复用性，即通过一对一的关系来构建多重意义、实现多重功能。在社会网络分析领域，这种社会交往行为偏向所产生的关系纽带被称为复用关系纽带（multiplex ties）（Verbrugge，1979）。在西方社会，最典型的复用关系纽带是"发小网络"（old-boy network）纽带，指的是政界或商界里面有权有势的小圈子，都是从小一起生长、长期混在一起、相濡以沫的一群相互依托的"大佬"们（Mitchell，1969）。一位外国学者发现，在中国社会每个人除了组织中的正式身份，还有很多其他的身份，人与人之间可以在正式组织之外结成非正式的网络，其纽带也是复用性的（Mayo，2003）。当今社会，中国有许多现实关系纽带都是多元复用的关系纽带，包括上下级、同乡、校友、老同事、师生等。因此，行动者在习惯使用强关系的同时，也伴随着关系复用的惯习。

（4）面子惯习

当关系复用性与现实中的行为逻辑相悖时，行动者习惯于考虑面子的重要性。面子是人们获得社会声望、巩固及提升社会地位的准则（Hu，

1944)。行动者在使用自身网络中的多种复用关系时，受到面子的约束，便会产生悖论，一方面丰富的关系类型可以带来丰富的资源，另一方面过度使用关系会影响社会声望。面子基于人际关系产生，使得人们通过注重面子来维持自我形象，在不同的场合会有不同的手段提高自我形象，甚至遇到难堪时也试图维持自我形象（Goffman，1955）。因此，面子逻辑中蕴含了"争面子""要面子""顾面子"等含义，人们有争取和增添自身面子的意愿，在使用关系时也会注重面子惯习（翟学伟，1993）。

（5）人情惯习

关系不仅是家族亲情伦理和义务的社会延伸，同时也是特殊主义的工具纽带（Walder，1986）。关系具有情感化、私人化的特征。其中，情感化特征使得人们在使用关系时会遵循人情法则（Hwang，1987），主要体现在日常工作生活中的走访拜会与危难时刻的帮扶援助。私人化特征使得人们遵循关系运作的规范和策略，谨慎地处理建立关系、馈赠礼物等问题，从而在再分配经济、商品经济模式之外形成了"礼物经济"（Yang，1994），使得经济交换更富有人情意味。因此，关系互动的基础并不在于社会伦理和义务规范的履行程度，而在于资源掌握和交换的能力，行动者具有建立私人关系的人情惯习。

（6）延展惯习

行动者的人情关系存在亲疏远近的差异性，为了获得更多的人情关系，行动者倾向于延展自己的关系网络。在中国社会的"差序格局"中，关系是个人中心的网络的交叉（费孝通，1998），利用关系形成的社会网络也是直接关系和间接关系的混合体。例如，笔者在1994年的文章中提出：在改革开放以前，待分配青年若想与分配工作的官员取得联系，必须通过直接关系和间接关系找到有效的中间人（Bian，1994b）；在改革开放之后，同样的求职模式在研究中被发现（Yang，2002；Bian & Huang，2015）。因此，行动者的延展关系可以利用直接关系和间接关系，构建以个人为中心的关系网，从而获取异质性信息和寻求工具性帮助。

二　经济结构制约

经济结构是一个宽泛的概念。本节注重经济结构的两个维度，都是我国改革开放时代变化较大的方面：体制不确定性和市场竞争性。

（1）体制不确定性

不确定性是经济学理论中的一个十分重要的概念。奈特（Knight，1921）认为，当经济行动者缺乏足够的相关知识时，对经济行为的未来风险缺乏感知和判断，是由于风险的不可测量、不可编码、不可量化造成的，概括说来就是未来不确定性。诺斯（North，1990）认为，未来不确定性在很大程度上根源于体制不确定性，因为任何经济活动，包括市场运行和公司内部运行在内，都是在一整套制度规则的范围内开展的；那么，如果制度规则模糊而不具体、制度规则的制定和执行不透明、不同的制度规则之间互不兼容，就发生了体制不确定性的问题。

本章采用诺斯的不确定性概念来考察中国改革开放后的体制不确定性。根据诺斯的定义，我们使用的体制概念指的是对于各种经济活动具有约束意义的制度规定和具体规则，而体制不确定性是指贯穿于我国转型时期的"双轨体制"并存条件下的三种经济规则状态：经济规则的模糊性（ambiguity）、规则执行中的非透明性（non-transparency）、不同规则体系之间的非兼容性（non-compatibility）。对此，可以从 1978 年以来的经济体制改革的三种策略得到理解和认识。首先，体制改革的最初策略是"摸着石头过河"，没有确定的体制改革蓝本。实践证明这个策略起到了"体制破冰"的效果（史宪民，1993），推动了经济发展，但是体制设计和建设落后于新兴市场活动，所以产生了诺斯说的制度规则的模糊性。其次，体制改革的基本推进方略是"试点先行"，成功的就推广全国，失败了就自我消化。实践证明这个推进方略是有效的，但由于试点选择在方便吸引外资、领导人特别得力的沿海地区，所以成功的试点都带有很强的地方特色，难以被归纳为制度规则，产生了诺斯说的制度规则的制定和执行的非透明性。最后，体制改革是渐进式的，产生了"双轨制"，再分配机制的保留和市场机制的创新是并存的，即所谓"老人老制度、新人新办法"。实践证明"双轨制"在维护既得利益的同时激发了市场改革的新动能，避免了"休克疗法"所导致的体制崩溃、社会动荡的严重后果，但是与此同时也产生了诺斯说的制度规则的非兼容性，为权力寻租、官员腐败、非法经营提供了极大空间。

（2）市场竞争性

除了体制不确定性，市场竞争性也是关系作用空间变化的重要宏观经济条件。在一个国家垄断或者财团寡头垄断的经济体中，市场准入是垄断的，市场竞争降到低点（James & Lewis，1986）。此条件下，关系的作用是建立与"守门人"的亲密联系，获得垄断资源和机遇。这是关系作用空间较小的一个经济体。当市场对多个竞争对手开放，资本机构、技术水平日益完善的时候，市场竞争程度较高，为了击败对手，必须加强各自的比较优势，所以纵向的政府关系、横向的厂商关系、广泛的社会关系，都成为企业的社会资本的来源（边燕杰、丘海雄，2000）。为此，越是竞争程度高的市场，越要求行动者有相对比较优势，经济资源、人力资源、社会资源越丰富，则越有竞争优势。其中，社会资源即关系社会资本，市场竞争程度越高，则要求有越多的关系社会资本，关系作用空间也随之加大。

（3）转型经济的特征

上述体制不确定性和市场竞争性的交叉影响，使得我国转型经济具有三个重要特征，均与关系作用的变化趋势相关。第一，信息流通缺乏制度化的渠道，市场信息的非对称性持续较高。这主要表现为市场信息的流通不畅，关键的、重要的、隐秘的商业信息不是公开发布的，而是通过亲属网络、沿着关系渠道而流动的，产生了被西方学者称为"网络资本主义"的现象（Boisot & Child，1996）。第二，新的经济组织之间的信任建立缺乏制度化的基础，市场交易成本持续较高。市场交易者之间的信任是相互接触和交易成功的必要保障（Granovetter，1985）。再分配时期，经济组织的"条块"归属成为厂商之间建立信任的制度化基础（Lin，1995），随着计划分配体制的弱化和离场，这些制度化的基础随之瓦解，新的经济组织没有制度化依托，只能求助于亲属网络、友情网络来建立稳定的横向联系，成为市场经济的信任基础。第三，转型经济充斥着违规行为，而法制不健全和有效法律制裁的缺位，导致投机行为泛滥、权力寻租严重、权钱交易横行，引发了经济行为者寻求关系的介入和保障（He & Ng，2018）。换言之，转型经济是一个关系作用空间不断增长的经济体（Bian，2002b）。

（4）关系作用空间的动态模型

根据笔者的前期研究，转型经济中的关系作用空间受体制不确定性和市场竞争性的交叉影响（Bian & Zhang，2014），如表5-1所示。体制不确定性和市场竞争程度是两个相互独立的理论概念，前者指的是经济制度规则的不同程度的模糊性、非透明性、非兼容性的共同作用下所导致的经济行为不确定性，而后者指的是产品和服务的生产与流通在多大程度上是由众多独立产权的经营者来参与实现，而不是由单一经营者通过把持市场进入而产生的垄断状态。为此，体制不确定程度可高可低、可强可弱，与此同时，市场竞争程度也可高可低、可强可弱，它们的交叉分类就构成了四种关系作用空间，帮助我们提出四个实证研究假设。

表 5-1 关系作用空间的动态模型

体制不确定程度	市场竞争程度	
	低/弱	高/强
高/强	II：不断扩张的关系作用空间 ● 改革开放早期 ● 1978 年之后	III：最大关系作用空间 ● 改革开放深入期 ● 1992 年之后
低/弱	I：有限关系作用空间 ● 再分配经济时期 ● 1978 年之前	IV：条件性缩小的关系作用空间 ● 全球化经济时代 ● 2001 年（加入 WTO）之后

表 5-1 象限 I 是有限关系作用空间。在 1956 年"统筹分配"政策实行后，一直到 1978 年改革开放之前，中国长期处于社会主义再分配制度之下，因此体制不确定性较低。再分配制度下资源配置的唯一方式是国家计划，以此来调配金融资源、劳动力资源、生产和消费资源。所有的企业和机构均由政府管辖，在全民所有制的制度下几乎没有私人性质的经济活动。由于经济实体之间的交易是通过行政手段管理的，因此市场竞争程度也是最小的。例如，劳动力通过国家分配的方式调控，户籍制度与企业员工终身制使得劳动力的流动性极低（Walder，1992）。因此，根据改革开放前的宏观经济制度提出假设 1：改革开放前，关系在一个较小的有限空间内发挥作用。

象限 II 是不断扩张的关系作用空间。1978 年的改革开放在很大程度上改善了中国的经济环境，但改革的策略增加了体制的不确定性。在改革的初级阶段，体制建设在一种缺乏总体设计的情况下摸索前进，区域之间、城乡之间采用了渐进式改革与试错式改革，这些策略造成了体制的模糊，以及实施的差异性（Bian，2002b；Shirk，2007；Naughton，2007）。在市场方面，出现了新兴的市场活动，市场竞争程度主要体现在小商品市场、国企绩效工资制度、农村家庭联产承包、城镇个体户等方面，对于国家层面而言并没有表现出显著的提高。因此，在改革初期，体制的不确定性使得行动者使用关系时既有再分配体制时的特色，也有新兴市场将关系带入新的空间，据此提出假设 2：改革开放初期，关系的作用空间开始上升。

象限 III 是最大关系作用空间。1992 年邓小平南方谈话以后，中国进入了改革深化期，在体制方面，1978 年以来的改革策略依然适用，体制不确定性达到了新的水平。在市场方面，实施了一系列新的改革措施，如开放了劳动力市场和金融市场、大力吸引外资、鼓励私有经济发展。这些措施显著地提高了中国的市场竞争程度，在"抓大放小"的政策下，私有经济迅速发展，劳动力市场的求职者也完成了从"国家分配"到"双向选择"的转变。由于体制内与体制外的经济同时快速发展，关系在这一时期更为重要，对于提高资源配置、业务运营以及个人回报都有显著效应（边燕杰等，2012a）。基于体制不确定与竞争程度都很高的讨论，我们提出假设3：在深化改革时期，关系的作用空间发挥出最大效能。

象限Ⅳ是条件性缩小的关系作用空间。2001年中国加入世界贸易组织（WTO）之后，中国进入全球化进程，在透明、清晰和规范的国际标准和监管下，市场化被进一步提高到全球竞争的程度。在体制方面，市场活动成熟、受世贸组织影响的地区和行业中，体制不确定性呈下降趋势；在其他集中在混合经济制度下的地区和新兴行业中，体制不确定性持续上升。因此，加入世贸组织在一定程度上带来了体制的不确定性，但仅表现在受到全球影响力较弱的地区和行业，随着改革的不断深入与全球化合作水平的提高，这些地区和行业的体制也将趋于稳定。据此我们提出假设4：在加入世贸组织后，关系的作用空间取决于体制有效性的影响。

第三节　劳动力市场的关系作用空间

在这部分，我们聚焦于劳动力市场对表5-1的理论命题和相关研究假设，提出一个实证分析框架。需要说明的是，任何具有一般意义的理论命题和相关研究假设都能从不同的视角开展实证分析，检验这些命题和假设的条件真伪性；我们之所以选择劳动力市场的视角开展实证分析，是因为占有了较为完整的相关数据；我们不但希望本节的数据分析成为一个示范，显示表5-1理论框架的分析有效性，同时我们也期待未来研究者，从其他视角对于相关理论命题和研究假设开展进一步的实证分析。

一　研究背景

为了检验表5-1所述的理论逻辑和研究假设的真伪，我们选取劳动力市场作为实证研究场域。这方面，格兰诺维特（Granovetter，1973）的弱关系理论是个范例。他认为，弱关系可以将不同的社会圈子联系起来，传递跨群体的非重复性职位信息，从而帮助求职者找到更高声望和更高薪水的工作（Granovetter，1974）。林南将格兰诺维特的理论进一步延伸（Lin，1982），认为弱关系将不同社会阶层的人联系起来，除了信息，权力、财富和地位也嵌入在社会网络中，成为提升求职者声望和薪水的社会资本（Lin，2001a）。伯特（Burt，1992）从网络结构的视角进行分析，认为由于组织之间缺少直接的联系，能够填补中间的结构洞的求职者便可以获取更多的信息和收益。这些求职网络理论为目的性行为构建了关系基础，并指出了可预测的理论模式。现有分析主要集中在求职网络对职业流动和工资水平的影响上。

职业流动是市场经济的重要特征，调节职业流动的机制有计划分配机制、市场机制、社会网络机制。笔者基于1999年天津的社会调查发现，求职者的社会网络主要由亲属和朋友两类强关系构成，社会网络发挥作用的形式以提供人情为主、以传递信息为辅（边燕杰、张文宏，2001）。在社会经济地位方面较高的求职者由于社会资本的优势可以获取更多的信息资源，相反，社会经济地位较低的求职者则更倾向于使用人情，即能力较弱者更倾向于找关系以弥补自身劣势（林南、敖丹，2010；陈云松等，2013）。使用社会网络获取人情资源，能够跨越理性的经济边界，使得处于关系之中的人做出与经济理性相悖的筛选决策（郝明松，2015）。

二 研究设计

本节选择劳动力市场对求职网络中关系的变迁进行研究。自20世纪80年代，经济转型期的中国劳动力市场中就业竞争压力一直在加剧（Bian，2008a），针对求职网络的分析可以很好地回答辜瑟瑞与杨美惠关于转型期关系变迁的争论。过往的研究大多来自横截面数据，为了能更好地检验关系动力学模型中的时代变迁规律，本章选用时间序列数据进行研究。自1999年以来，作者参与了若干项大型社会调查，其中包括CGSS JSNET。本节选取JSNET调查的1999年、2009年、2014年三期数据，以及CGSS调查的2003年、2008年两期数据，综合分析改革开放后1978—2014年求职网络的变迁趋势，共有19000个样本，结果如图5-1。

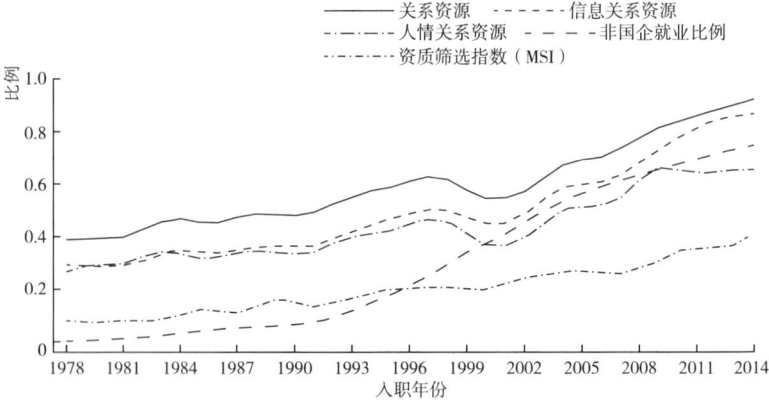

图 5-1　求职网络变化趋势

注：CGSS 2003/2008、JSNET 1999/2009/2014 合并数据。

资料来源：Bian & Zhang，2014。

三　求职网络变化趋势

图 5-1 显示了 1978—2014 年的求职网络变化趋势。从顶部的第一条曲线可知，改革开放以来，通过社会网络关系资源求职的比例有明显的增长，1978 年是改革开放的第一年，46% 的求职者是通过社会网络关系资源找到工作的，到了本节使用的调查数据的截止年 2014 年，这一比例上升至 92%，增长趋势是稳步上升的。这一趋势可以从信息关系资源和人情关系资源两方面来解释。

首先，求职网络中的信息关系资源发挥作用。由图 5-1 中的第二条曲线可知，改革开放带来市场经济的蓬勃发展，体制外企业的数量迅猛增长，使得求职模式由面对单位组织求职变成面对企业雇主求职。因此，获得企业信息与雇主信息对于改革开放后的劳动力市场更为重要。求职网络是获得信息资源的重要途径，例如：获取企业的经营情况、打听企业的招聘需求、帮助准备求职申请等。另外，求职网络还是传递信息资源的重要途径，例如：提交工作申请、联系招聘负责人、提供求职帮助等。信息关系资源的增长趋势表明，中国新兴劳动力市场越来越具有信息不对称的特征。

其次，求职网络中的人情关系资源发挥作用。由图 5-1 中的第三条曲线可知，随着改革开放的到来，求职网络中的人情关系资源比例同样保持增长，虽然中间受到国企改革的冲击，但总体的上升趋势仍然保持，在 2010 年之后，人情关系资源的使用比例趋于平缓。这说明，在劳动力市场中，人情关系资源背后的逻辑是获得强大的社会关系，可以对雇主的决策产生影响，然而这种影响随着体制的不断完善，会逐渐被信息关系资源所取代。从求职者的角度来看，在改革开放之前，人情关系资源意味着可以帮助获得一份好的工作分配，或避免一个不好的工作分配；在改革开放之后，人情关系资源意味着在不断增加的就业竞争中获得优势。

为了检验前文关于市场竞争程度和体制不确定程度的研究假设，我们选用两个指标进行测量。第一，用非国企单位的就业的比例来测量市场竞争程度，因为非国企就业是中国劳动力市场竞争的关键指标，非国企就业比例越高，则说明市场竞争程度越高。如图 5-1 中的第四条曲线所示，非国企就业比例从 1978 年的不足 1% 增加到 2014 年的 75% 左右。第二，用资质筛选指数（Merit Screening Index，MSI）来测量体制不确定性，资质筛选指数衡量的是求职者在多大程度上受到精英制度规则的筛选（Bian & Huang，2015），综合性别、年龄、教育/技能、笔试、面试五组变量，利用潜变量模型分析得到资质筛选指数。由图 5-1 中的第五条曲线所示，资质筛选指数自改革开放以来缓慢提高，从 1978 年仅有 4% 的比例提高到 2014 年的 41%。资质筛选指数在 1996—2002 年以及 2010—2014 年呈增长趋势，而这两个时段的求职网络中的人情关系资源则分别呈下降趋势或趋于平缓，并不是增长。这一方面说明，国企改革允许最大程度地私有化，减少了体制的不确定性，降低了关系作用空间；另一方面说明，加入世贸组织以后，信息关系资源的作用强于人情关系资源，进一步减少了体制的不确定性。

四　求职网络中关系的影响程度

进一步对劳动力市场中利用关系获得工作的可能性进行定量分析，如表 5-2 所示，用关系影响变量代表求职者利用关系的可能性。首先，选择表格左下角为基准参照劳动力市场，代表一个体制不确定性低、市场竞争程度也低的状态，将其关系影响指数设定为 1.000，通过计算比率比（odds ratio）得到其他劳动力市场的关系影响指数。可以发现，与基准劳动力市场相比，随着体制不确定性的提高，求职者通过关系获得职位的概率高出 87%；保持这个体制不确定性，但是提高市场竞争程度，关系影响指数加倍，达到了3.610。这说明，市场竞争程度的提高和体制不确定性的增加共同放大了关系对求职的影响。然而，当体制不确定性降低时，关系影响指数下降到1.870，说明体制的完善程度会降低关系的作用空间。这些实证分析结果支持第三章研究假设Ⅰ～Ⅳ。

表 5-2　求职网络中关系影响的变迁程度

体制不确定性	市场竞争程度	
	低	高
高	关系影响指数 = 1.870	关系影响指数 = 3.610
低	关系影响指数 = 1.000	关系影响指数 = 1.870

第四节　关系概念再思考

在这部分，我们收集了 1978—2014 年的求职网络数据，以劳动力市场作为关系变迁研究的场域，利用动力学模型检验体制不确定性与市场竞争程度对于关系变迁的影响。可以发现，关系在劳动力市场的作用日益重要，就业是市场经济发展的核心问题之一，求职网络中的信息关系资源和人情关系资源对于求职者的影响都在上升，相关实证研究发现与萃瑟瑞的关系下降论的判断是相悖的，为杨美惠的关系文化论提供了来自求职网络研究的实证支持。

然而，萃瑟瑞的关系理论并没有完全被推翻。首先，萃瑟瑞考察的对象是 20 世纪 90 年代的上海市国有企业，当时这些企业是否已经进入表 5-1 的第Ⅳ象限，发生了由于体制不确定性的显著下降而抑制了关系人情的作用，我们无从判断；即使像他所阐释的那样，市场竞争、产权确定、硬预算约束等状态在 20 世纪 90 年代的上海国企已经大大抑制了关系人情的作用，我们的判断是，他的研究结论来自个别典型案例的观察和分析，不具有广泛的代表性。其次，从求职网络包含信息关系资源与人情关系资源的角度，我们可以更好地理解萃瑟瑞的关系下降论是卓见与谬误的混杂。可以看到，经济改革带来的直接结果是市场竞争程度的不断提升，从而使信息关系资源的优势越来越明显，辜瑟瑞也不否认信息关系资源在求职中作用的崛起。对于人情关系资源，体制的不确定性对其有一定影响，在国家实行抓大放小的国企改革时，体制不确定性显著提升，但体制外市场的发展使得这期间人情关系资源使用的下降。在中国加入世贸组织以后，体制趋于稳定，此时人情关系资源的作用也不再提高，求职网络使用的增长主要由信息关系资源在起作用。可以肯定的是，无论市场竞争程度如何，也无论体制的变化如何，关系的影响都将持续下去。

从抽象理论层次我们可以看出，将关系看作是一个固定不变的概念的观点是没有理论根据的，也经不起经验数据的检验。笔者近年在其英文著述提出了关系是一个变量的新观点（Bian，2017；2018；2019），意在分清不同性质的关系纽带，以及它们的特征差异性和潜在资源差异性。这里，我们简述和拓展这一观点，作为本章的结论，也期待以"关系纽带差异论"作为理论和实证分析框架，深化关系社会学研究。

一 联系纽带

作为联系纽带（相对于无纽带联系），关系的资源含义是，人们通过这些纽带彼此了解、形成认同、开展交流。这是从人际联系性的视角定义关系的，为此这一层次的关系存在于所有人类社会体和文化体之中，具有普遍意义，不存在文化特有性。联系性是人类社会的根本特征之一，无论群体内部还是群体外部，是人际联系性和群体联系性使得人类社会成为可能。在联系性视角下，没有任何个体可以完全地孤立，所有人都生活在与之发生各种联系的群体和网络之中，从而实现其人生目标、完成人生历程。社会网络分析就是基于联系性为基本理念和研究对象而发展出来的一种社会科学思维方法和研究领域，推动了当代社会科学、行为科学、管理科学从传统的群体属性概念框架向群体联系性概念框架的进步。在数字信息时代，人们凭借虚拟网络空间所获得的连接范围和纽带数量呈指数增长，联系性的结构制约大大下降了，为此全社会范围内的联系性社会资本的不断增长是可以预期的。

二 情感纽带

作为情感纽带，关系的资源含义是对纽带联系双方的相互情感付出，而不是获得，其形式包括同情、关怀、信任、真诚、挚爱、忘我和利他等。中国本土研究和跨文化研究都表明，这些不同形式的人类情感都具有丰富而真切的行为互动内容，对于纽带所连接的双方，既是十分难得的也是极其珍贵的人际关系财富，而真情实感不带有理性计算成分，是亲密伙伴之间和谐美好生活的不可或缺的依托。从社会整体观察和判断，不同形式和内容的情感纽带其分布是非均衡的，较多地见于家庭关系、亲属关系、挚友关系、"发小"关系、"铁哥们"关系、"难兄难弟"关系、"生死之交"的战友关系等。一个社会，如果人际社会联系中缺乏情感纽带，那是可怕的，也是不可想象的；反过来，一个社会，在其成员的日常人际交流和互动中，情感纽带越多，社会交往代价就越低，社会生活就越和谐，社会人生就更美好。在市场化和经济理性不断上升的今天和明天，我国城乡人民通过情感纽带所维系的社会联系发生怎样的变化，将是社会现代化和和谐社会建设的一个重要方面，社会学者应该给以广泛关注和深入研究。

三　情义纽带

情义纽带是情感纽带的进一步延伸，其中的"情"即情感交往，而"义"则是情感交往所自然拓展出来的相互责任、帮扶义务、工具性社会资源交换。工具性社会资源交换的范围很广泛，包括有形的物质资源和无形的人力资源，例如物品、服务、财富、权力、地位、知识、洞见、创意、谋略、信息、信誉、影响力等。情义纽带之所以可以实现工具性社会资源交换，关键是情感驱动作用，利他是其本质、互惠是其后果，就像经济学诺奖获得者肯尼斯·阿罗（Arrow，1998）所说的，社会资本（即社会资本的动员与交换）是人际情感联系的意外后果。意外，就是说情感联系在其初建和巩固过程中，是无意图、非理性、缺乏工具性交换目标的，而当情感纽带连接的甲方具有资源需求时，乙方尽其所能提供所需资源，或大或小、或轻或重，努力帮扶甲方实现其工具性目的；当情形转换，甲乙换位，所需资源的动员过程和帮扶力度依然如此，长此以往就形成了稳定的情义纽带。因此，情义纽带不是以纯粹情感性或是纯粹工具性为单一导向的社会关系，而是情感性和工具性的交融，是情感驱动的工具性资源的交换，是基于情感基础的"意外"社会资本的维持和动员过程，多嵌入于强关系社会交往之中，即西方学者们强调的社会资本的"美好一面"（bright side）（Portes，1998）。在市场化和经济理性不断上升的今天和明天，我国城乡居民从情义纽带所动员的社会资本越多，人际和谐程度就越高，社区生活就越美好，人民美好愿景就越容易实现。这一理论命题有待未来实证研究的证明。

四　互惠纽带

互惠纽带表面上与情义纽带相似，因为两种纽带都以情感性和工具性的结合为特征，但是前者区别于后者的本质特征是，互惠不但是其行为后果，而且是其发生和发展的原因。这就是说，人情交换不再是互惠纽带的"意外"后果，而是它的形成动因和持续存在的内在逻辑。关系研究英语文献的主流观点将关系理解为互惠纽带，如魏昂德的"工具性特殊关系"（Walder，1986）、黄光国的"人情关系"（Huang，1987）、杨美慧的"关系学"（Yang，1994）、辜瑟瑞的"关系下降论"（Guthrie，1998），虽然他们的实证研究侧重点不同，但是无一例外地强调关系的互惠本质，这从中西比较的视角印证了互惠纽带是当代中国人际关系的主要类型。互惠纽带虽然大多发生于特征相近、情义相投的强关系，但是由于资源交换既是形成动因又是持续机制，所以稳定的互惠纽带必然连接着资源不同的互动者，在"熟亲信"之外增加了资源异质性的特征（边燕杰，2010；Bian，2019）。必须明确指出，互惠纽带绝不是等价交换的经济行为，因为遵循"特殊主义"准则，所以资源交换经过人情面子机制的过滤，带有亲情化、情感化、私人化的特征；互惠纽带是林南所说的"非对称的社会交换关系"：每次具体交换资源的不对称，通过欠情和还情机制来运行的重复性交换，达到长期交换的综合对称性（Lin，2001b）。因此，在互惠纽带中，关系不是常量，而是随着联系双方的亲密程度、关系强弱、实现目的等条件的不同而发生变化的。在市场化和经济理性不断上升的今天和明天，我国城乡居民从互惠纽带所动员的社会资本及其行为效果，是否有别于从情感纽带和情义纽带所动员的社会资本，也是有待探索的问题。

五　交易纽带

作为个人层面存在的交易纽带，是对情感纽带的彻底否定，因为它只讲交换原则，而不讲其他。许多西方学者，研究我国改革开放时期的政商关系时，特别注意交易纽带在权钱交换中的突出作用（Wank，1999），将交易纽带视为人际互动和资源交换的非正式契约，已经从政商领域溢出，渗透到我国社会生活的各个领域，成为人际关系的重要类型（Barbalet，2018）。作为非正式契约，交易纽带的社会关系依托是非常广泛的，只要互动行为者认同"一手交钱一手交货"的潜在规则，交易纽带就可形成，完成交易后随即宣布解除。为此，交易纽带是西方学者称之为具有"阴暗面"的社会资本（the dark side of social capital，参见 Portes，1998）。在充斥着体制不确定性和信息不对称性的转型经济环境中，交易纽带虽然有助于体制破冰的创造性活动（史宪民，1993），但是也助长非法交易，甚至滋生腐败。本章表 5-1 的理论模型预示，在市场化和经济理性不断上升的今天和明天，如果通过提升制度化的程度和减少体制不确定性，就将不断弱化以至于铲除交易纽带的负面作用，使厂商关系、商贸关系、政商关系保持在互惠纽带、情义纽带、情感纽带、联系纽带的层次。这既是社会学者的良知，又是经济社会制度建设的目标，更是未来政策评估的研究任务。

第六章　关系研究的三个概念

第一节　社会纽带[*]

人类行为个体之间是彼此关联、相互联系的。在社会网络分析中，这种彼此之间的关联和联系被称之为"纽带"（ties）或"联系纽带"（relational ties）。不同于道路、河流、桥梁等非有机体的物理联系，社会纽带联结着两个人类行为主体，既可以是个人，也可以是群体或组织。作为社会网络分析的核心概念，"社会纽带"（social ties）的理论含义在一点上区别于"社会关系"（social relationships）：前者表明联系中的两端彼此认识、相互沟通、发生互动，如亲子关系、朋友关系，而后者指的则是一种理论关联性，联系中两端的承载体未必相识，可能是一种统计意义上的抽象联系，如阶级关系、阶层关系。我们可以用工作职场中的上下级关系进一步说明这一点。一般来说，上级和下级处于一种普遍意义上的权威关系中，前者处于权威地位而驱使后者。权威关系是社会关系的一种类型。但是，当我们了解到"小李是老张的秘书"时，"小李"和"老张"超出了一般意义的上下级关系，而是通过直接接触和日常互动，产生了一定程度的感情和交情，形成了一种纽带关系。

社会纽带的形式是多种多样的。亲属纽带连接着家庭成员、近亲、远亲。非亲属纽带连接着更为广阔的社会关系，包括同学、校友、乡亲、邻

---

* 原文是为 International Encyclopedia of Economic Sociology（edited by Jens Beckert and Milan Zafirovski. New York：Routledge Ltd.，2015，pp. 628-629）撰写的词条"Social Ties"，姚远翻译，笔者校对定稿。

里、战友、同事等，例子数不胜数。这些关系的抽象内容又可区分为交换关系（交换者平等互惠）、权力关系（对有价资源的控制而获取实惠的能力）、权威关系（基于对法理权威的信任而服从他人的意志）、情感关系（如爱情、友情、忠诚）等。从另一角度看，社会纽带形成所依据的原则和规范，既可以是自愿的、特殊主义的、非正式的，也可以是强制的、普遍主义的、正式的。有时，社会纽带也会以复合的形式出现，即在同一行动中表现出多种形态。例如，一位老板和他的下属一起去打高尔夫球或两人交流运动心得，就是上下级的同事关系与兴趣活动中的伙伴关系的复合，这种例子也是数不胜数。这些情形中，纽带的产生既需要前提关系的依托（prior relations，如例子中的上下级关系），又需要双方在相互了解和沟通时发生了一定程度的、不断增强的熟悉感、亲近感、信任感，或统称为情感，才在私人层面开展人际交往互动（如例子中的打高尔夫球）。

如何抽象而又概括地把握不同形式的社会纽带？Granovetter（格兰诺维特，1973）提出了一个三维分类框架：亲属、朋友、相识。这一分类框架从关系强度的视角测量社会纽带，其有效性已被大量经验研究所证实。蕴含在该分类框架中有一个极其重要的理论洞见，即非频繁互动或低亲密度的弱关系是群体间的信息沟通和资源交换的桥梁。这一洞见极大提升了我们关于宏观社会结构如何发源于人际互动和群体互动这些微观过程的认识。其后，受格兰诺维特的启发，一大批有关社会纽带在心理健康、劳动力市场机会、社会地位获得、经济竞争优势中所具效力的研究涌现出来（Lin，1999）。

相较于人际交往，群体间的社会纽带则复杂得多。这是由于我们很难去辨识纽带的形成究竟是两个群体之间发生的互动，还是处于两个群体中的个人之间发生的互动。事实上，有着多重身份角色的成员在所属群体并未发生互动甚至是互不相知的情况下就可能产生了关联（Breiger，1974）。关于群体社会网络的研究正受困于这一问题：一方面，群体边界跨越者常常利用他们组织代表者的职位增进自身的利益，推动个人计划的达成；另一方面，他们也利用自己的亲属和非亲属关系来建立、培育、维持高度工具化的群体互动网络，例如战略同盟（Galaskiewicz & Zaheer，1999）。因此，群体社会网络的分析较为复杂，因为人际关系和组织关系常常是相互交织的。

社会纽带最基本的抽象形式是对称关系，即关系联结一对相互交往的行动者。对称纽带关系为互动双方共有，而不属于其中任何一方，使得双向互动关系成为社会网络分析的基本单元。这样的例子主要有婚姻关系、朋友关系、亲属关系。当然，社会纽带绝不仅仅是二维的，所产生的"网络"暗示了存在第三方行动者的三维纽带联系，或有着更多参与者的多维纽带关系。在这种情况下，行动者同他人直接或间接地发生关联，形成某种程度的网络结构。高密度网络中，大量行动者直接同网络内的他人发生直接联系；而低密度的网络中，只有一部分行动者发生直接联系和互动，另外的行动者都间接同他人相联系。正是网络中直接联系和间接联系的存在，使得我们需要关注网络密度、网络结构以及其他网络特性。Wasserman 和 Faust（1994）主编的教科书，对社会纽带和社会网络术语进行了系统而详尽的描述和说明。

第二节 关系纽带①

就广义的中国社会互动的潜在逻辑和模式而言，"关系"意指一种双向的、特殊主义的、情感性的纽带联系，这种联系具有促进互动双方进行人情交换的潜在可能。在中国文化中，许多血缘与姻亲关系都符合这一界定，而非亲属的人际纽带关系通过参与者之间重复性的情感投资也可以发展出关系，并在建立起相互义务关系的同时，使得彼此的关联特殊化、私人化。群体或组织关联也可能具有关系特征，但关系在根本上是基于人际互动的，因为只有个体才能拥有表达和接受情感的能力。尽管如此，人际情感与义务仍然可以为组织、群体所用，或扩展为组织、群体间交换关系。当关系超出了二元基础，连接了两个以上个体时，关系网便产生了。

正因如此，关于"关系"的确切意涵的表述便自然而然存在诸多争议。作为描述真实社会生活的术语，关系有着一系列有关面子、人情、感情等丰富而复杂的文化意义（Hwang，1987），且表明了各种跨越时空的行为期待，这种行为期待本身如涂尔干所言，是一种社会事实，很难将它予以知识性的建构（King，1985；1994）。例如，在当代中国，友情能否被称为关系便是一个有争论的议题（Smart，1999）。至少，有关该术语的繁杂的英语注释没有一种能够让以往及当下的中国学者感到满意（Gold et al.，2002）。因此，

---

① 原文是为 International Encyclopedia of Economic Sociology（edited by Jens Beckert and Milan Zafirovski. New York：Routledge Ltd.，2015，pp. 312-314）撰写的词条 "*Guanxi*"。姚远翻译，笔者校对定稿。

国内外的社会科学研究者开展了大量的有关"关系"的理论探讨和经验研究（Bian，2001）。

　　最初，"关系"一词通过梁漱溟（1949）、费孝通（1948）的学术研究而被引入社会学研究领域。视家庭和亲情为中国社会文化的基石，这些研究先驱把关系看作是家庭亲情联系的社会拓展，将它界定为由情义构成的行动准则。他们认为，基于这一准则，中国人的行动是"关系取向"的。在这一取向中，人际互动的常规行为均被规范在儒家学说的"五伦"关系内，即君臣、父子、夫妻、兄弟、朋友等二维关系中。这种关系取向在当今社会的城乡社区和职业共同体中仍然盛行，体现着人际互动的社会意义，促使每个人终其一生去构建他们的拟亲属关系网络。在当下的社会学术语中，拟亲属关系网络是一种自我中心网络，通过强、弱情义关系将家庭这一核心关系圈拓展到对自己具有重要意义的其他社会成员中，或者反过来说，是将非亲属社会关系拉入以家庭为核心的亲密关系圈内。基于这种关系建构的努力而形成的整体网络结构，便是费孝通所谓"差序格局"，是一种以关系驱动而形成的个体中心网络的相互交叉结构，英文的表达是"the structure of overlaped egocentric networks"。新中国成立前后这种以关系为纽带的组织结构成为乡镇社会的非正式规范，被称为中国社会的组织的"纤维"（Fried，1953）。

　　这种结构延续至今。社会主义再分配时代，与权力拥有者建立的关系具有直接的工具主义的行为含义，因为由此来获得再分配体制中的生活必需品、短缺消费品、稀缺工作机会，是常见的社会事实（Yang，1994；Bian，1994，1999）。这意味着，尽管先赋关系、情感投资依然是发展关系的必要条件，工具互惠成了关系的根本特征和终极目标。这使得关系的建立成为一个有目的的理性过程，从而侵蚀了作为亲属网络、拟亲属网络而存在的关系的传统情感基础。这一趋势在"文化大革命"的 10 年（1966—1976 年）与理性选择、逃避迫害、政治上要求进步等行为相联系，形成了组织化依赖（organized dependence）和恩惠型权威结构（patron-clientism）的组织机制（Walder，1986）。到了 20 世纪 80 年代的改革开放初期，短期理性行为（short-term rationality）成为年青一代新关系准则的核心（Yang，1994），一度还出现了杀熟现象（郑也夫，2001）。

　　改革开放时期关系对经济社会转型的重要作用，是学者的关注点之一。农村的个案研究显示，中国农民通过规范性的情感投资来维持良好的亲属、邻里关系，那种工具性的、情感性的回报仅仅是"关系取向"下生活方式的一种副产品或非预期后果（Yan，1996；Kipnis，1997）。然而，乡镇企业研究表明，劳动力市场中，信息与经济资源持续在亲属及同乡圈子中流动，使得中国成了社会网络资本运作的典型特例（Boisot & Child，1996）。在城市中，上海的一些企业经理向美国社会学家陈述到，在社会转型的过程中，他们为了效率已经放弃了关系主义取向，取而代之的是契约式的理性管理模式（Guthrie，1998）。事实上，关系至今似乎依然是职业流动的一种有效机制（Bian，2008a），特别是农民工流动和求职的主要依托，而同当地政府官员的关系更是私营企业生存的关键（Wank，1999）。由 Gold、Guthrie、Wank（2002）合编的论文集也发表了截至 20 世纪末的一些经验研究加以证明。

　　基于比较的视角，社会学家最近更乐于将关系视作社会网络领域的一个概念，而非中国社会的一个特殊现象加以操作化。由于关系以频繁的互动、高度的亲密性、持续的情感性、重复的资源交换为特征，笔者将关系视为一种"强纽带"（Bian，1997）而非"弱纽带"；林南（Lin，2001b）则在非对称交换这种社会交换网络的广阔背景中，将其同社会资本的概念相联系，对关系进行了颇具突破性的理论讨论。韦尔曼、陈文宏、董维真（Wellman，Chen & Dong，2002）则从社会科学理论范式的意义上提出建立一个分析框架，用来检验关系或关系网在社会网络分析的标准术语中的理论含义。关系的定义在社会科学研究中是个持续的话题，最近的话题包括关系在餐饮网、求职网、新冠肺炎疫情防控中的实际运用，在笔者的研究中有介绍和讨论（Bian，2001；边燕杰，2010；边燕杰，2020）。

第三节　裙带关系[①]

　　裙带主义是一种针对亲属的偏袒行为，其最初的意义是指君主制或封建专制时期，任命亲属担任特权或权力职位的一种行为。在现代中国，裙带主义常常为政府或非政府组织所谴责，但实际上却广见于公共和私人领域，因为它的意义已经扩展到针对亲属或非亲属关系网络的一系列偏袒性态度和行

---

① 原文是为 Encyclopedia of Modern China（edited by David Pong. Detroit, MI: Charles Scribner's Sons，2009，pp. 26-28）撰写的词条 "Nepotism and *Guanxi*"。姚远翻译，笔者校对定稿。

为。理解关系的含义，探讨关系形成和运作的机理，是理解裙带主义依然盛行的关键。

一　关系概念及特征

关系是一种二元的、特殊主义的情感性纽带，具有促进不同的社会行动者进行互惠交换的潜在可能。对于海内外的中国人而言，任何血缘和姻亲关系都适用于这一定义。因此，亲属网便很自然地被视为一种关系网。另外，具有非亲属关系的人们也可以通过反复的情感投资和建立相互间的义务关系来促进彼此联系的特殊化，从而发展出关系。这里的特殊化意味着个人化和私人化，或被社会学家称之为特殊主义。当关系超出了二元范畴而涉及两个以上的对象，关系网便产生了。在社会网络分析的常用术语中，关系网是一个自我中心网，即以自我为中心，同两个或两个以上行动者发生纽带联系，而这些行动者同其他行动者同样存在纽带联系。

对关系的文化内涵的充分理解，是理解裙带主义和中国人其他行为的前提。在汉族文化中，由熟人关系所联结的互动双方，至少存在三种相互关联的情感形式：一是感情，其核心含义是由于欣赏或其他心理倾向而发生的相互关怀、友谊、爱慕等；二是人情，其核心含义是由于重复性的积极互动而相互之间产生的互惠义务和互惠义务感；三是面子，其核心含义是当情感投入得到回报、期待的义务得到履行时，彼此之间给予对方的尊重、情义、报答等心理和行为倾向。如果情感付出仅是单向的，感情便受到伤害；如果期待的义务没有被认知，实惠的回报没有任何预期，人情便不复存在；如果对方表现出无视的态度或者拒绝的行为，面子便丢失了。这些负面的关系过程最终将导致纽带关系的解体。

二　关系建构与互惠主义

关系的建立过程是一个互动双方发展相互感情、强化互惠义务、深化相互交往的过程。除了亲属关系，关系培育的潜在基础还包括同乡、邻居、同学及战友、同事等。在一个人的一生中，新的成员走进他的关系网，旧的成员退出。例如：关系能够通过同学、室友、战友和同乡发展而来。尤其在北方，通过互认兄弟姐妹，非常亲密的朋友往往能够发展成为拟亲属关系。事实上，关系的建立是个人化的，是一种行为艺术，要求在例如谈话、宴会及馈赠等社会交往中秉承相互公平的策略。这就是所谓的关系艺术（the art of guanxi），即个体层次上关系的培育、维持及使用策略。

在日常生活中，关系的建立不是一个刻意的过程，但对既有关系的使用和运作，互惠是关键的环节。一个业余爱好者希望到顶尖的音乐学院学习和深造，除了自身条件外，推荐人的作用十分重要；大学毕业生求职难，但是利用亲属与招工单位领导或私营雇主的交情，能够得到一份不错的工作；在政府部门，许多人被任命到有权势、有名望的职位上，因为他们会一直忠诚于提拔他们的当权者。最后的例子充分体现了围绕强有力的干部关系网而形成的派系、宗派所具有的强大影响力。关系的影响力所具有的普遍性、广泛性可以总结如下：对稀缺资源和渴望职位的竞争中，关系的效用是提供赢得竞争的比较优势。

三　关系研究的学术渊源

如前所述，中国学者梁漱溟（1948）的先驱研究将"关系"这一术语引入社会科学领域。梁漱溟视家庭和亲属关系为中国文化社会的基石，认为关系是对亲属关系网络的社会扩展，可以用情、义等一系列道德准则来界定。他指出，基于这些准则，中国人的行为是关系取向的，日常行为都被规范在儒家的"五伦"之内，即君臣、父子、夫妻、兄弟和朋友。每一组二元关系包含着相应的情感与义务原则，这些准则会扩展到所有具有社会意义和个人意义的人际关系中，从而促使每个中国人同"关键人物"构成他的拟亲属网络。在梁漱溟看来，一个土生土长的中国人，一生都在致力于建立和拓展其个人关系网络。

费孝通（1949）关于"差序格局"的理念对中国现代社会科学的研究产生了广泛而持续的影响，其重要原因是他对中西社会结构进行了本质的区分。费先生将西方的社会结构称之为团体格局。在这种格局中，个体基于清晰而确定的利益关系构成群体和组织。在这种组织化的联盟中，不同成员同组织或群体基本上有着相同的关系形式，均受制于那些对所有成员都具有普遍约束力的规则。相比之下，中国的社会结构则呈现为差序格局。在这种关系中，不存在成员确定的团体和组织，却充斥着交叉叠加的个人关系网。形象地看，这种关系网模式如同石子投向湖面而产生的波圈，当许多石子（个体）投向湖中（社会），聚合的结构便呈现出个人关系的交织与重叠，波纹大小象征着关系的亲疏和强弱。在差序格局中，一个人的行为准则是随着交往对象的变动而变化，取决于个人同交往对象的特殊化关系所要求的情感与义务。费孝通指出，这种关系取向的情感与义务在群体或组织关系中居主导地位。

差序格局也存在于计划经济时期特殊主义原则的政治文化中。对一般人而言，同权力持有者所建立的关系是工具化的，表现在对嵌入国有部门的等级制中的大量社会必需品、消费品、工作机会的获取。尽管固有关系及情感投资对于关系的形成是必要的，但情感互惠是关系的最重要特征和终极目标。这使得集体主义文化和体制中，关系的建立成为一个有目的的、理性的过程，从而侵蚀了以传统道德为基础的、作为亲属或拟亲属联系的原有关系。在"文化大革命"期间，这一趋势走向了登峰造极的地步，并持续到1980年后的改革开放时期。在这一时期，短期的、有限的理性主义被杨美惠认为是年青一代所共享新关系准则的核心（Yang，1994）。

四　改革时期的关系实践与裙带主义

在转型期的中国社会，关系对社会、经济、政治环境的重要性，学界处于一种众说纷纭的状态。

在社会领域，村庄的个案研究表明，中国农民以规范性的情感投资来维持良好的亲属、邻里关系，那种工具性的、情感性的回报仅仅是"关系取向"的生活方式的一种副产品或非预期后果。另外，城市研究表明，在那些有着重要个人或文化意义的生活事件中的拜访、餐饮及礼物馈赠等，都有助于关系的发展和维持。具有优势社会地位的人倾向于构建跨结构、跨体制边界的多元关系网。反过来，同地位相同的人相比，这些关系网络中更加多样化的行动者也拥有更多地参与社交餐饮的机会，结识具有更高社会地位的人。基于这些发现，研究者将关系概念化为一种社会资本。

在经济领域，有关乡镇企业的研究表明，通过亲属、同乡、同村建立的关系网络，有利于市场信息与经济资源持续流动，使得中国成为社会网络资本运作的典型特例（Boisot & Child，1996）。亲属网络同样作用于乡镇企业的行政结构和非正式产权（Peng，2004）。在城市劳动力市场中，求职者的关系网比较好，会既有利于其了解工作信息，也有利于从当权者那里得到实质性帮助而获得雇用机会（Bian，2002b）。研究表明，相当一部分人通过关系找到了工作。对于企业家而言，同当地政府官员的私人化关系更是企业经营的生命线，企业组织间的关系网对生意运作亦相当重要（Wank，1999），并且，建立这样的关系是公司管理不可或缺的一部分。

在政治领域，关系被认为是隐藏在职位任命、官员腐败、法律寻私等广为存在的裙带主义背后的非正式机制。首先，尽管公职晋升受制于讲求任人唯贤和绩效原则的人事制度，但政治任命系统也为干部通过关系从上司那里获得晋升机会提供了庇护空间。而且这种形式的裙带主义在民营体制中同样极具影响力，因为企业经营者相对较少地受制于行政任命。其次，官员在日渐形成的市场经济中扮演直接或间接管理者的机会增加，导致了谋私的官员腐败或权力滥用现象也随之增加。这种权钱交易是在关系网中形成、发育的：基于关系人或中间人，机密信息得以流动，彼此期待的信任得以维持，官商间的非法交易由此被默认。最后，由于关系侵蚀了法律体系，这种非法活动广为传播并扩大化。例如，一个成功的中国律师往往同政治权力有着密切的关联，而有着雄厚政治背景的农村或城市居民往往能够赢得民事纠纷或民事案件的诉讼胜利（Michelson，2007）。

尽管对于关系在改革时期裙带主义上升这一现象中有何作用之系统性研究尚不存在，但一项重要的研究任务便是区别关系在政治、经济、社会中的正面和负面影响。经济社会学区分了流动在关系网中的信息与人情。例如，在劳动力市场中，关系网络可以传递个人具体信息，促使工人的个人资历同职位技能需求相匹配；但同时，关系网络也允许人们从雇主那里获得实惠，这些雇主会安排那些边缘化的工人到那些有丰厚工资回报机会的职位。尽管两种关系影响同时存在于中国的劳动力市场中，但实际的问题是如何在保留关系的正面作用的情况下，减少或最小化负面的关系影响。回答这一问题的线索或许可以从中国关系网络同西方社会网络的对比中获得。

第七章　关系四论的研读与评述

第一节　费孝通《差序格局》[*]

"差序格局"是费孝通关于中国社会结构的一个理论分析概念。其核心含义是，人际关系网络是中国社会的基本结构，所隐含的伦理约束是中国道德体系的内在逻辑。差序格局是基于本土观察和中西比较的一个理论创新，首发于费孝通 1947 年出版的《乡土中国》，随即获得学术界瞩目，1992 年该书英文版发表后，此概念引起国际学界的高度关注，并被广泛应用于中国社会行为模式的研究中。差序格局的被引率从 2000 年开始呈直线增长，2010 年以后每年均在百篇学术论文以上（管兵，2016）。

一　原文表述

见于《乡土中国》第四章『差序格局』，包括两处比喻和一处释义。

（1）水波纹比喻。"我们的社会结构本身和西洋的格局是不相同的，我们的格局不是一捆一捆扎清楚的柴，而是好像把一块石头丢在水面上所发生的一圈圈推出去的波纹。每个人都是他社会影响所推出去的圈子的中心。被圈子的波纹所推及的就发生联系。……以'己'为中心，像石子一般投入水中，和别人所联系成的社会关系，不像团体中的分子一般大家立在一个平

---

    *　此节原文为《中国大百科全书·社会学》（第三卷）"关系社会学"的长词条，边燕杰、张磊合作执笔。

面上的，而是像水的波纹一般，一圈圈推出去，愈推愈远，也愈推愈薄。在这里我们遇到了中国社会结构的基本特性了。"（页 26—27）

（2）北斗星比喻。"在这种富于伸缩性的网络里，随时随地是有一个'己'作中心的。这并不是个人主义，而是自我主义。……一切价值是以'己'作为中心的主义。……孔子是会推己及人的，可是尽管放之于四海，中心还是在自己。子曰：'为政以德，譬如北辰，居其所，而众星拱之。'这是很好的一个差序格局的譬喻，自己总是中心，像四季不移的北斗星，所有其他的人，随着他转动。"（页 28—29）

（3）伦的释义。"我们儒家最考究的是人伦，伦是什么呢？我的解释就是从自己推出去的和自己发生社会关系的那一群人里所发生的一轮轮波纹的差序。'释名'于伦字下也说'伦也，水文相次有伦理也'。……伦重在分别，……伦是有差等的次序。……其实在我们传统的社会结构里最基本的概念，这个人和人往来所构成的网络中的纲纪，就是一个差序，也就是伦。……这个社会结构的架格是不能变的，变的只是利用这架格所做的事。……孔子最注重的就是水纹波浪向外扩张的推字。……推己及人……顺着这同心圆的伦常，就可向外推了。……从己到家，由家到国，由国到天下，是一条通路。……在这种社会结构里，从己到天下是一圈一圈推出去的。"（页 27—28）

二　时代背景

20 世纪 30—40 年代，在完成《江村经济》和《禄村农田》等个案研究之后，费孝通的研究重心转向了对中国基层社会结构的理论思考，成果之一就是创造性地提出了差序格局的概念。这一概念是在讲授"乡村社会学"时提出的，讲义于 1947 年 8 月到 1948 年 3 月，以"杂话乡土社会"为题在《世纪评论》周刊连载 14 篇论文，之后整理成《乡土中国》出版。1982 年该书重刊，在序言中费孝通指出，包括差序格局在内的理论总结"不是一个具体社会的描写，而是从具体社会里提炼出的一些概念。这里讲的乡土中国，并不是具体的中国社会的素描，而是包含在具体的中国基层传统社会里的一种特具的体系，支配着社会生活的各个方面"。（页 4）

差序格局概念有着鲜明的时代特征。20 世纪 40 年代，大多数中国人生活在费孝通定义的乡土社会。"乡"指的是由血缘和熟人组成的"面对面的

社群"（页 14），而"土"则是指传统农业生产所造成的"地方性"，即
"活动范围有地域上的限制，在区域间接触少，生活隔离，各自保持着孤立
的社会圈子"（页 9）。差序格局产生于这样的传统农业社会，保障人的生
存，规范人的行为，塑造人的思想。

　　差序格局概念也有其时代特色的学术背景。1943 年费孝通访问美国芝
加哥大学，结识了该校社会人类学家雷德菲尔德（Robert Redfield），颇受其
墨西哥社会研究的影响。雷氏的《乡土社会》（Folk Society），强调社会学理
论与田野调查的结合，在理想型（ideal type）的对比中建构知识。这一时期
英国学者布朗（Radcliffe Brown）和弗思（Raymond Firth）的研究成果，揭
示了乡土社会的基础是亲属关系。与此同时，美国人类学家米德的《美国人
的性格》（American Character），中国学者潘光旦对儒家"伦"的考证和对
"人之格局"的论述，李树清对"乡土主义"和中国人有私无公现象的批
判，以及冯友兰的"社会圆"概念，都为费孝通提出差序格局概念奠定了
学术基础（阎明，2016）。

三　概念理解

　　费孝通关于差序格局概念的理论创新，借助比喻和形象描述，兼用故事
和经典解说，富有启发性，但从未给出一个完整的定义，引发当代学者的不
同理解。在诸多观点中，翟学伟的情境圈子观、阎云翔的等级结构观、苏力
的人类通则观，判断相左，互为对照，有助思考。

　　情境圈子观。翟学伟（1999，2009）紧紧围绕水波纹和北斗星的比喻来
阐发他对差序格局的理解，认为这一概念创造性地提出了中国人关系建构的
情境圈子观，是作者留给后学的一份极为重要的学术遗产。他根据语义和经
典的解读认为，"差序"即关系的亲疏远近，而非等级；"格局"即情境，
而非结构；差序格局就是个人以自我为中心进行关系圈建构之情境，讲的是
"推己及人"的人际互动道理；对此概念使用比喻而不做抽象定义，是学者
智慧之所在，为了保持全新概念的学术想象力和理论启发性，不受逻辑实证
的困扰。

　　等级结构观。阎云翔（2006）根据费孝通关于"伦"的释义阐发了他
对差序格局"双内涵"的理解。他认为，"差"的内涵是关系的亲疏远近，
"序"的内涵是伦常身份等级，而"格局"是结构的代名词，所以差序格局

就是具有亲疏和等级两个维度的关系网络以及由此而形成的社会结构。他批评说，当代学者把立体的社会结构简化为平面的个体中心关系网，忽视了交往对象的"序"，有违差序格局的全部含义。这一认知为许多学者所接受，周飞舟认为这不但符合传统中国社会"尊尊、亲亲"的社会秩序理念（周飞舟，2015），而且恢复差序格局的立体属性，可以更加完整地理解社会关系圈子的伸缩性（马戎，2007）。

人类通则观。苏力（2017）的理解与上述两位学者均不同。他认为，差序性的人际交往是人类本性和通则，而非中国社会特有，更不能将之视为具有稳定结构意义的格局；差序性是"农人从基层看上去的社会格局"而非"中国政治和社会的全部格局"。在他看来，这个概念主要是"出于学术思想交流的功能主义和实用主义考量，而不是本质主义的"，因为无论中外，每个人都会以"爱有差等"的方式与人交往，在所谓的团体格局社会亦会如此。

四　当代意义

将差序格局作为人类社会交往的通则虽有其根据，但不能否定它概括了中国社会结构的本质特征。实证研究表明，差序格局不但可以用来解释传统农业中国的许多社会现象（包括费孝通曾经分析过的私人道德规范、公民理念缺失、礼俗社会无讼等），对于现代城市社会生活，差序格局仍然保持着广泛的理论分析价值，试举三例。

关系圈构成。城市居民的自我中心关系圈子极为普遍（王卫东，2006），圈内人比圈外人更可信赖，从内核到外围情感性递减、工具性递增（徐晓军，2009），所以圈子规模越大、越强，带来的资源越多。对比西方人，中国人的关系圈呈现纽带亲情化、功能复用性、回报义务强、关系圈超稳的特征，均符合差序格局的理论预测（边燕杰、张磊，2013）。将同一关系定义应用于中西比较，70%的中国企业家依赖关系创立和经营企业，而Burt 和 Burzynska 2017 年的研究显示：在欧美这个比例只有 10%（Burt & Burzynska，2017），差序格局在中国的结构约束和文化激励作用可见一斑。

企业治理机制。城市民营企业研究表明，家族网络所提供的信任、资源、凝聚力、雇佣渠道是企业经营之本（李路路、朱斌，2014），创业者和经营者之间的关系信任是企业内部团结的稳定机制，无论企业规模大小、结构简繁、盈利多少，老板的核心治理圈超稳（Bian & Shuai，2020），而内外关系网络成为发展企业的社会资本（Zhang，2016）。当企业壮大成为上市公司后，虽然市场地位稳定，但其差序格局的治理结构依然保留，政企关系成为绩效指标的保证机制（Haveman et al.，2017）。中国境内的外国企业也受到了影响，虽然有违西方治理原则，但理性地调整经营策略，使用关系逻辑拓展业务，免遭市场竞争的淘汰（Nolan，2011）。

关系文化维持。在稀缺资源的非均衡分配中，基于差序格局的人情机制持续发挥作用，无论计划经济时期的单位制，还是市场经济时代的市场经济，都是如此（孙立平，1996）。差序格局所体现的特殊主义逻辑，造就了重交情、讲义气的信任结构（郑也夫，1993），在商业精英和政治精英圈具有稳定的影响（沈毅，2008），成为基础政权运行的潜规则（冯军旗，2010），并在21世纪出现的虚拟社会空间，例如微信圈和微信众筹现象，均有体现（王建民、宋金浩，2016）。

第二节　杨美慧《礼物、关系学与国家》①

"关系"在中国人的日常生活中有着重要作用，当代中国研究者对此的认识也由来已久。但是，鲜有像杨美惠这样的学者，基于10余年出色的田野调查，在该书中对"关系"做出如此综合而完备的分析考察。《礼物、关系学与国家》的一个重要贡献在于，作者极为深入地探查了中国社会剧变下的"关系"之本质。她批判性地指出，在中国的"礼物经济"背景下，学术界称为"关系"的概念，其实质是"使用价值"的交换。鉴于此，"友情，亲情，同学与'关系'不能并列，而只是'关系'运作的潜在基础"（页111）。这种"关系运作"（guanxi practice）被称为"关系学"，包括"礼物、实惠、宴请的交换；人际网络、互赖网络之培育，以及义务和债务的生成和积累"（页6）。她同时还支持，关系和关系学之所以具有生命力，是因为它涉及一些其他的基本概念，包括权力、日常需要的满足、生活和事业愿望的达成等。关系及其社会资源含义的描述和分析，作为中心议

---

① 原文是为杨美惠 *Gifts，Banquets，and Favors：The Art of Social Relations in China*（Cornell University Press，1994）写的书评，发表在 *The China Quarterly* 142（1995）：593-94。姚远翻译，笔者校对定稿。

题，贯穿全书。

由于人们培育"关系"的目的在于满足自身需要和愿望，关系学常常被认为是个体层次的。然而，关系蕴含着深厚的中国文化根源：根据杨的论述，儒家传统历来是根据面子、义务、忠诚和恩惠来界定自我群体的，从而在个体层面把中国人绑在一定的社会关系网之中。通过生动的访谈和观察，她进一步阐述了上述观点，认为，1949 年之后，严格的官僚制度标志着关系成为等级体系下获取再分配资源（例如工作、住房、医疗、火车票）时的象征性资本（与政治资本相对应）；虽然政府机关和工作单位体系是为党和国家服务的，但同时也为人们提供了千丝万缕的类似于亲属关系、朋友关系的关系空间，人们从中发展"关系"，以达到工具性目的。而至 20 世纪 80 年代末 90 年代初，市场的出现和发展，"关系"的运作更多用来换取"交换价值"，例如金钱和贷款等。当下，"关系"则呈现出"根茎状网络"形态，在私营领域和新生部门中，发挥着越来越重要的作用，其在联结个人与社会或正式群体时也同样如此。在杨看来，关系正在中国创造着一个新的"民间"社会，类似于东欧的"公民社会"，虽然与"公民社会"有着显著的区别。

承继布迪厄、福柯、波兰尼等学者的人类学传统，此书为当代中国社会关系学研究提供了一个新的视角。杨美惠的理论假设建立在个体观察和访谈基础上，认为交换网络是中国人日常生活中一种支配性的社会架构。由此出发，在诸如人类学、经济学、政治学、社会学等社会科学领域，产生了大量的研究成果。然而，关系运作的意义及限制，有待来自大型调查研究（包括田野调查在内）的系统化数据的深入验证。同时，随着学者们的进一步努力，有关"关系"如何通过依附于亲属、朋友和其他关系的个体社会网络而发挥作用，这些作用又如何随着市场经济的变化而变化等问题，有待更为系统性的解释。

总而言之，《礼物、关系学与国家》这本书触及了当代中国人生活方式和社会结构的中枢，阐释了中国社会转型过程的核心。如果说弗里德（Fried，1953）的《中国社会组织的纤维》让我们意识到社会主义革命前夕，社会关系对于传统的农村社区的重要作用，那么，杨美慧的《礼物、关系学与国家》，是在再分配经济走向市场经济过程中，对于正在变迁中的现代城市社会生活，给出了社会关系的透视。为此，研究中国的学者和学生，以及对当代中国感兴趣的非专业读者来说，此书的精彩内容不得错过。

第三节　阎云翔《礼物的流动》①

在过去的 15 年里，关系和礼物在中国城市生活中所扮演的角色已为我们所熟知。如今，阎云翔新著《礼物的流动》通过丰富的实证研究以及全面的理论分析，填补了关于中国农村社会人际关系研究的空白。

《礼物的流动》是阎云翔的博士学位论文，也是关于中国农村社会的礼物交换体系和人际关系模式的民族志报告。本书的采样地点是中国东北的下岬村，调查时间是 1990 年，当时该村共有 365 户、1564 人。目前任教于美国的阎云翔是北京人，但在青年时期下乡，有七年时光（1971—1978 年）是在该村度过的。多年以后（1991—1993 年），他再次回到下岬村，那时，他已是哈佛大学的人类学博士生，熟知人类学的相关理论和田野调查方法。他把自己早期的生活经历和近年收集到的数据结合起来，加以系统的分析，形成此书。正基于此，该书吸引了对中国感兴趣的大批读者。

该书第一章中，阎云翔对有关人类社会礼物交换行为的不同理论解释做了系统的梳理。一种观点认为，礼物是基于互惠原则的一种物质性物品；另一种观点则直陈礼物本身不可忽视的意义内涵。阎云翔的理论出发点是，礼物在中国，恰如其在下岬村所看到的礼物交换运作一样，同时具有物质意义和精神价值。礼物既是一种交换行为，也是一种生活方式，并且兼具工具性目的和表达性目的。因此，在第三章到第五章中，他介绍到，下岬村居民长期交换关系的维持，依赖的正是在日常生活中在各方面的礼物互换的互惠义务之履行。然而，由于互惠原则植根于人情文化中（第六章），短期内，人情伦理而非即时回赠支配着同质性关系网络中的礼物交换。这一点在第七章"不同地位社会成员之间的礼物交换"和第八章"婚姻交换"中得到进一步的阐述。在最后章节，结合中国的礼物和人类学著作中提到的一般意义上的礼物，并进一步联系"关系""人情"的理论问题以及市场改革下的礼品经济文献，作者再次阐述了他的理论论点。阎云翔的理论探讨得到了大量的实地观察数据的支持，对课堂教学和科研实践都有裨益。

---

① 原文是为 *The Flow of Gifts: Reciprocity and Social Networks in a Chinese Village*（Stanford University Press, 1996）所写的书评，发表在 *The China Quarterly* 150（June 1997）：474 - 475。姚远翻译，笔者校对定稿。

读者们可能将这本书与杨美慧的《礼物、关系学与国家》相比较。在我看来，二者的基本区别在于，两位作者研究的是不同的关系网络结构。杨美慧研究的是一个宏观的城市社会网络，该网络的结构特征在于，由于生活在一个合法性和市场化都不充分的经济体中，具有不同交换资源的亲密个体间却充满了关系断裂。在此基础上，恩惠交换的诱发因素是互惠和佣金。与此相反，阎云翔研究的则是一个较小的、紧密的、建立在社区共同体上的农村村民网络。多数情况下，阎云翔所列举的村民的礼物交换并非意在获得生活必需品，而仅仅是一种生活方式。也就是说，村民通过维持他们的网络结构来维续他们的村庄生活。即使不同社会地位的行动者进行礼物交换，也需要遵循共同的村庄认同感所要求的人情伦理或者小团体合作原则。从这层意义出发，这个村庄所遵循的礼物交换原则也同样适用于城市里小规模的邻居之间、小的工作单位之间，甚至是城市中的家族企业。对中国的农村和城市感兴趣的读者，我向他们推荐这本书。

第四节　林南《社会资本》[①]

2003 年，曾嬿芬教授索稿，约笔者写一篇关于林南教授的近著 *Social Capital*：*A Theory of Social Structure and Action*（《社会资本：关于社会结构与行动的理论》以下简称《社会资本》）的评介。师从林南教授 20 年，第一次受托评述他的著作，愉快接受邀请。恰逢林师惠赠大作，扉页上写着："To Yanjie, My social capital——Nan"，一语双关。拜读全书，为林师的理论成果而高兴。欣然执笔，谈谈心得。

《社会资本》要解释的核心问题是，为什么行动者之间的社会关系是社会资本，社会资本的结构及对行动者的影响又是怎样的？

对上述问题的社会学关注，可能散见于早期学者的著述中，但一般认为，比较规范的学术研究不过是近 20 年的事情（以 2003 年为基准）。而林师则是从事这一研究的先驱。所以，《社会资本》的出版引起了学术界的极大兴趣和高度评价。普林斯顿大学的 Paul DiMaggio 说："在社会资本概念受

[①] 本节原文是为《台湾社会学》撰写的书评，发表于该刊 2003 年第 5 期。收录时作者校订了文字表述。

到大多数人注意之前的很长一段时期，林南已就个人如何受益于社会网络的问题做过严肃的学术研究了。《社会资本》是有关这一概念的手册"。其他持有同样评价的学者包括多伦多大学的 Barry Wellman、西北大学的 Brian Uzzi、哥伦比亚大学的 Harrison White，以及哈佛大学的 Peter Marsden。这些学者都是北美学界社会网络研究的领潮者。

林师于 1981 年和 1982 年先后三次发表论文，提出了后来构成他的社会资本理论的中心概念"社会资源"。在一个分层的社会体系中，行动者的地位由所占有的权力、财富、声望等资源的多寡来决定。从这一分层理论的常识出发，林师指出，行动者不是孤立的，而是处于社会关系、社会网络之中的。透过这些关系网络，行动者之间，不但互通信息，而且可以交换资源，实现各种行动目标。他进而推论，各种资源都是嵌入于关系网络之中的，而通过关系网络所涉取、动员的他人资源，就构成行动者的社会资源。林师的社会资源概念超越了资源占有性的认识，赋予资源以社会属性、关系网络属性，引起了社会学家极大兴趣和广泛接受。1990 年重新修订的《社会学百科全书》（美国版），在社会学史上第一次设立了社会资源的词条。

此时，由于科尔曼（James Coleman）和普特南（Robert Putnam）两位颇具影响力的学者的推动，社会资本概念在社会学和政治学界快速传播，到了 20 世纪 90 年代末，俨然成为普遍使用的学术用语了。怎样定义社会资本？它与社会资源概念的区别何在？是否有必要使用两个意义相近的概念？如是，它们之间的关系以及相应的理论逻辑又是什么？在社会学界，特别是社会网络研究领域，学者们各执一端。在这种学术氛围中，林师于 1999 年社会网络研究的国际年会上做了主题发言，提出了"社会资本的网络观"。《社会资本》一书是这一观点的拓展和完善；它基于马克思以来的各种有关资本的理论，总结笔者 1983—2003 年共 20 年的研究成果，是迄今为止对社会资本最系统的理论表述。

《社会资本》的第一部分共有七章，考察资本概念的学术源流，建立社会资本的理论框架，并提出相应的社会学研究任务。林师考察了三个资本概念（第一章）——马克思的经典定义：资本是导致利润或剩余价值的投资；新资本理论的人力资本概念：对经济人的投资；Bourdieu 的文化资本概念：文化符号的内化、代际传承以及由此引起的对阶级再生产的社会文化投资。基于此，林师为社会资本下了这样的定义（第二章）：社会资本是产生预期回报的社会关系投资。社会关系投资为什么能产生回报呢？因为社会关系可以传播资讯（information）、施加影响（influence）、提供社会资评（social credential）、强化身份认同（reinforcement）。对社会资本做出如此定义和释析，林师的观点区别于 Coleman 和 Putnam；社会资本不是集体财产而是个人财富；他不着眼于社会网络是闭合的还是开放的，而着眼于嵌入于社会网络中的资源；社会资本不是涵盖无边、见仁见智的滥用术语，而是可以量化并能帮助建立证伪理论的确定性的概念。

第三、四章详细阐释了社会资本的结构和行动基础。结构层面上，人们处于阶层社会中，占有一定的资源，即为人力资本。每个人与他人都发生横纵联系，通过联系和交换，摄取他人的资源，即为社会资本。行动层面上，横向联系多在同质群中发生，所产生的是情感行为（expressive action），其作用是保持了所占有的资源。纵向联系多在异质群中发生，所产生的是工具行为（instrumental action），其结果是摄取和获得社会资源，完成工具性目标。

社会资本的获得和作用过程又如何呢？第五章讨论这个问题，提出了包括"二概念""三要素""七假设"的社会资本理论。"二概念"是社会资源和社会资本。社会资源指的是所有潜藏于行动者网络关系中，可以摄取（accessed）的他人的资源；而社会资本是那些为具体行动目标已经动员了的（mobilized）社会资源。获得和运用社会资源决定于"三要素"，即个人在社会结构中的地位（an actor's position in a social structure）、关系的强度（the strength of the tie with others）、关系的网络位置（the location of the tie in a network）。"七假设"之首是社会资本假设：行动的成功与社会资本成正比。如何获得社会资本呢？地位强度假设指出，人们在分层体系中的地位越高，越有能力获得社会资本。强关系假设指出，关系越强，社会资本越对情感行为产生正效应。弱关系假设则强调，关系越弱，社会资本越对工具行为产生正效应。网络位置强度的假设是，人们越接近网络桥，越有机会为工具性目标使用社会资本。网络位置与结构地位相互作用的假设是，网络桥的位置对使用社会资本的有效程度，受网络桥边的社会资本多寡的制约。最后，结构制约假设是，网络效应受行动者的结构地位的制约。

在对社会资本做了上述阐析之后，林师在第六章回顾了有关社会资本的研究状况，在第七章提出测量和分析社会资本不平等是社会学研究的重要任务。在测量上，他提出了所谓"定位法"，并用中国大陆的调查资料作了范例研究。所谓"定位"，就是从一个社会中抽选有社会意义的地位指标，如若干职业，以声望分数作为测量地位高低的标准。在这些职业中，如行动者在许多职业中也有社会关系，那意味着他们的社会资本含量大且变异性高，如在较高地位的职业中有社会关系，则意味着他们的社会资本的含量高且集中，等等。林师发现，在中国大陆，亲属在社会关系中的比例越高，其社会资本的位差小、水平低、总量少。当行动者的位差大、水平高、总量多时，其收入水平较高。

《社会资本》的第二部分共有五章，分别探讨相关的问题，意在明确和扩展社会资本理论的适用范围。社会资本被看作理性选择的机制（第八章），因为通过横向联系，它有助于减少资源的损失；而通过纵向联系，它将使资源的获得达到最大化。信誉（reputation）与社会资本有关（第九章），因为在社会交换中，"关系理性"反对短期回报，讲究长期信用，而甘心充当关系桥、向他人出借资源的人，才是最有信誉、社会资本也最大的人。社会资本在纵式结构中的作用是不言自明的（第十章）：资源是社会性的，在关系网络中流动的，所以行动者的向上流动必须求助于社会资本。但是，纵向结构的规模、位置多寡制约了社会资本的动员和使用过程。为此，社会变迁就不能不考虑社会资本问题（第十一章）：社会资本的制度背景，形成社会资本的网络结构，制度和网络在社会变迁中的相互作用，都是个人建构、积累、调整社会资本的动态过程的要素，也是社会变迁研究的重要内容。最后，在第十二章，林师讨论互联网世界和"地球村"的发展，认为总趋势是社会资本的总量上升。在《社会资本》的最后一部分，林师提出社会资本理论的未来发展问题，指出社会资本的模型化及其微观和宏观含义都需进一步探讨。

在结束本章之前，笔者提出两点评论，与读者共同思考。

第一，社会资本理论的核心逻辑是"关系网络导致资本"，即社会关系网络可以传播资讯、施加影响、提供社会资评、强化身份认同。这是笔者十分同意的。但这些判断不应停留在理论层次，而应可操作化。没有可操作化，我们对理论的真实性的判定，只能建立在研究者的主观认识基础上、建立在接受者的常识和信仰之上，走入见仁见智的迷途。

第二，由于社会关系的含义是由文化和制度背景所制约的，所以社会关系导致社会资本的过程，应考虑文化和制度因素。例如，弱关系导致社会资本的工具性效应，强关系导致社会资本的情感性效应，虽然已经得到广泛证实，但在不同的文化及制度的条件下，强弱关系是否不存在反例，则是科学证伪社会资本理论普遍性的关键。

第八章　论社会学本土知识的国际概念化[*]

第一节　导言

　　社会学本土知识的国际概念化是一个新的问题，也是推动我国社会学发展的一项重要任务。

　　这是笔者 2017 年提出的问题，而提出这个问题的起因之一，是笔者在西安交通大学工作八年期间，与那里的同事和研究生探索"关系社会学"的知识体系时，在开展全国八城市"求职网研究"过程中，以及和西部 12 所高校开展"西部社会变迁"的研究项目中，越来越感到"本土知识"的社会学价值。作为一门经验研究学科，社会学关于社会事实所形成的知识，其原初形式都是本土知识，即知识的内容是关于特定地域、特定时间、具有特定文化内涵、在特定社会结构约束条件下发生的人类实践活动。关怀本土知识是社会学者的本职工作。这是因为，如果没有本土关怀，社会学知识就失掉了经验事实的文化含义和生活形态，就失掉了韦伯说的社会行为的"意义"。比如，一个研究者如果带着已经成型的理念，无论它是国产的还是舶来品，去基层做观察、做访谈，只是试图收集能够支持这个理念的材料，对活的、真实的情况漠不关心，对本土知识毫无兴趣，那么，通过这样所谓的"观察"和"访谈"所得到的知识，其社会学的价值是极其有限的。再比如，一个问卷调查中的全部问题或大部分问题，如果都从外国调查翻译而来，那么，收集得来的定量化数据究竟能在多大程度上反映中国的真实情

---

　　* 　本章原文发表于《社会学研究》2017 年第 5 期。

况，是可想而知的。就笔者个人的研究兴趣而言，不关怀本土知识，就根本不会产生"关系社会学"的研究兴趣，也不会提出这个研究议题。

提出"社会学本土知识的国际概念化"的第二个因由，是提炼和概括本土知识存在确立怎样的学术目标的问题。虽然关怀本土知识是社会学者的本职工作，但停留在本土知识的层次，从中国社会学整体角度看，我认为并没有尽职尽责。这是因为，社会学不但是一门经验研究学科，同时还是一门基础理论学科，所以社会学者也有责任将不同地域、不同时间、不同文化、不同结构条件下的本土知识进行概念化，形成跨越时空、文化和结构等边界的抽象的、一般的理论知识。在全球化时代，关于我国社会实践的本土知识，如果我们期待用它开展国际交流，用我国的本土知识对国际社会学做出学术贡献，从而影响世界，让它成为人类文明的共同财富，那么，我们就需要从事跨国界的概念化工作，也就是"本土知识的国际概念化"。

以 GDP 总量为指标，我国目前是世界第二大经济体，很快将成为世界第一大经济体，并将长期处于世界第一的地位。为此，国际社会对我国的期待也随之提高。对于中国社会学者而言，能否有效地提炼我国社会学本土知识，特别是能否有效地将之国际概念化，让本土知识真正走出去，让国际社会学家听得懂、能接受，是我国社会学者的时代重任。笔者不揣冒昧，就这个问题提出三个方面的分析，分别是社会学本土知识的特征、本土知识国际概念化的跨文化视角、"关系社会资本"国际概念化工作的介绍，以期引发学术争鸣。

第二节　社会学本土知识的特征

这是说的本土知识，就是美国人类学家格尔兹（Clifford Geertz）提出的 local knowledge 的概念。Local knowledge 也被翻译为地方知识或地方性的知识，但是"社会学本土化"的说法已经深入人心，所以按照约定俗成的规则，我采用"本土知识"这个概念。关于本土知识的特征，笔者有三点学研体会。

第一，需要区别两种不同类型的本土知识。简单地说，就是相对容易测量、可以实证的本土知识和相对较难测量、未知能否实证的本土知识。前者就是费孝通先生说的社会学的科学性，后者是他说的社会学的人文性（费孝通，2003）。费老指出，社会学的科学性是关于可观测的经验事实的实证研究，包括社会群体的态度和行为、社会组织的运行机制、社会问题发生发展的因果机理，等等。通过数据分析和统计模型，来检验理论假设的真伪，从而解释社会行为模式，预测社会的发展变化。费老把这些功能称为社会学的工具性、应用性，认为是当前我国社会学研究的主流，应该继续加强。但与此同时，费老特别注意到社会学的人文性，也就是从人文精神、文化价值、道德情操、社会人格等方面，对于"人"与"人"的关系、"说得清的我"与"说不清楚的我"的关系、主观性之"心"与道德性之"心"的关系的研究。这里的人、我、心，在费老的原文中是加引号的，意思是具有特定文化含义的人、我、心，而不是去掉这些文化含义、停留在一般意义上的概念抽象。费老认为，这些涉及人文性的诸多方面的社会学研究，对理解和解释我们中国人的社会行为、理解和解释我们中国人的社会关系，极其重要，"蕴藏着推动社会学发展的巨大潜力，是一个尚未认真发掘的文化宝藏……是中国学者对国际社会学可能做出贡献的重要途径之一"。费老对我们后学提出殷殷期望："充分利用现有的条件，加强这方面的研究……在理论和应用上获得一些真正突破性的进展"（费孝通，2003）。

第二，本土知识是关于"理解他人的理解"的特定文化的知识。费老说的人文性的社会学研究，其实就是韦伯说的理解人类行为的主观意义的社会学，这一点费老原文里有明确的表述。我们知道，"理解他人的理解"是当代最有影响的人类学家格尔兹的阐释文化人类学的核心概念，"他人的理解"就是被研究地、被研究群体、被研究者对于经验事实的文化理解。在格尔兹看来，社会事实一方面是"生性的事实"，即事物原初的属性；另一方面又是"人为的事实"，即人们所赋予事物的文化象征意义。格尔兹认为，人是生活在由自己编织的意义网络里的动物，人的行动是一种传达意义的最直接的行为表现。从这个角度看，我们研究费老倡导的社会学的人文性，就是发掘社会行为和社会关系的文化象征意义，文化象征意义也就成为任何本土知识的核心内容。

第三，文化象征意义的关键载体是费老说的"意会"行为，这是本土知识中最具挑战的方面。意会，就是不明说而内心领会，但有态度和行为表现。费老在论述社会学双重性格的论文中，对于"意会"作了非常精彩的分析。他认为，在我们中国文化中，从过去到现在，人和人的交往过程中的"不言而喻""意在言外""言外之意"等，都属于"意会的领域，是人与人关系中一个十分微妙、十分关键的部分……实际上常常是决定性的状态，它自然应该成为社会学的一个基本关注点"（费孝通，2003）。如何关注呢？费老的意思不是停留在描述意会状态本身，而是要把意会形态的人际交流和社会关系的规则，上升到社会学理论的层次。他说，"不夸张地说，一个社会，一种文化，一种文明，实际上更多的是建立在这种'意会'的社会关系基础上的……但是，这方面的研究还相当薄弱……在这种'意会'的人际交往领域，中国文化本来具有某种偏好和优势，中国社会学的发展，也许可以做出某种划时代的成就。反过来说，如果不突破这一点，社会学不管作为一种应用性的专业，还是一种人文修养方面的学科，都存在着严重的缺憾"（费孝通，2003）。

　　我们知道，体察、感悟、经验、提炼、概括"意会"知识不是一件容易从事的研究工作，当事人常常无觉，互动他人的"意会"又怎能被准确地把握到呢？但是，"意会"的问题很早就在费老的思考之中了。这是我从和费老的一次偶然的交谈发现的。1998年，香港成立社会学学会，费老到会致辞。那时我在香港科技大学工作，参加了会议。晚上，第一届理事会成员陪费老乘车去尖沙咀晚餐，途中我坐在费老的前排，我借这个机会向费老请教他的论文集《行行重行行》这个书名如何翻译为英文。费老很有兴趣地反问我，"为什么有这个问题？"我就向费老汇报了事情的起因。我在港科大的同事在其英文论文中引用了这本书，但不知如何翻译书名，就来我的办公室询问怎么翻译。我知道很难翻译，但还是大胆地把这个书名翻译成 Observations from Field Trips。费老听后脱口说，"太直了！"费老没有说我翻错了，"信"有了，但是欠"达"、不"雅"。费老曾经将翻译定义为"有拘束的创造"，所以我就请教费老，应该怎么翻呢？费老不假思索地回答道，"只能意会、不可言传"。这令我非常吃惊，因为翻译不言传，如何让外国人"意会"呢？这是个矛盾。我当时和费老说，如果有英语的童子功，又有较深的中国文化造诣，就会把"行行重行行"的"神"翻译出来。费老赞同，说"那就对了"！和费老交谈的这个故事说明，1998年的我，对费老的"意会"还没有多少体会，心里有些耿耿于怀，但是后来学习了他关于社会学双重性格的论述之后，才明白了他关于"意会"的社会学意义的理论思考。

第三节　本土知识国际概念化的跨文化视角

　　和费老的偶然交谈事实上涉及了我国本土知识如何走出国界的问题。让我国社会学的本土知识成为国际社会学的一部分，成为人类文明的一部分，是费老敦促我们后学努力实现的目标。笔者个人的思考是围绕本土知识的概念化问题展开的。

我们知道，概念是关于研究对象、研究事物的本质特征的表述。受社会文化的影响，相同的概念术语在不同的社会文化中具有相等、相似、相别等三种行为含义和行为表现，即使全球化的今天，这三种状态也是常见的。确定概念术语的文化特殊性的行为含义和行为表现，是社会科学、行为科学、管理科学的跨文化比较研究的首要任务，也是研究的复杂性所在。在社会学研究领域，中西文化之间，就其行为含义和行为表现而言，阶级和阶层的概念具有很高的跨文化相似性，但是人际社会关系则不具有这种相似性，所以关于中国"关系"的表述，西方研究文献不进行翻译，而使用汉语拼音guanxi（或 kuanxi）以示区别。家、友、孝、忠等概念都属于这种情况。从这个意义上说，所谓本土知识，就是关于研究对象的文化特殊性本质及其行为含义、行为表现的知识。

概念的文化特殊性本质是一种理论抽象，即从个体向群体的抽象，这个过程也称为个体特殊性向群体一般性的概念化。这种概念化可以发生在一个群体内部、一个文化体内部。当概念化过程发生在群体之间时，理论抽象的层次上升为跨群体的一般性本质；当这一过程发生在不同文化体之间时，理论抽象的层次又进一步上升为跨文化的一般性本质。由于文化之间的语言差异和认知差异，跨文化的概念化增加了复杂性。在全球化的今天，我们特别关心文化之间的认知差异及对跨文化的理论抽象和概念化过程的影响。

所谓认知差异就是关于研究对象、研究事物的本质的认识和知识的差异，发生在个体之间、群体之间、跨文化的群体之间。跨文化的认知差异有些来源于宗教信仰、思维方式、意识形态等人文要素方面的差异，大量的认知差异则基于社会发展水平的差异，特别是科学技术和经济发展水平的差异。所以，世界各民族对人类文明的贡献是不均衡的；阿拉伯数字和十进位、希腊的逻辑推论和抽象思维、中国的四大发明和谋略学说、近代欧洲的资本市场和民主政治、现代美国的科学技术和社会理念，对人类进步的贡献是世界公认的。

不同文化的认知差异是可测的。美国社会学家丹尼尔·贝尔提供了一个重要的视角，即科学知识的编码化（Bell，2002）。编码化就是按照一般的理论准则将相关知识进行系统的组织，就像图书编目一样方便积累、搜索、传播，而编码化的知识是带有普遍适用性的理论知识。贝尔认为，20世纪人类文明的最大进步就是科学知识的编码化，为此大量的理论知识得以在全世界范围传播，促进科技发展、经济改善、社会进步。按照知识编码化的逻辑，那些拥有编码化理论知识创造能力的民族、社会和文化体，就可能获得相对强势的国际地位。一般看来，市场经济是一个信息编码化的体系，也就是市场信息的传播是规范的、公开的、有序的。有两位英国管理学者研究了21世纪之前的我国市场经济，发现其最大特征是市场信息的非编码化，因为有效市场信息是通过亲族网络、朋友网络、人情网络流通的。所以他们把中国市场经济称为"网络资本主义"（Boisot & Child，1996）。

在本土知识国际概念化的问题上，知识编码化的观点给了我们一个可资参考的思路，也即：一个民族、社会、文化体的本土知识可以是地方编码的，也可以是国内编码的，还可以是国际编码的。地方编码的本土知识强调了较小地域的文化特殊性，具有地方意义；国内编码的本土知识强调了以民族国家为边界的文化一般性、综合性，具有全国意义；而国际编码的本土知识超出了国界，强调了本土知识的跨文化的一般性和综合性本质，具有国际意义。

上述判断在自然科学、技术科学领域不存在非议，因为科学是没有文化和结构边界的，没有国界的。人文社会科学呢？估计许多人胸无成竹、疑窦重重。笔者认为，问题是可以探讨的，争鸣是可以期待的，但是社会科学理论知识的国际编码化是大势所趋的。一个鲜明的例子就是实证社会科学的公共数据库，特别是跨国、跨地区的公共数据库，已经成为社会科学界的共识和学术研究的平台。这预示着，一个研究者、一个文化体、一个国家，想在国际范围内产生影响，其理论概念和数据指标应该是国际编码的。为了进一步说明这一点，下文笔者以"关系社会资本"的国际概念化工作作为解析范例向大家做个介绍。

第四节   以关系社会资本为分析范例

社会资本是社会科学中的一个重要概念，其含义是指行动者之间的交往联系及其蕴藏的各种情感性和工具性资源。以英语为交流语言的西方研究文献中，社会资本有三种存在形式：行动者之间的关系纽带、多个关系纽带所形成的关系网络、在关系纽带和关系网络中流动着的关系资源。西方学者相应提出了三个倾向性的理论命题：第一，弱关系纽带增加行动者的联系广度，减少联系的重复性，所以产生较多的社会资本。第二，由弱关系纽带所构成的松散网络跨越了团体和阶层边界，蕴藏了联系桥和结构洞，所以产生较多的社会资本。第三，关系资源的运作是非预设的、非目的性的，所以有效信息增量是关系资源的主要形式（边燕杰，2010）。

西方的社会资本概念产生于 20 世纪 80 年代。此前的很长一段时期，我们中国有着丰富的关系主义文化，也就是通过人际关系来交换资源的现象，俗称"人情交换"。我们有我们的一套表达方式，如感情深浅、人情薄厚、面子大小、回报义务强弱等，带有很强的文化特殊性色彩，所以西方学者对中国文化中的关系不予翻译，而是直接使用汉语拼音 guanxi，以表明它是中国文化的"本土知识"。这给跨文化研究带来了挑战：西方学者说的社会资本和中国社会生活实践中的"关系资本"是一回事，还是完全不同的两回事呢？如果是一回事，那么如何既保护文化特殊性的本土知识，又建立起跨文化的同一性概念呢？

开展这项研究工作，首先应该对"关系"的本土知识有一个学术性的把握。中国文化条件下"关系"指的究竟是什么呢？笔者在 2006 年的文章中将"关系"定义为行动者之间特殊主义的、带有情感色彩的、具有人情交换功能的社会纽带（Bian，2006）。在这一定义之下，血亲纽带和姻亲纽带是原初的关系，而非亲缘纽带由于互动双方人情和义务的增加可以升级为稳定的亲密关系。关系需要投入相当的时间与资源来建立、维系、发展或重建（Yang，1994）。特别是在人生的重要场合，比如传统节日、婚丧嫁娶、生日宴会、社交餐饮等，都是建构和维系关系的契机（Bian，2001）。关系最为重要的属性之一就是人情交换。而且中国人所说的"人情"在内容上也远比传递有用信息更加丰富，它是更具实质性的。简单地说，在关系文化中，人们有义务向关系人或关系户提供人情帮助，相互期待未来获得人情回报。

我们确定了"关系"的文化含义之后，再来把握它的跨文化的知识内涵，方法是从事中西特征比较。在西方，以关系为基础的社会资本有三大要素，即关系纽带的弱连带性、承载功能的单一性、偶发义务性（Nahapiet & Ghoshal，1998）。而构成中国的关系资本也有相应的三个要素，即强关系纽带的特殊性、承载功能的复用性和频发义务性。这就是说，在中西之间，社会资本的含义是同位的，但是构成要素的特征差异很大。正是在这一意义上，我们提出关系社会资本是西方概念的社会资本的"同位素替换"。这就像水（H_2O）与重水（D_2O）之间的关系一样，它们的元素构成有差异，但是化学和物理功能相似。概念中的"关系"表明知识本土性，社会资本表明概念的一般性。具体描述如下。

特殊纽带。所谓特殊纽带是指高度个性化、富有亲情，或拟亲情色彩的强关系纽带。特殊纽带依靠情感维系，通过重复的人情交换得以发展。中西文化中都有强纽带。我们用特殊纽带表明这是特强纽带，"特"指的是亲情，特别是拟亲情的成分更多、更强，所谓"师徒如父子""近邻胜亲戚""兄弟手足情"，这在西方不是普遍存在的。特殊纽带遵从费老提出的"差序格局"的态势建构和变化：人们不断地混合情感性与工具性，把关系人纳入个人中心网络之中，赋予"亲疏远近"的属性，开展人情交换。策略是，与资源丰富的交往对象"套近乎"或"攀亲"，提升特殊主义程度，从而增加社会资源。

复用纽带。复用纽带是指同一条关系渠道为相关双方提供多种不同的功能。如果把某条纽带看成一个整体，复用就是社会关系中角色、交易内容或隶属关系的重叠（Verbrugge，1979）；如果把给定的纽带按其所承担的功能加以分解，复用就是两个相关的行动者之间存在的多条渠道，虽然渠道在结构上是冗余的，但它们却为双方提供了关系的"备份恢复"机制，使得双方的关系不易因为某种功能的中止而完全破裂（Mitchell，1969）。"买卖不成仁义在"体现了纽带复用的机制。复用性混合性质不同的交换功能，比如情感性与工具性的混合、社会性交换与经济性交换的混合、私人交换目的与公共交换目的的混合。在西方，不同属性的交换一般严格遵从不同的道德、制度和法律规范。而中国人所说的"面子"模糊了本应具有严格差异性的交往逻辑，而这种模糊化也正是中国关系交往中的"惯习"（King，1994）。

义务纽带。义务就是关系双方承担互相关照、协助、互惠的责任。互惠义务是中西文化的普遍特征，其差别是：在西方，人们之间的互惠义务较浅，工具性较弱，并且是偶发的；而在中国，互惠义务特别深，工具性特别强，并且是频发的。受儒家思想影响，中国人讲求交往中的"义"。"义"是中华传统文化中的重要道德准则，甚至超越普适的法律准则。这也推动了非对称性的社会交换的普遍化：人情的付出与回报在质量和时空上可以是不对称的，因为"义"产生了信任。在每次交换中，接受人情的一方在经济利益、声望、地位和权力等方面都得到了相当的提升，这为其将来向提供人情的一方给予更高品质的人情回馈提供了潜能，而互惠义务确保了这种潜能可以兑现。而这一兑现并不需要是即刻的，也不需要发生在未来同样的场合或是情境之中。由于互惠义务的保证，人们可以理性地期待在未来需要人情帮助的任何情境中，曾经接受人情的一方会竭尽所能提供回报。这种附加在关系纽带之上的强互惠义务在中国一直存在。

用上述纽带弱强、功能单复、义务偶频等三个变量来分析关系社会资本，我们可以看出它的两个比较极端的理想型。一个理想型的关系社会资本三个变量取值都高，是"强强强"的类型，体现了强特殊主义、强复用功能、强互惠义务的组合，现实的例子就是中国的关系网络和西方的"发小"网络。另一个理想型是"弱弱弱"类型，弱纽带、弱复用、弱义务的组合，现实的例子是西方学者提出的弱关系网络和结构洞网络。两个理想型之间存在其他组合的理想型，见表8-1。

表8-1展示了四种理想型及其可能的社会网络实体形态。左上角的理想型Ⅰ，体现了强特殊主义、强复用和强互惠义务的组合，其相应的例子就是中国关系网络，以及西方所谓的"发小网络"（old-boy networks）（Saloner，1985）。这预示着，中国关系网络并不独属于中国，西方也有类似于中国的关系网络，并且已被证明。罗纳德-伯特和他的同事的最新实证研究表明，用统一定义和操作的"关系"变量分别分析中国、美国和欧洲的企业家，发现依靠"关系"来创业和经营企业的，中国的企业家高达2/3强，而欧美均为1/10（Burt & Burzynska，2017）。这说明，中国特色的"关系"也存在于欧美，只是相对较少。

表 8-1　关系社会资本的若干理想型

复用纽带	特殊纽带	
	高/强	低/弱
高/强	极强互惠义务 中国关系网络 西方"发小网络"	中等互惠义务 协会成员网络 精英网络
低/弱	强互惠义务 亲属网络 种族/民族网络	弱互惠义务 弱关系网络 结构洞网络

表8-1的右上角是理想型Ⅱ，特殊主义水平较低，但是复用较多，同时

具有中等程度的互惠义务，其相应的例子是协会成员网络、各种精英人士组成的网络（Borgatti, Brass, and Halgin, 2014）。右下角的理想型Ⅲ，在上述三个维度上都取很低的值，这就是我们熟悉的Granovetter描述的西方社会的弱关系网络，Burt的结构洞网络，也属于这一理想型。最后，左下角的理想型Ⅳ，特殊主义程度和互惠义务相对较高，但是复用程度低，亲属网络和Portes所说的种族/民族网络都属于这一理想型。

全球化条件下的我国市场经济，不但包含着国有企业和民营企业，还包含着大量的外资企业和中外合资合作企业。关系社会资本如何影响这些企业的发生和发展呢？第三章第四节分析了任何一个企业所经历的三种情境，即企业的创立、面对生存危机、巩固市场地位，可供阅读，这里不赘述。

第五节　结语

随着经济体的增大，我国在国际社会中的地位不断提高、影响不断扩大。越来越多的人关心中国经验，想获得中国社会的本土知识，为此，中国经验的国际表达、中国本土知识的国际概念化势所必然。我们知道，学术理论知识是人类的共同思想和精神财富。在学术界，如果人云亦云，将丧失自我而被忽略；独建体系，自说自话，有可能陷入孤立的尴尬；但是"食洋不化"与"食土不化"，对学科发展都没有益处。这个道理对于学者个人是这样，对于学术群体也是这样。笔者认为，本土知识的国际概念化是中国社会学的一个重要的学科任务。我国社会的本土知识只有走向世界，与世界有效沟通和衔接，从而影响和贡献给世界，才能成为国际社会学的共同知识财富。

笔者以关系社会资本为分析范例，对本土知识的国际概念化作了初步的探讨。笔者采取了三项研究策略，即接受国际概念、丰富其理论内涵、增加其变量的文化差异性。采取这些策略的前提是，社会资本已经成为广泛接受、颇具共识的国际流行概念了。在某些领域或某个议题方面，全新的本土化概念也可以逐步成为国际概念，如果该概念揭示了跨文化、跨边界的一般性本质特征的话。有三个著名的例子可以借鉴：一是费老的"差序格局"理念，基于对中国的观察，但所预示的"个体中心网络的交叉"已被社会科学界广为接受；二是科尔奈的"软预算约束"，源于匈牙利计划经济的分

析，现已成为关于计划经济本质特征的理论共识；三是伯特（Ronald Burt）
的"结构洞"，产生于美国企业竞争社会机制的研究，但由于它揭示了社会
网络结构的根本特征之一，已经成为社会科学的理论知识。所以，在"接
受-丰富-增加"这样一种研究策略之外，本土知识的国际概念化，显然还
存在"创新-操作-应用"的另一种策略，当然，也还有其他的策略。

　　总之，社会学本土知识的国际概念化，是遵循费老的社会学双重性格的
思路，为推动和发展中国社会学，以此向国际社会学做出学术贡献的一个研
究方向。能否有效地提炼我国社会学本土知识，特别是能否有效地将之国际
概念化，让本土知识真正走出去，让国际社会学家听得懂、能接受，是我国
社会学者的时代重任。

实证篇

第九章　拜年网与家庭社会资本[*]

在研究中国社会结构的特征时，费孝通先生提出了著名的"差序格局"的论点。他认为，中国社会的本质结构是从家庭出发，由亲到疏一层一层向外延伸的差序的人际关系网络。这个差序网络不但是个人和家庭借以发生社会联系的渠道，而且为他们提供了生存和发展所需的社会资源（费孝通，1949）。本章分析差序格局论点所隐含的一个社会学概念，即关系社会资本，也就是嵌入于人际网络中的社会资源。本章侧重讨论如何从"拜年网"来测量一个家庭的关系社会资本，并探讨它的实证分析意义。

第一节　拜年网的提出

家庭作为消费和生活单位，其成员共享家庭的经济和社会资源。他们也共享关系网络和关系资源。夫妻出生于不同的家庭，但通过婚姻纽带，将各自的亲属关系带入共组的家庭之中。夫妻在各自的工作和生活领域所发展的朋友和其他社会关系，不一定为双方共有，但这些关系提供的社会资源可为所有家庭成员共享。例如，丈夫利用妻子的同事关系开办商店，子女利用父母的朋友关系谋职，等等。所以，家庭是关系社会资本的有效分析单位。

家庭的关系社会资本是指嵌入于家庭成员的关系网络中的社会资源。资源的种类繁多，如权力、地位、财富、资金、学识、信息等，通过家庭成员

---

[*]　本章主要内容发表于《清华社会学评论》2000年第2期，边燕杰、李煜合作发表。该文发表10年之后的2010年，笔者提出了"关系社会学"的研究领域和"关系社会资本"的理论概念。为了取得表述一致性，笔者在本章中将原文提出的"社会网络资本"一并修改为"关系社会资本"。

的社会关系网络摄取这些资源，为家庭全体或者家庭成员所用，达到功利或非功利的目的。这意味着，这些关系资源是家庭生存和发展的资本，我们称之为家庭的关系社会资本。

关系社会资本比社会资本的概念外延小。社会资本指的是人们从各种社会联系摄取资源的能力，包括人们与正式和非正式组织的成员关系，以及人们的社会网络关系（Coleman，1988；Putnam，1995；Portes，1998）。费孝通先生的差序格局论点指的是后一种关系，也是本章的分析重点。家庭及成员的社会网络关系类别颇多，亲疏远近相异，而嵌入这些关系中的资源不胜枚举。如何简洁而又有效地测量家庭的社会网络资本呢？我们建议把握三项内容：春节拜年网、结构地位标识、地位资源总量。

一　春节拜年网

差序格局所描述的是动态的关系网络，它不断延伸着，边界是开放的。用梁漱溟先生的话说，就是"关系无界"（梁漱溟，1948）。但对于每个城市家庭而言，动态的开放的关系网络有其源和核，源就是家庭和亲属，核是再加上亲密无间和交往甚笃的朋友、邻居、乡亲、战友、同学、师长、同事、上下级等。社会网分析的任务之一就是测量社会网络的源和核，即所谓核心网络（Core Network）。Marsden的研究证明，核心网络预示着网络资源的多少（Marsden，1987）。

怎样测量核心网络呢？美国学者测量了"朋友网"（您最要好的朋友是谁？）和"讨论网"（您与谁讨论重要的问题？）（相关文献见 Laumann，1969；Fisher，1982；Burt，1984；Marsden，1987），欧洲学者测量过不同生活内容的核心网，如"支援网""交流网""互助网"等。这些不同的测量方法在我国社会学研究中曾经被应用过（Ruan，1998）。

中国人的关系网络区别于西方人的关系网络的最大特征是以家庭伦理为基础，熟、亲、信一体的义务交换关系（见梁漱溟，1948）。虽然"朋友网""讨论网""互助网"等在不同程度上测量了中国人关系网络的具体内容，但居于核心地位的家庭、亲属关系在这些测量中往往被视为从属地位（Ruan，1998；Ruan et al.，1997）。许多这些具体网络的测量方法偏重于交流和交换方面，而不能充分体现亲密、相熟、互信的一体化特征。另外，问卷调查用追记、联想和提名法（Name Generator）收集资料，往往不能真切地反映中国人际社会关系的动态事实。

笔者的建议是测量"春节拜年网"。作为最重要的传统节日，春节是社会交往的热点时期。拜年已成为维持和发展人际关系的一种义务。处于某人的核心网络之中，春节期间互有登门拜年交往或远程问候祝福是人所期望的。近年来电话拜年、微信拜年、视频拜年等成为一种新的普遍现象。1998年初次使用拜年网测量中国人的关系网络时，我们基于拜年传统，在春节期间请被调查户填写了除夕到初五的拜年交往情况，当时包括登门拜年和电话拜年。调查所得的与被调查户互有拜年交往的各种关系的总和，就形成了各户的"拜年网"。

生活常识告诉我们，拜年者不一定是熟、亲、信兼而有之的核心关系，但属于核心关系网络之中的必有拜年交往。拜年交往者也有功利、回礼、陪拜、官访等各种性质，但深度访谈资料表明，这些属于非交往性的拜年，往往不被调查户计算在内。我们在津、沪、汉、深四市研究项目中调查了401户，共有386户在居住地度过1998年春节，并登录了拜年交往情况。最多的拜年者为225人次，最少的为1人次，平均每户35.3人次。

二　结构地位标识

为了测量关系社会资本，我们需要了解拜年交往者所占有的资源情况。难度较大的方法是记录每位拜年者的地位标识（性别、年龄、教育、职业、收入和权力等）；这不仅是被访户不愿配合的，也有犯于他们的隐私。因此当时采取林南和杜敏提出的地位法（Position Generator，见 Lin & Dumin，1986），向被访户提供20个职业和12种工作单位类型，请他们标明拜年交往者是否属于任何职业或单位类型。我们用这20个职业和12个单位类型来标识拜年者的社会结构地位。

职业的选择依据了当年国家统计局公布的350多个职业类别。抽选原则包括脑体兼有，声望地位分布平均，政科教文卫工商服等各行业有代表。此外，有些职业的入选是因为以往的调查提供了声望评价资料，以便参考。我们于1998年春节以后再访各户，请他们评估了这20种职业和12种单位类型。按照"非常好"和"较好"两项的百分比作为地位得分，将20个职业排列，最高的是科学研究人员（95分），最低的为家庭保姆、计时工（6分），结果详见表9-1。职业地位排列反映了人们的职业价值取向，包括社会尊重、权力、技术、收入。

单位 12 个类型，是依据产权和组织形式来划分的。单位是中国城市社会分层重要的指标。我们的调查户对这 12 种单位类型做了排列，按"非常好"和"较好"两项的百分比计算得分，最高的是党政机关（86 分），最低是集体企业（24 分）。影响单位地位排列的因素有权力、保障、机会、报酬。

表 9-1　拜年网的地位构成及分析

职业类型	声望均值（分）	拜年者（%）	单位类型	声望均值（分）	拜年者（%）
科学研究人员	95	19.4	党政机关	86	37.3
大学教师	91	18.4	国有事业单位	75	59.8
工程师	86	32.9	外资企业	73	17.4
法律工作人员	86	13.5	中外合资企业	66	24.4
医生	86	30.1	股份企业	45	18.9
中学教师	81	28.8	私立事业	41	5.4
政府机关负责人	80	26.2	国有企业	41	66.1
小学教师	73	15.8	私营企业	39	22.0
党群组织负责人	73	15.5	联合企业	30	4.1
企事业单位负责人	71	46.1	集体事业单位	30	14.8
经济业务人员	64	34.5	个体经营	29	38.9
会计	58	33.4	集体企业	24	30.8
行政办事人员	53	43.8			
民警	52	16.1			
护士	48	13.0			
司机	25	38.9			
厨师、炊事员	24	12.7			
产业工人	20	51.0			
饭店餐馆服务员	11	8.3			
家庭保姆、计时工	6	6.0			
	均值	标准差	因子负荷值		
职业个数	5.15	2.97	0.92		
职业地位总分	310.50	203.33	0.92		
单位类型个数	3.50	1.94	0.91		
单位地位总分	181.36	102.92	0.92		

续表

职业类型	声望均值 （分）	拜年者 （%）	单位类型	声望均值 （分）	拜年者 （%）
	最小值	最大值	均值	标准差	
因子值	-1.54	4.14	0	1	
转换后分值	1	100	27.90	17.43	
已解方差	84.0%				

三　地位资源总量

当时测量社会网络资本的最终指标是地位资源总量。该指标由四个变量构成：（1）拜年交往者所涉及的职业个数；（2）他们的职业地位总分；（3）拜年交往者所涉及的单位类型个数；（4）他们的单位地位总分。

第一步，我们统计了每个调查户的拜年交往者是否从事 20 种职业中的任何一种。如是，则调查户在该种职业上取值为 1；如否，则为 0。在某些职业上有两个或两个以上的拜年交往者，取值仍然为 1。这是因为，一个职业只表明一种职业地位资源，人数增多，地位资源的性质并未改变，但如果职业地位的个数增加，则不同性质的资源相应增加。所以，将取值为 1 的职业地位分加总，即得到职业地位总分。按照相同的逻辑，我们对单位地位做同样的统计，得到相应的单位地位总分。

第二步，我们计算地位资源总量。由于上述四个变量的测量内容和标准是不一致的，不能用简单相加或相乘的办法求出总和值。为了反映四个不同的变量对地位资源总量的相对重要性，我们采取因子分析方法求出一个因子值，其已解方差为 84%。所求得的因子值即为地位资源总量。这个总量指标的理论含义是，一个城市家庭能从其社会网络所摄取的职业、单位地位资源的多少：地位资源的总量高，表明其家庭的社会网络资本高，反之为低。因子值是一个标准分变量，均值为 0，标准差为 1。为了便于理解，我们将之转换为一个最低为 1、最高为 100 的分值。因子值越大，指数取值越大。它可以理解为百分比指数，比如 A 家庭的分值为 40，B 家庭为 80，那么 B 家庭的网络资源比 A 家庭高 40%，或者 A 家庭的社会网络资源是 B 家庭的一半。经转换后，网络资源总量的均值为 27.90，标准差为 17.43。这说明家庭网络资本总量整体偏低，平均水平仅是最高值的 1/4 强，而 70% 的家庭网络资源总量大约在 10—45。表 9-1 报告了变量测量和因子分析结果。

第二节　网络结构与关系社会资本

怎样的网络结构有利于积累和发展关系社会资本？怎样的网络结构不利于这种积累和发展呢？我们测量了四个网络结构特征，分别论述它们对积累和发展关系社会资本的效应。

一　网络规模效应（简称规模效应）

一个家庭的网络规模如何测量？本节以拜年交往者人（户）数为例。如表 9-2 所示，受访的 386 户平均网络规模是 35.3 人（户），标准差为 31.7，网络规模的差异很大。由于每个拜年者都占有一定量的资源，所以拜年者越多，受访户的社会网络资源越多。为此，我们的假设是，网络规模越大，关系社会资本越多；网络规模越小，关系社会资本越少。

表 9-2　关系社会资本总量的构成要素及回归分析

	描述统计		回归分析	
	均值	标准差	非标准回归系数	标准回归系数
网络规模	35.3	31.7	0.15***	0.26
网密	42.4	22.6	-0.03	-0.03
网差	57.9	25.4	0.34***	0.50
网顶	75.4	20.3	0.17***	0.20
截距（常量）				-8.41***
F 检定值				175.77***
已解方差（调整后）				64.50%
样本数				386

注：***$p \leqslant 0.01$。

二　网络密度效应（简称网密效应）

在一个家庭网络中，如果家庭与家庭之间均发生联系，而且是强关系，则网络密度高。如果仅有少数家庭之间有联系而且是强关系，大多数家庭之间无联系或只有弱关系，则该网络密度低。这是从全网络（Whole Network）角度定义网络密度的。但是这种角度不适用于家庭调查资料，因为我们只了解与调查户互相拜年的交往者，并不了解这些交往者之间是否互相拜年。

因此我们选择从个体中心网络（Egocentric Network）的角度定义和测量网络密度。在中国文化传统中，家庭和亲属关系属于强关系，非亲属关系少数是强关系，多数为弱关系。天津 1988 年和 1993 年调查证明了这一点（Bian，1997；Ruan，1998）。为此，我们用拜年者中亲属关系的比例作为网络密度的指标：亲属比例越大，网络密度就越高；反之就越低。

社会网络研究证明，密度高的网络是在相似者之间发生的（Homans，1950）。人们的特征的相似性往往预示着资源的相似性。这就是说，密度高的网络是资源雷同或资源单一的网络。相反，密度低的网络往往是资源相异或资源丰足的网络。因此，我们的假设是：社会网络密度与关系社会资本总量呈反相关。

三　网络位差效应（简称网差效应）

网络中的个人或家庭可以按其结构地位进行排列。有的家庭的社会网络其内部的地位差很小，比如都是高地位的人或家庭，或中、低地位的人或家庭。但有的家庭的社会网络中包括了各种不同地位的个人或家庭，地位差很大。哪种网络有利于积累和发展关系社会资本总量呢？根据弱关系假设（Granovetter，1973；Lin，1982；边燕杰，1999），我们认为是地位差大的网络，原因有二：第一，位差大的网络可以克服地位资源的局限性。每个地位的资源总是围绕该地位，因为任何职业和工作单位都是在有限的空间中活动，其资源势必受其限制。地位差大则表明资源涉取的面广。第二，位差大的网络可以克服信息的重复性。地位差大，获取不同阶层的信息增多，提高发展或流动的机会。这两种机制表明，网差大将提高关系社会资本总量。

四　网络顶端效应（简称网顶效应）

两个网络的位差相等不见得网顶相等，如 A 网是中低地位之差，位差为

1，网顶是中；B 网是高中地位之差，位差也是 1，网顶是高。由于高地位的资源量大于中、低地位，所以，即使在网密和网差相同的条件下，网顶越高，其关系社会资本量则越大。

五　统计分析结果和解释

我们在表 9-2 的描述统计部分给出了网络规模、网密、网差和网顶的均值及标准差。如前所述，网密是网络中亲属关系的比例，它是一个 0 到 100 之间的百分比指标。网密平均值为 42.4。这说明亲属在拜年网中平均占不到一半，而非亲属在拜年网中占一半强。网密的标准差是 22.6，说明拜年网的亲属非亲属的相对比例在 386 个调查户中的差异还是较大的。大体情况是，15% 的被访户的拜年网以亲属为主（65% 以上是亲属）；70% 的被访户的拜年网其亲属在 20%—65%；而约 15% 的被访户其亲属比例低于 20%。

网差、网顶与关系社会资本总量一样，是由因子分析得到的因子值。为叙述和理解的方便，我们将之转换为一个 1 到 100 的指数。结果表明一般家庭的网差较大，均值为 57.9，基本覆盖整个网络的一半多。家庭间的差异也较大，且呈比较正态的分布，中间 70% 的家庭的网络覆盖能力为整个网络的 30%—85%。网顶的均值为 75.4，也就是说，家庭平均的网顶大约在整个网络的 3/4 的高度上。其中一半家庭的网顶高于 3/4 位置，约有 30% 的家庭的网顶在 50%—75%，另外 20% 的家庭网顶低于整个网络一半的位置。

我们将网络规模、网密、网差和网顶四个指标作为自变量，纳入对网络资本总量的回归模型，以此了解其对家庭的关系社会资本的贡献。模型的已解方差高达 64.5%，F 检定值显著（$p < 0.01$）。这说明，这些变量在很大程度上决定着家庭的关系社会资本的大小。其中影响最大的是网差（标准回归系数 0.50），其非标准系数为 0.34，意为如果两个家庭的网络规模、网顶、网密都一样，而网差相差 10% 的话，其关系社会资本要相差 3.4%。影响次大的是网络规模，其作用也是正向的，且统计显著，它对关系社会资本总量的影响力是网差的 1/2 强（标准回归系数为 0.26）。非标准回归系数为 0.15，说明关系网络每增加 10 人，其关系社会资本总量就能提高 1.5%。影响在第三位的是网顶，影响力是网差的 2/5（标准回归系数 0.20。）

以上三个变量的回归系数都证明了我们的假设。网密的回归系数无统计显著，说明无独立影响。网密与网络规模有很强的负相关：网络规模越大，网络成员交往的频率越少，网密就越小。所以，当我们在模型中考虑网密而不考虑规模时，网密的系数是负值，说明网密越小，关系社会资本总量越大。网密和网络规模互为替代，但我们的资料证明，规模的作用比较强。总之，回归分析表明，规模、网差、网顶效应均存在，效应大小依次是网差效应、规模效应和网顶效应。这一结果表明，扩大网络规模、增加网差、提高网顶是一个家庭提高其关系社会资本的有效途径和策略。

第三节　社会阶层与关系社会资本

哪些家庭拥有优越的社会网络而能积累和发展较高的关系社会资本呢？我们在这一节着重分析各社会阶层的影响效应。表9-3的模型是为了揭示社会阶层及相关指标在网络的四个结构特征和总体关系社会资本上的差异，因变量分别是网络规模、网密、网差、网顶和关系社会资本。我们在分析过程中，首先考虑的模型变量是城市和阶层归属，它们都是虚构变量。城市的比较基准是上海，阶层归属的比较基准为产业工人。在此基础上，引入了家庭收入、受教育程度和年龄等家庭变量，目的是揭示阶层归属在各因变量上的净差异。此外，我们还分析了出生地、工作单位性质、是否党员等因素的影响，但都无统计显著性，在最后模型中未予考虑。为了简明起见，表9-3只报告了最后模型的计算结果。需要说明的是，我们将城市放入模型的目的在于控制由于城市间差异造成的网络结构和关系社会资本总量的偏差。城市差异并不是本节所关注的内容，我们将不做进一步讨论。

表9-3　社会阶层对关系社会资本影响的回归分析（非标准化系数）

影响变量	网络规模	网密	网差	网顶	总量指标	
					I	II
城市（基准：上海）						
天津	3.66	-8.08**	3.86	1.33	-1.83	-4.17**
武汉	-1.51	0.58	0.01	-1.43	-3.29	-2.94*
深圳	3.93	-5.49	-6.02	-2.25	-6.91***	-5.11**

续表

影响变量	网络规模	网密	网差	网顶	总量指标	
					I	II
阶层归属（基准：产业工人）						
管理人员	16.73***	-7.30	10.86**	10.03***	11.28***	3.80*
行政文秘人员	5.75	-2.75	12.15**	8.33*	9.28**	3.08
文化专业人员	9.93	-0.83	4.36	6.36	6.13	2.61
经济专业人员	9.68	-6.88	16.21***	11.41**	13.06***	4.37**
私营企业主	-0.91	0.20	13.51	15.05**	8.76	2.21
个体户	-7.21	1.45	-1.64	-0.41	0.28	1.99
商业服务业人员	-3.80	-2.45	6.40	5.22	2.56	-0.01
家庭变量						
家庭收入（夫妻累计）	2.72**	-0.88	0.92	0.26	1.52***	0.79**
受教育程度（夫妻累计）	0.39	-1.66***	0.71	2.39***	0.80**	0.19
年龄（夫妻累计）	-0.48	-0.66	1.38**	0.40	0.03	-0.49*
年龄（夫妻累计）平方	0.00	0.00	-0.01**	0.00	0.00	0.00*
网络变量						
网络规模						0.13***
网密						0.03
网差						0.37***
网顶						0.11**
常量	43.69	96.29***	26.75	23.72	13.94	14.08
F检定值	3.30	3.505	2.87	7.78	5.27	38.04
调整后的已解方差	0.09	0.10	0.07	0.22	0.15	0.67

注：$*p \leqslant 0.1$；$**p \leqslant 0.05$；$***p \leqslant 0.01$，$N = 356$。

一 阶层差异的分析结果

我们使用夫妻的职业类别来划分家庭的社会阶层，考虑了三条标准：是否拥有产权；是否参与管理；是否有专业资格。在每个标准内部，我们同时考虑了程度的不同，将职业划分为如下八种：私营企业主、个体户、管理人员、行政文秘人员、文化专业人员、经济专业人员、产业工人、商业服务业人员。我们对夫妻分别进行了测量，多元分析的结果是，丈夫的阶层归属变量统计显著，妻子的不显著，最后模型使用前者。下文叙述各阶层归属变量的回归分析结果。

管理人员在网络规模、网差、网顶、网络资源总量上都显著高于产业工人。管理人员的网密虽大大低于产业工人，但这是由于受教育程度的差异所致，所以当受教育程度引入模型之后，双方的净差异无统计显著性。同在管理岗位工作的行政文秘人员也显示出相似的特点。这说明，管理人员和行政人员在建构关系社会资本时所能达到的网顶高度和网内位差较于产业工人都有显著优势，所以最终的关系社会资本总量均值比后者分别高 11.28 和 9.28（总量指标模型 I）。

虽然文化专业人员（各类学校的教师、科研人员等）与产业工人在各因变量上差异显著，但引入家庭变量后，差异均完全消失，说明他们与产业工人的差异并非是职业不同造成的，而是文化程度、收入等因素的差异导致的。

经济专业人员（会计、审计、工商、税务等）则不同，他们在最初和最后模型中均保持着与产业工人的比较优势（除了规模和密度）。这说明，从事与经济相关的专业性职业对获得网络资源有积极的作用，它在帮助扩张网差、提高网顶方面的成效显著。他们的网差为各职业阶层之最高。该职业阶层在关系社会资本总量上的贡献达 13.06，亦为所有职业阶层中最高（网资总量模型 I）。

拥有产权的阶层包括私营企业主和个体户。个体户在所有网络特征指标上与产业工人无显著差别，而私营企业主除了网顶较后者高之外，其他方面亦无差别。当家庭因素一致的前提下，私营企业主的网顶系数在所有阶层变量中最高（15.05），高于经济专业人员和管理人员，大大高于个体户。这说明，私营企业主有能力从社会上层摄取资源，而个体户则缺乏这种能力。这是判断私营企业主社会地位的重要参考指标。商业服务业人员与产业工人在各指标上均无显著差别，故在关系资源方面，他们同属一个类别。

二 家庭经济资本的影响

使用 1998 年夫妻收入总和作为家庭经济资本的指标。在对网密、网差和网顶的回归模型中均未表现出显著影响（$p>0.1$），但对网络规模和网络资源总量有正面的显著作用（$p<0.01$）。这显示收入对关系社会资本的作用

并非透过网差网顶起间接作用，而有直接的影响。这是因为，社会网络的维持和拓宽，比如闲暇交往、请客吃饭、礼物交换都讲究礼尚往来，这就需要一定的经济条件作基础。收入低的家庭在同样网差、网顶条件下，社会交往的频率和范围可能要小些，因而网络资源也就少些。

三　家庭文化资本的影响

受教育程度是衡量家庭文化资本的指标。在调查中，我们分别询问了夫妻双方的受教育程度，分文盲半文盲、小学、初中、高中、中专技校、大专、大学及以上七档。将它们视为定距变量把夫妻相加，得到的平均家庭受教育程度为 9.2，即夫妻的受教育程度大约在高中和中专技校水平。它对网密有负的作用，如受教育程度提高 1 级，网密相应下降 1.66%。同时，受教育程度对网顶有正面贡献，提高 1 级受教育程度可以提高 2.39% 的网顶。可见，受教育程度的提高可以使家庭扩大交往范围，令网密下降、网顶提高。但受教育程度对网差无影响，说明较高受教育程度的家庭，社会交往通常都局限在相似的受教育程度上，是以趣味相投为交往的基础。但在控制阶层和其他变量后，它对网络资源总量贡献为 0.8，意为夫妻的累计受教育程度增加 1 档，网络资源总量增加 0.8%。将夫妻累计受教育程度的最低值 2 和最高值 14 代入方程，可计算出受教育程度最高的家庭比最低的家庭要多 11.2% 的关系社会资本。

四　家庭生命周期的影响

从家庭生命周期看，关系社会资本的积累可能依家庭主要成员年龄的增长而增加，而且其关系亦可能是非线性的，因为人近老年，同龄亲朋也同样退出职业生涯，关系资本相应随之降低。故同时将夫妻年龄总和以及夫妻年龄总和的平方同时加入模型。但由于我们的样本中很少有退休的老年人，实际模型中年龄平方的系数很小，年龄的影响大致上仍然是线性的。年龄的作用仅在于网差和网资总量。对网差的作用是正面的，年龄越大，网差越大。由此看出，年龄增大，网络中朋友的数量增加，导致网差增大。但是只靠年龄的增长不能直接提高网顶。

第四节　结语

1998 年，相距于费孝通先生提出的差序格局的论点有半个世纪。正值我国经济改革和社会进步的第四阶段，明确提出"建设社会主义市场经济体制"，当时我们对费先生的论点所隐含的社会关系、社会资本的概念，做了理论和实证分析的一些尝试，提出了一套测量该概念的角度和方法，是为抛砖引玉，推动后续研究。

"春节拜年网"的概念，不是一个理论概念，而是一个技术性概念，一个测量中国家庭网络的方法和角度。与之区别的方法和角度是来自西方社会学的一般化的讨论网、朋友网、交流网、支援网等。我们提出"春节拜年网"是基于对中国人核心网络的两个判断：一是社会网络是以家庭亲属为核心的，亲、熟、信三位一体的义务交换关系；二是具有这样特征的关系在春节期间将进行拜年交往。我们的研究发现是，所有在居住地度过春节的受访家庭都有拜年交往，亲属在拜年网中平均不到一半。由于亲属数量的差异不十分大，拜年交往者少，则亲属比例大，说明家庭的外界联系面小；拜年交往者多，则亲属比例小，说明家庭的外部联系面宽而广。拜年网最大的超过200 人（户）。

围绕春节拜年网，我们进而提出和测量了关系社会资本总量的概念。关系社会资本总量是一个实证分析概念。我们的测量方法是"地位法"，即提出 20 个有代表性的职业地位和 12 个代表性单位类别，然后计算每个家庭的拜年交往者所涉及的职业和单位的个数，它们的地位分总和，最后依据因子分析结果求出关系社会资本总量指标。近 400 个受访户在这个总量指标上的差别是非常大的。这说明，有的家庭的关系社会资本很高，而其他家庭很低。我们的分析发现，网络规模大，则网络中亲属关系比例小，关系社会资本总量就高。我们称之为网络规模和网络密度效应。另外，网差大，则关系社会资本总量就高。这是网差效应。最后，网顶高，网络资源总量就大，这是网顶效应。这四个效应的分析证明，一个家庭若要提高关系社会资本，必须与地位较高的家庭与个人发展社会交往（网顶），同时必须发展非亲属关系，扩大网络规模，并且与各种不同社会地位的家庭与个人交往（网差）。正如费孝通先生所指出的那样，走出家庭和亲属圈子，发展各种各样的关系，拓宽交往面，形成差序的社会关系网络。

1998年，津、沪、汉、深四城市近400户调查资料证明，具有这些网络优势的社会阶层依次是：经济专业人员、管理人员、行政文秘人员、私营企业主、文化专业人员。没有优势的是商业服务业人员、产业工人、个体户。阶层之间的关系社会资本差异，有些是由于收入差异和受教育程度的差异造成的。私营业主和经济专业人员的收入高于其他阶层，所以有能力与高地位的个人及家庭发展各种各样的交往关系。文化专业人员的受教育程度高于其他阶层，倾向于发展同等受教育程度、地位受人尊重的社会阶层（科学研究人员、管理人员等）。但是，当收入和教育的差异在统计分析中控制之后（即统计上设定各阶层的收入水平和受教育程度一致的前提下），阶层的关系社会资本差异仍是存在的。

在我们考虑的阶层标准中，是否拥有产权并非一定提高关系社会资本。但是否参与管理则体现出对关系社会资本积聚的显著作用，它的效应不仅存在于直接管理层，还扩散到行政办事人员阶层。在拥有专业资格的人员中，经济领域的专业人员拥有可以与管理者相当的网络资源，而文化领域的专业人员则与产业工人无异。这些分析结果说明，我国城市的各阶层的分化，不但是经济和文化事实，同时也是社会事实：不同阶层的家庭，其交往面、交往层次、可交往的地位高度以及通过交往而能摄取的社会资本总量都是依据阶层地位而变化的。这里，我们分别讨论两个新生的城市有产阶层：私营企业主和个体户。

私营企业主和个体户都是城市有产阶层。按照法律定义，他们的资本量和雇工数前者高于后者。一种普遍的认识是，个体户是私营企业主的社会基础，因为私营企业主是从个体户发展而来的。知名的例子不少，这里不赘述。但是我们发现，这两个阶层的社会网络有本质的不同。虽然私营企业主的网络密度与个体户相似，都集中于亲属交往，相对其他阶层较少非亲属关系。但是，私营企业主在有限的非亲属关系中却包括了各种职业地位、单位地位的个人及家庭，而个体户的网差不但低于私营企业主，在我们考虑的八个社会阶层中也是最低的。相反，私营企业主的网顶，在文化和收入水平一致的前提下，是八个阶层中最高的。不难得出的结论是，个体户的关系社会资本总量居于各阶层的最低点，而私营企业主偏上。以上讨论说明，1998年的时候，私营企业主已经得到广泛的社会承认，因为在他们的社会网络内，不但包括相似社会地位的人，而且包括了声望地位较高的阶层，即管理人员、行政文秘人员、经济和文化专业人员。不然的话，这些阶层中的个人和家庭不会成为私营企业主的拜年交往者。相反，个体户的地位处于城市社会的底层。用费先生的语言来描述，私营企业主已经走出家庭，开拓出与社会各阶层联系的差序格局，成为大社会网络中的纽结。而个体户仅仅生活在家庭亲属的小天地里，仅是社会的一部分而已。

第十章　拜年网与个人社会资本[*]

20 世纪 90 年代末，社会资本的概念已成为社会科学研究的时髦用语了。但是，研究者对社会资本概念持不同的理解，也没有统一的测量方法。笔者在本章中根据社会网络的观点和方法，探讨中国城市居民的社会资本的构成、来源及作用。笔者首先综述有关社会资本的主要观点，然后提出关于社会资本的构成、来源及作用的理论框架，最后用 1999 年中国五城市调查资料检验这个理论框架所派生出来的若干研究假设。

第一节　关于社会资本的主要观点

20 世纪 80 年代以前，学者对社会资本的理解有的等同于公共设施（Dubé、Howes & McGueen，1957），有的泛指影响个人经济回报的社会环境质量（Loury，1977）。之后，经布迪厄（Bourdieu）、科尔曼（Coleman）、普特南（Putnam）、福山（Fukuyama）的推动，此概念进入社会科学研究的话语体系。

四位学者一致认为，社会资本是社会网络结构，属集体共有财产，但他们对社会资本的来源和作用，观点各执一端。布迪厄（Bourdieu，1986）认为社会资本是社会网络关系的总和，影响个人的各种回报。科尔曼（1988）指出社会资本发源于紧密联系的社会网络，是人力资本的创造、传递和获得的积极社会条件。这一观点从功能主义的角度定义社会资本，排除了松散的社会网络产生社会资本的可能性，也否定了社会资本可能的负作用。普特南

---

* 本章内容来源于"城市居民社会资本的来源与后果：网络观点与调查发现"，《中国社会科学》2004 年第 3 期。笔者对标题和部分文字表述做了修订。

（2000）沿用科尔曼的观点，强调紧密网络结构的作用，特别是公民对社区公共活动的积极参与和相互信任。他将二战以后美国人民对公共事务参与的减少，解释为信任下降，社会资本匮乏。福山（Fukuyama，1995）将社会资本等同于社会信任，认为高信任度的民族更容易发展合作关系和规模经济，所以有助于市场资本主义的发展，反之则有碍于后者的发展。

社会资本源于社会网络的观点在社会学研究中得到重视，但是许多研究者从个人层次定义社会资本，认为它是个人的社会网络的特质，是影响个人行为目标达成的一种力量，其研究兴趣侧重于两个问题：第一，怎样的社会网络特质产生社会资本？第二，社会资本对于个人的哪些行为目标发挥作用，为什么？

在第一个问题上，有三种不同的观点。第一种观点认为，社会资本即社会网络关系；个人的网络关系越多，则个人的社会资本量越大。这种观点容易操作，许多研究者采用这一观点来测量社会资本（Portes，1998）。第二种观点认为，社会资本即社会网络结构；这里，高密度的网络被认为有助于约束个人遵从团体规范（Coleman，1988），低密度的网络减少这种约束，为占据网络桥的个人带来信息和控制优势，有利于在竞争的环境中求生和先赢（Burt，1992）。由于网络结构是不易操作的概念，上述对立假设只在有限范围内得到证实（Burt，2001）。第三种观点认为，社会资本是一种社会网络资源；它是个人所建立的社会网络及其位置，最终表现为借此所能动员和使用的网络中的嵌入资源（Lin，2001）。这种观点所定义的社会资本，指的是一个人与哪些人发生什么样的联系，那些人有什么资源能为行动者所用。这是容易理解但在实证研究中极难操作的概念。

在第二个问题上，研究兴趣集中在社会资本的工具性效应方面，有四种不同的解释。第一，社会网络传递充分信息，在信息不对称的竞争场域，网络的信息桥作用将产生有效的价值，因此是一种资本（Granovetter，1973；Burt，1992）。第二，社会网络沟通人情，联结资源相异、权力不等的个人，通过长期互惠和面子机制，完成非正式规范约束下的社会交换，因此人情对资源重组和配置发挥作用，产生价值，是一种资本（金耀基，1988；张其仔，2001；刘林平，2002）。第三，社会网络，特别是高密度的网络，培养和鼓励人际信任，使相对隐秘的人际互动和资源交换生存于正式结构约束之外，促成秘密交易，由此产生价值，也是一种资本（Bian，1997）。第四，社会网络产生社会资证作用：人的信誉在关系网络中建立口碑，形成声望，就像文凭和证书一样，是一种资本（Lin，2001a）。

第二节　社会资本的构成、来源和作用

基于社会资本即社会网络的观点，图 10-1 从个人的层次考察社会资本的构成、来源和作用，提出分析框架，解决以下三个问题。第一，怎样的网络特征产生社会资本，为什么？第二，为什么一个人的阶级阶层地位和职业活动是影响社会资本量的因素？第三，个人的社会资本如何影响该人的主客观的社会经济回报？

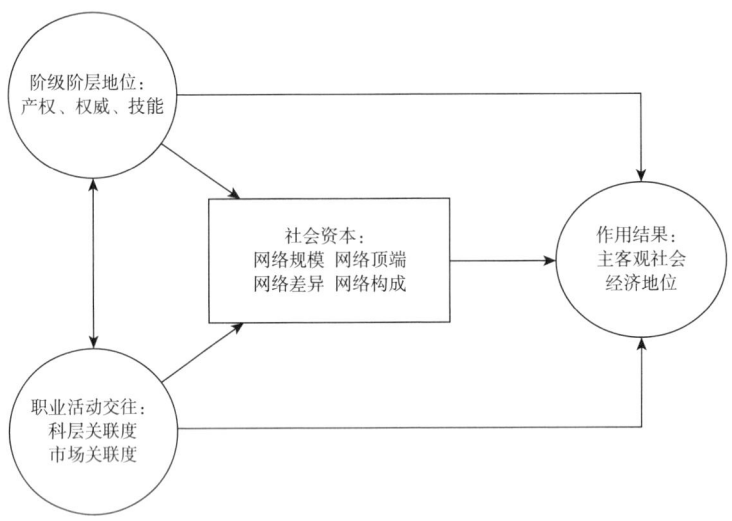

图 10-1　社会资本构成、来源和作用的理论模型

一　社会资本的网络特征

虽然布迪厄提出资本有多种形式的思想，笔者以为，最根本的形式有三种。第一种是物质资本，包括各种形式的财富，它外在于社会行动者，但为社会行动者所占有。物质资本的特性是，因投资而减少，因赢利而增多，因亏损而丧失。第二种是人力资本，包括知识、技能、创意等，它内化于社会行动者，不因使用而减少，但反复使用将导致其再生产。第三种是社会资本，它的存在形式是社会行动者之间的关系网络，内涵是这种关系网络所蕴含的、在社会行动者之间可转移的资源。任何社会行动者都不能单方拥有这种资源，必须通过关系网络发展、积累和运用这种资源。简言之，社会资本发源于人际社会关系，这种关系是稳定的，而非实时的；是非正式的、私人领域内的关系，而不是正式的组织成员关系或公共领域内的关系；是因行为、情感的投入而变化的关系，而不是僵硬不变的合同式的关系。

从个人的层面看，怎样的网络特征产生社会资本呢？依照笔者对中国城市生活的观察，有四个重要方面。一是网络规模大。比起小网，大网关系多，信息和人情桥梁也较多，占有社会资本优势。二是网顶高。每个人网络中的他人都有其一定的权力、地位、财富、声望，按任何标准排列起来都形成一个塔形的结构。网顶高，就是网内有权力大、地位高、财富多、声望显的关系人，比起网顶低的网络，蕴含的资本量较大。三是网络差异大。网内的他人从事不同的职业，处于不同的职位，资源相异，影响所及互补，比起差异小的网络，潜藏的社会资本质量较大。四是网络构成合理，与资源丰厚的社会阶层有关系纽带。比如，在当今中国城市社会，与领导阶层、经理阶层、知识阶层的关系纽带非常重要（孙立平，2002）。

上述四个方面的总和，是笔者对个人的社会资本的操作化定义。这个定义，强调了社会资本即社会网络资源的观点（网顶、网差），也包含了网络关系（网络规模）和网络结构（网络构成）的观点。

二　社会资本变异性的影响因素

每个人都在一定的社会网络中生活，但由于网络规模、网顶、网差、网络构成的不同，而社会资本相异。怎样解释这一差异呢？笔者提出了下列两种互补的解释：阶级阶层地位解释和职业交往解释。

阶级阶层地位解释

个人及其家庭处于一定的阶级地位之中，影响了他们的社会交往方式和范围。马克思主义认为，产权关系分割了有产者和无产者两个阶级。韦伯主义强调，工作领域中的权威结构将劳动者分为管理者、被管理者和自管者三个阶层。布迪厄的追随者则看到，现代社会中知识、技术的作用日益上升，由此产生的品位和惯习，也具有群体划分的作用。产权、权威、技能等三个标准构成了现代社会学阶级阶层划分的理论基础（Wright，1997），也是不同阶级阶层成员之间的社会交往的结构制约（Wright & Cho，1992）。

在市场经济日益发展的今天，中国城市的阶级阶层划分也凸显出这三个标准的重要性（陆学艺，2002），其社会交往的阻隔作用也被初步证明（Bian et al.，2003）。根据上述研究，本节假设如下：

假设1：人们的阶级阶层地位将影响人们的社会交往方式和范围，从而影响人们的社会网络大小、网顶高低、网差大小、网络构成，即影响人们的社会资本质量。

职业交往解释

如果人们的社会交往受生活其下的阶级阶层地位的影响，那么，职业活动提供了稳定交往的场域，成为社会交往的发展源泉。除生理必须时间之外，人们的大部分时间是在职业活动场域度过的，是在与他人职业交往中度过的。有两种不同性质的职业交往活动。一是由于工作需要，与工作场域内的上级、下级、平级同事以及跨机构的同事的交往。如果将工作组织视为科层，那么这些交往越多，科层内部与各方面的关联程度越高，反之亦反。可将这种交往的差异性称为"科层关联度"。二是由于工作需要，与工作场域外部的客户、服务对象、生意伙伴、竞争对手等发生交往。这些交往的性质是市场性的，不是科层化的，因为交往对象来自外部市场，与他们的交往越多、越频繁，与市场的关联度就越高。所以，可称之为"市场关联度"。

如果职业的科层关联度高，则从工作关系拓展朋友关系的潜力就大；如果职业的市场关联度高，则由此发展朋友网络的机会就大；如果职业的两种关联度都高，就获得了发展社会网络的两种不同的业缘基础；如果职业的两种关联度都低，则社会网络缺乏业缘发展机制。为此，提出：

假设2：职业的科层关联度和市场关联度是影响人们社会网络规模、网顶高低、网差大小和网络构成的机制。换言之，职业的科层关联度和市场关联度越高，在职者的社会资本就越强。

必须指出的是，阶级阶层地位和职业交往并没有穷尽社会资本变异性的全部解释。人们的社会资本也还有其他的影响因素，如家庭背景、社会化过程、兴趣群体、居住环境等。但在本章节中主要解释的是，阶级阶层和职业何以影响人们的社会资本的积累、维持和发展，不涉及其他。

三　社会资本的作用

以往研究已证明社会资本在求职过程和企业发展等方面的作用（边燕杰，1999；边燕杰、丘海雄，2000；边燕杰、张文宏，2001；张其仔，2001）。在本节中将试图证明社会资本对提高个人和家庭的主客观社会经济地位的作用。

对客观社会经济地位的作用

在市场经济中，个人及其家庭的社会经济地位主要是由职业、财富和收入来反映的。社会资本对职业地位获得过程的影响，已有很多研究，这里不赘。社会资本对财富积累的影响，尚无系统的实证研究，但是，调查中国人的财富状况，碍于隐私问题，实属困难，故不涉及。因此，本节集中探讨社会资本何以影响收入水平的提高。大体有间接影响和直接影响两种解释。

间接影响的解释认为，社会资本是人们获得人力资本和职业地位的影响因素，进而影响收入水平。这是容易理解的。例如，人们利用社会网络的力量获得职业培训的机会，从而提高技能，改善职业岗位，增加工资和其他报酬。

社会资本何以直接影响收入的增加或减少呢？在以绩效为机制的分配制度下，工资和奖金的分配与工作绩效挂钩。如果个人的社会网络和社会资本是其工作绩效的重要影响因素，那么，社会资本就将直接影响人们的收入水平了。有充分的理由相信这一关系在改革开放的中国经济中是成立的。整个改革进程就是中央向地方、主管部门向企业、企业向个人的放权让利的过程，是僵硬的固定工资制让位于各种灵活的激励工资制的过程（Naughton，1995）。在这一进程中，有两点值得注意。一是在企业之间，越是市场化程度高的地区和部门，与绩效挂钩的分配制度越是流行。二是在企业内部，越是与市场关联度高的岗位，与绩效挂钩的分配制度越容易去实行。为此，提出：

假设3：个人的社会资本量越大，他们的收入水平就越高。

假设3A：在市场化程度较高的地区和部门，社会资本对收入的影响较强。

假设3B：在市场关联度较高的工作岗位上，社会资本对收入的影响较强。

对主观社会经济地位的作用

由于测不准困境，个人及家庭的社会经济地位的客观指标往往不能准确地反映实际状况，特别是社会上层的状况。社会学者发展了社会经济地位的主观指标，即人们对个人及家庭的相对社会经济地位的主观评估。研究证明，这种评估与客观状况有相关度，但二者不能等同和替代。总括来说，主观评价指标反映了人们对总体社会经济地位体系的一种意识和对本身所占地位的认同。那么，社会资本何以成为这种认同的要素呢？

有如下两个原因。第一，在一个"伦理本位""差序格局"的社会（梁漱溟，1949；费孝通，1948，2002），社会关系网络是一种根本的社会资源，个人在其网络中的地位是一种根本的社会经济地位，所以，社会关系社会资本成为自我地位评估的要素。第二，在一个"利益本位""团体格局"的社会，由于信息不对称和"结构洞"效应（Burt，1992），社会关系资本是保持和提高个人竞争优势的机制，从而影响个人对其社会经济地位的评估。为此，

假设4：个人或家庭的社会资本越高，其自我社会经济地位评估就越高。

第三节　实证分析与证明

本节使用的数据来自1999年中国五城市问卷调查。五城市包括（按市场化上升程度排列）：长春、天津、上海、广州、厦门。各市采取一致的分段随机方法抽样，有效样本4741居民户，本市常住户占82%，其余的为"进城农民工"和其他流入人口。我们从三个方面叙述分析结果：第一，对社会资本的测量和分析；第二，对社会资本变异性的解释；第三，社会资本对主客观社会经济地位的作用。

一　对社会资本的测量和分析

如前所示，首先从网络规模、网顶、网差和网络构成四个角度测量社会

资本。需要考虑的问题是，现实生活中的网络是多维的、变化的，边界是开放的，即梁漱溟先生所谓"关系无界"。中西研究证明，"定名法"（Name Generator）测量的是核心网络，限定在 3—5 人，网的特征根据问题的指向而变化，比如一个人的"求职网""借贷网""讨论网"是不同的关系人所构成的网络（Ruan，1998）。中国人的关系网络大于定名法所限定的 3—5 人，而在重要生活事件中的接触、交往、互助是核心网络成员的共有特征（边燕杰、李煜，2001）。基于这一认识，本节使用春节拜年交往为事件依托，采用"定位法"（Position Generator）（Lin & Dumin，1986）来测量中国城市居民的关系网络，结果请见表 10-1。

表 10-1　社会网络和社会资本变量

用定位法测量社会网络：职业与职业声望得分

科学研究人员	95	政府机关负责人员	80	会计	58	厨师、炊事员	24
大学教师	91	中小学教师	77	行政办事人员	53	产业工人	20
工程技术人员	86	党群组织负责人	73	民警	52	营销人员	15
法律工作人员	86	企事业单位负责人	71	护士	48	餐饮服务员	11
医生	86	经济业务人员	64	司机	25	保姆、计时工	6

社会网络变量	平均值/百分比	标准差	最大值	最小值	样本数
网络规模（拜年人数）	28.46	27.89	300	1	4614
网顶（最高声望）	75.78	22.93	95	6	4521
网差（职业个数）	6.31	4.43	20	1	4521
与领导层纽带关系	61.00		1	0	4521
与经理层纽带关系	45.00		1	0	4521
与知识层纽带关系	55.70		1	0	4521

因子分析结果	因子负载系数	因子值	
网顶	0.816	均值	0
网差	0.866	标准差	1.00
与知识层纽带关系	0.762	最大值	2.99
与领导层纽带关系	0.628	最小值	-2.05
网络规模	0.562	样本数	4521
与经理层纽带关系	0.554	解释度（%）	50.23

　　1999 年的五市调查在春节以后进行。在问卷中询问被访问者，春节期

间有拜年交往的亲属、朋友、相识的人数，并在 20 个职业的清单上，请他们回答，这些人是否来自 20 个职业中的任何一个。这 20 个职业的选择，考虑了不同职业类别的代表性和职业声望的差异。几个变量的取值情况如下：网络规模是拜年人数，平均 28.46 人，标准差为 27.89，最小的拜年网为 1 人，最大的为 300 人。网顶是由最高的职业声望来表示的，平均 75.78 分，标准差为 22.93，95% 的被访问的网顶在 30—90 分，差异是很大的。网差的测量是拜年人来自多少个职业，最高为 20，最低为 1，样本的平均值为 6.31 个，标准差为 4.43，表明网差的差异是相当大的。最后，网络构成的变量考虑了三种关系纽带是否存在：与领导层的纽带关系（61%），与经理层的纽带关系（45%），与知识层的纽带关系（55.70%）。

如表 10-1 因子分析所示，这几个方面是相关的，但对社会资本因子的贡献是有差异的：网差的贡献最大（因子负载为 0.866），其余为网顶（0.816），与知识层纽带关系（0.762），与领导层纽带关系（0.628），网络规模（0.562），与经理层纽带关系（0.554）。这一结果预示，网差可能是最好的单项社会资本指标。虽然网络规模往往使网差增大（联系的人越多，联系面越宽），但不是必然的，因为有些人的网络关系可能集中在少数职业上。无论如何，网络规模相对于其他网络特征，是社会资本相对最差的单项指标。总之，社会资本因子是社会资本总量的指标，是一个标准分变量，均值为 0，标准差为 1.00，最低和最高的差距是 5，差异是很大的。

二　解释社会资本的变异性

表 10-2 的数据，是将社会资本各项作为因变量，将阶级阶层地位、职业交往活动作为自变量，将城市和户口性质作为控制变量的回归系数。前四个因变量是对数形式，后三个因变量是二维选择变量，所以回归系数的反对数作增长百分比之解。在此着重解释有关阶级阶层地位和职业交往活动各项的系数。

阶级阶层地位的八个类别是按照产权、管理权、专业技能三个标准交叉划分的。在回归分析时将无产权、无管理权、无专业技能的"非技术工人"作为参照组，而将其他的类别作为虚拟变量（又称哑变量，dummy variables）。结果显示，行政领导层、经理层和专业技术层的社会资本量高于非技术工人 15% 以上，其次是职员层和技术工人层，最低的是雇主层、自雇层和非技术工人。网络规模、网顶、网差和网络构成的回归结果类似。结果表明，阶级阶层地位影响社会资本量，支持假设 1。

表 10-2　社会资本和社会网络回归方程分析结果

变量	社会资本（对数）	网络规模（对数）	网顶（对数）	网差（对数）	与领导层纽带关系	与经理层纽带关系	与知识层纽带关系
	B	B	B	B	Exp（B）	Exp（B）	Exp（B）
阶级阶层地位							
行政领导层	0.17***	0.21***	0.23***	0.21***	2.85***	1.36*	2.14***
经理层	0.15***	0.17***	0.18***	0.18***	2.18***	1.72***	1.89***
专业技术层	0.18***	0.24***	0.21***	0.28***	1.59***	1.48***	3.48***
职员层	0.11***	0.10	0.15***	0.14***	1.60***	1.31*	1.52***
技术工人层	0.06***	0.07	0.08***	0.05	1.22*	1.16	1.33**
雇主层	0.04	0.30*	-0.02	0.09	1.05	0.96	1.17
自雇层	0.00	0.08	0.01	-0.06	1.08	0.89	0.93
职业活动交往							
科层关联度	0.09***	0.18***	0.08***	0.17***	1.41***	1.42***	1.43***
市场关联度	0.05***	0.08***	0.03***	0.12***	1.23***	1.30***	1.24***
城市							
厦门	0.15***	0.49***	0.16***	0.33***	1.17	1.54***	1.75***
广州	0.14***	0.49***	0.14***	0.39***	1.19	1.18	1.63***
上海	0.01	0.03	0.05*	0.05	0.57***	1.27*	1.17
天津	-0.05**	0.05	0.00	-0.14***	0.48***	1.30*	0.75**
本市常住户口	0.11***	0.14***	0.14***	0.18***	1.51***	2.08***	1.62***
常数	0.83***	2.53***	3.96***	1.21***	1.04	0.29***	0.50***
调整后的已解方差（R²）	0.214	0.129	0.128	0.195	0.112#	0.085#	0.122#
样本数	4452	4542	4452	4452	4452	4452	4452

注：双尾检验统计显著度：*$p<0.05$，**$p<0.01$，***$p<0.001$；#：Cox/Snell 系数。

为什么行政领导层、经理层、专业技术层的社会资本高于其他阶级阶层呢？回归结果显示，是由于他们有相对优势的社会网络。以行政领导层为例，他们的网络规模是非技术工人的 1.23 倍，网顶是 1.26 倍，网差是 1.23 倍，而他们与资源优势较高的领导层、经理层和知识层的纽带关系，是非技术工人的 1.36—2.85 倍。反过来，缺乏网络优势是雇主层、自雇层社会资本不高的原因。以雇主层为例，虽然他们的网络规模是非技术工人的 1.35 倍，但是，他们的网顶低、网差小，最重要的，他们缺乏与领导层、经理层、知识层的纽带联系。

从常识来看，雇主层在经济活动中与上述这些阶层的联系是存在的，很可能是广泛的，那么，为什么这些联系没有反映在拜年网中呢？这正是拜年网作为社会资本量器的妙处之所在。前文理论框架中曾指出，不是所有的社会关系都产生社会资本，只有稳定的、私人领域中有情感和行为投入的关系才会产生社会资本。从这一点看去，雇主层与领导层、经理层、知识层的联系很可能是实时性的、交易性的，随时可做了断的，所以，互相不在核心网络中，无须互相拜年。

现在解释职业交往两个变量的回归结果。第一个变量是科层关联度，根据被访者在工作中与上级、下级、平级同事、上级部门、下级部门、同系统的其他企业的交往频率计算而来，是一个从低交往频率到高交往频率的连续变量。结果表明，如果被访者的科层关联度高，则社会资本量也较高，拜年网网络规模较大，网顶较高，网差较大，与领导层、经理层和知识层的纽带联系也较多。第二个变量是市场关联度，根据被访者在本职工作中与顾客、客户、服务对象等人际交往频率计算而来，也是一个连续变量。结果表明，如被访者的工作有较高的市场关联度，则有较高的社会资本量和较强的网络优势。这些结果支持了假设 2。

此外，控制变量也显示了有意义的结果。本市常住户口居民较外来人口占有社会资本和社会网络优势。这说明社会网络的形成和社会资本的积累，需要时间和家庭背景，而外来人口在这些方面有明显的劣势。城市之间，市场化程度越高，经济的不确定性就越高，市场失范使人们复归传统，求助社会网络的支持，因此社会资本的使用价值上升。这也许是转型经济的特征。

三　社会资本对主客观社会经济地位的作用

表 10-3 显示了四个模型的回归分析结果。模型Ⅰ、Ⅱ是对个人和家庭收入的回归分析。在控制了阶级阶层地位、职业交往以及其他变量之后，社会资本变量的影响是正向的，并且统计显著。由于社会资本是一个标准分变量，所以，被访者的社会资本每增高一个标准分（即一个标准偏差单位），

则个人收入提高 8%（$e^{0.08}-1$），家庭收入提高 15%（$e^{0.14}-1$）。设定甲乙二人，有同等年资和其他特征，在同一单位从事同一性质的工作，但由于甲比乙的社会资本多一个层次（标准分），则甲的个人和家庭收入比乙分别高 8% 和 15%。这是非常大的差别，是对甲的社会资本的经济回报。这些结果支持假设 3。

　　进一步分析表明，社会网络的某些特征影响收入，而其他特征影响不大。首先，网络规模和网顶的影响不大，但是网差的影响是存在的。虽然 0.02 和 0.03 的系数似乎是一个很小的量，但事实上表明，在春节拜年网中的亲朋好友，每增加一个职业，被访者的个人收入就增加 2%，家庭收入就增加 3%。换言之，如果甲的关系网络涉及 10 个职业，而乙的关系网络只涉及 2 个职业，则甲的个人收入比乙增加 16%，家庭收入增加 24%。另外，与领导层的纽带关系对个人和家庭收入的提升作用也是相当大的（分别为 14% 和 13%），预示着这种纽带关系的经济含义。令人不解的是，与经理层、知识层的纽带关系，对个人收入和家庭收入的影响是不一致的，有待进一步研究。另外，当模型加入互动变量检验假设 3A、假设 3B 时，发现大部分互动变量都不显著，个别的显著互动变量与假设的方向相反。这些分析结果也有待进一步确证。

表 10-3　社会资本对主客观社会经济地位的影响：回归方程分析结果

模型与因变量	分别进入模型的社会资本、社会网络自变量						
	社会资本	网络规模	网顶	网差	与领导纽带关系	与经理纽带关系	与知识纽带关系
模型Ⅰ：个人收入							
B	0.08***	0.00	0.00	0.02***	0.13***	0.05	0.06
R^2	0.23	0.22	0.23	0.23	0.23	0.22	0.22
样本数	4127	4201	4127	4127	4127	4127	4127
模型Ⅱ：家庭收入							
B	0.14***	0.00	0.00	0.03***	0.12***	0.16***	0.14***
R^2	0.23	0.22	0.23	0.23	0.22	0.22	0.22
样本数	4135	4209	4135	4135	4135	4135	4135
模型Ⅲ：家庭收入水平评估							
B	0.12***	0.00	0.00	0.02***	0.10***	0.15***	0.14***
R^2	0.15	0.14	0.14	0.14	0.13	0.14	0.14

续表

模型与因变量	分别进入模型的社会资本、社会网络自变量						
	社会资本	网络规模	网顶	网差	与领导纽带关系	与经理纽带关系	与知识纽带关系
样本数	4216	4291	4216	4216	4216	4216	4216
模型Ⅳ：家庭社会经济地位							
B	0.14 ***	0.00	0.00	0.02 ***	0.11 ***	0.18 ***	0.16 ***
R^2	0.15	0.14	0.15	0.14	0.14	0.14	0.14
样本数	4208	4283	4208	4208	4208	4208	4208

注：双尾检验统计显著度，$*p<0.05$，$**p<0.01$，$***p<0.001$。每个模型中的其他解释变量和控制变量是：阶级阶层地位、职业活动交往、城市、本市常住户口、性别、年龄、年龄平方、教育、党员身份、经济部门、单位主管部门、单位规模。

模型Ⅲ、Ⅳ是对两项社会经济地位主观评估的回归分析：家庭生活水平相对地位的评估和家庭综合社会经济地位的评估。两项评估的测量均是：上层、中上层、中层、中下层、下层，为五点定序测量，仅作连续变量。结果表明，在其他条件一致的前提下，人们的社会资本越高，则对家庭生活水平和社会经济地位的自我评估就越高。同时，除了网络规模和网顶之外，其他的网络特征都对主观地位评估有提升作用。这表明社会资本是人们对家庭的社会经济地位评估的重要依据，支持了假设4。

第四节   结语

实证分析得出了支持理论模型及其假设的结果。第一，从五市调查中我们发现，人与人之间的社会网络和社会资本总量的差异是相当大的。第二，社会资本的差异，虽然可从不同的角度去探索，但是本章的研究发现人们从属的阶级阶层地位和从事的职业是两个重要的原因。阶级阶层地位限制了人们自由地拓展社会网络，积累社会资本；职业活动给予人们不同的机遇，在科层组织内部和外部与他人进行交往。阶级阶层优势，以及工作场域中的职业交往优势，将转化为社会网络和社会资本优势。第三，一经有了这种优势，它将给社会资本拥有者产生主客观的效应。客观上，社会资本将带来收入回报；主观上，社会资本将提高自我社会经济地位的评估。

有三项研究发现值得进一步提及和讨论。首先，社会资本的测量可简可繁。繁锁且较精确的方法是考虑这个概念的多维性，如五城市研究所示，从几方面测量个人或家庭的社会网络。许多调查研究不是专门探讨社会网络和社会资本问题的，可以从简测量社会资本。比较有效且可信的指标是网络差异，即询问被调查者的人际关系来自多少个职业。当然，问题可以是开放的，也可以采取本研究所用的职业类别，让被调查人选择。无论哪种方法，本研究证明，网络差异与社会资本总量指标有同等的解释力。这一点，未来的研究者可以进一步求证。

　　其次，研究证明，中国城市居民的社会资本质量是受阶级阶层地位和职业活动影响的。科层关联度和市场关联度对社会资本的提升作用说明，人们的社会网络是从职业活动的人际联系而来，但是为什么雇主层、自雇层的市场关联度没有转化成社会网络呢？可能的解释是：雇主层、自雇层与其他阶层的联系是交易性的、实时的，是一种非社会性的交往，很难转化为稳定的网络关系，转化为社会资本。这一观点，须进一步实证。

　　最后，虽然我们发现了社会资本对收入水平的提升作用，但是，这种提升作用在市场化程度不同的城市、在市场关联度不同的职业是相同的，与假设相悖。研究假设的逻辑是，社会资本对收入的提升作用，是由于工资和奖金的分配是以工作绩效为依据的，而与绩效挂钩的收入分配机制，只有在市场化程度高的地区和部门、在市场关联度高的职业岗位上，才能更有效地实行。五城市调查对这一假设的否定，应引起我们对分配机制与市场化关系的重新思考。

第十一章　餐饮网与关系社会资本[*]

在中国社会中，"关系"作为有助于互惠交往的人际联系，往往是通过聚餐——和他人一起吃饭——来维持和发展的。"酒肉朋友"是日常生活用语，表明中国人喜欢将那些经常相互请客吃饭的人视为朋友。本章将回顾介绍三种不同的有关"关系"性质研究的理论模型，其中每一种理论对于关系交往的基础、关系社会资本的产生和形式、关系社会资本积累和运作的策略，都有不同的解释。并且运用中国城市消费者的调查的有关数据来分析三种理论模型对于研究中国饮食社交所特有的实践意义。

第一节　关系研究三模型

一　关系：作为家庭情义伦理的社会延伸

这种理论认为，在中国，家庭既是社会结构的核心，也是社会关系产生和发展的源泉。这样，关系就被理解为家庭纽带和家庭情义关系的社会延伸。这一理论的支持者和富有影响力的学者包括：以中文为学术交流媒介的梁漱溟（［1949］2011），费孝通（［1948］2002），金耀基（1988）、King（1985），以英文为学术交流媒介的弗莱德（Fried，［1953］1969）和杨庆堃

---

*　本章译自"Guanxi Capital and Social Eating：Theoretical Models and Empirical Analyses"，收录于 *Social Capital：Theory and Research*（edited by Nan Lin，Karen Cook，and Ronald Burt，New York：Aldine de Gruyter，2001，pp. 275–295）。该版本由刘翠霞和林聚任翻译，发表于《开放时代》2004 年第 2 期，原题为《中国城市中的"关系"资本与饮食社交：理论模型与经验分析》。这里再次发表，作者做了校订和修改。

（Yang，1959）。

梁漱溟的基本观点是：每个人在出生时便注定了他与父母及其他家庭成员之间存在千丝万缕的复杂联系。他认为，在中国，这些关系在性质上是伦理性的，将情与义结合在一起。在家庭成员之间的互动中，情与义互为补充并相互促进，形成了一种和谐的家庭环境：否定对立，鼓励合作。接着梁先生又论述到，正是由于以个体利益为基础的群体生活从未成为中国社会组织的模式，所以，情与义的伦理关系才得以从家庭延伸到社会，成为中国文化的一大特色。因此，梁先生将中国文化与社会定位为"伦理本位"的。费孝通先生则强调，情义伦理关系是以自我为中心的：与自我中心越近的关系他人，与其情义关系越深，形成核心圈；核心圈以外的关系他人，与其情义关系较浅，而交往范围进一步拓宽，这种情义关系就越浅，其结构形态费先生称之为"差序格局"，即当代社会网络学者所谓"重叠交叉的个体中心网络"，英文是 overlapped egocentric networks。金耀基先生认为，尽管梁、费二先生的理论诞生于 20 世纪 40 年代，但其理论解释力仍然适用于战后香港、台湾以及大陆的中国人的行为模式。他指出，关系的存在超越了政治体制边界，不断塑造着华人社会生活和社会结构。

在上述理论论述中，关系建立的基础是家庭、亲属以及由家庭亲属延伸而来的社群。弗莱德通过研究 1949 年之前安徽省的一个县府，证实了家庭和亲属义务网的确延伸到了这一县府的经济、政治领域和社会组织当中，并形成了一个网络结构。另外，杨庆堃对中国革命后广东家庭的研究表明，农业合作化并没有给这种结构带来大的变化，正是因为那些民间的、非正式的家庭亲属义务形成的关系网络提供的社会支持机制，才使农户得以在经济过渡与困难时期生存下来。由于家庭的情义伦理从家庭和亲属延伸到了社群，林南（Lin，1989）将这样的社群称为"似家庭"（pseudo families）。

按照林南的观点，"似家庭"关系是指亲密的朋友关系。然而，这些关系在传统社会和现代社会可能会以不同的方式而形成。在杨庆堃对村庄和弗莱德对县府的研究中可以发现，亲密的社会和经济关系是被严格地限定在家庭之中的，而所谓的似家庭关系只不过是扩大家庭边界的社会延伸而已。在更广阔复杂的城市社会中，这类关系则是从各种各样的社会关系中发展而来的，比如同学、舍友、战友、邻居、工友、商业伙伴、互惠主顾关系等。尽管频繁的互动与相互的交换是形成亲密性社会关系的客观条件，但似家庭关系形成的关键却是亲密朋友对这种关系的主观认定。有一个非常普遍的现象就是，人们常常互称兄弟姐妹，孩子们常常称他们父母的朋友为叔叔阿姨，这样，在非正式交往中，似家庭关系就成为常规的或常态的社会关系了。

从梁漱溟和费孝通到弗莱德和杨庆堃，没有一位研究者使用过"关系资本"或"关系社会资本"一词。然而，他们的观点中都暗含着这样的意义：个体从关系网络中动员社会资源的能力，表现在自己因对家庭及似家庭履行道德和伦理义务而赢得了社会声望。无论在大众话语还是学术话语中，这种声望常被称为"面子"（King，1985；1994）。例如，杨庆堃对村庄和弗莱德对县府的研究中发现，那些履行了似家庭义务的人往往赢得村民或邻居的尊重，也就是村民或邻居给这样的人很大的面子。当人们必须依赖公众的支持才能在公共场合履行自己的职责时，村民和邻居给面子是很重要的。另外，当人们为了家庭或似家庭利益而需要从邻居和村民中动用有形资源时，比如临时工的雇佣贷款、捐赠等，这种面子同样也很重要。这种"面子经营术"（face-work）曾是戈夫曼日常生活社会学的重要理论基础（Goffman，1955），根据杨美慧（Yang，1994）的研究，在20世纪80年代的中国城市商业圈中，面子得到了广泛运用。在这个意义上可以说，有面子就意味着有关系社会资本，或者说富有从关系网络中动员社会资源的能力，而没面子则意味着缺乏关系社会资本，即缺乏通过关系网络动员资源的能力。因此，在中国这个特定的关系文化背景中，面子的经营过程基本上就是关系社会资本的积累和动员过程。

面子是关系性的，它依赖于个人关系网络中的其他成员对自己的评价。在差序格局理论中，费先生指出，面子是建立在施受双方之间的情感和亲密性基础上的。根据费先生的观点，面子在很大程度上来自亲密关系的社会圈，而很少从圈外获得。因此，人人都要经营的面子，实际上就是将家庭的情义准则运用于更广泛的圈子中，以生产和维持良好的社会关系。梁漱溟先生以为，由家庭情义延伸而成的关系网，反映了中国社会结构的非阶层化的本质特征。在这样的社会结构中生活，理性人必然将家庭情义关系准则尽可能落实和延伸到周围的许多人中。

上述解析可以总结为四个判断。第一，关系是通过家庭情义伦理的延伸而形成的，而发展家庭和似家庭关系是中国人社会交往的主导机制。第二，关系社会资本源于个人向其社会关系人履行家庭和似家庭的情感和义务，其表现和存在形式是社会声望。第三，关系社会资本可以从面子的角度加以理解：如果一个人与其关系人不但感情深厚，而且义务感强，那么，自己就能够从他人那里赢得面子，获得所期待的社会资源。第四，关系是资本的积累，其策略是将家庭情义关系准则延伸到所有社会关系之中。

二　关系：作为特殊主义工具性纽带的交换网络

与早期关系研究者不同，研究当代中国城市社会的学者们认为，关系是指特殊主义工具性纽带的交换网络（Jacobs，1979；Chiao，1982；Walder，1986；Hwang，1987；Yang，1994）。这个表述中的"特殊主义"和"工具性"都是社会学的概念，出自帕森斯的现代化理论：前者是说属于家庭、亲属、族群的首属关系，是私人性质的、情感导向的，与利益和利害无涉；而后者说的是工作职场、商品市场、公共领域的次属关系，是非私人性质的，本质上是利益关系、利害关系，所以是目的性或工具性导向的。在帕森斯的现代化理论中，特殊主义和工具性本来是一对矛盾对立的概念：特殊主义与情感性相关联、与工具性相冲突，而普遍主义与工具性相关联、与情感性相冲突。但是魏昂德（Walder）等人对中国的研究发现，特殊主义与工具性在中国是结合一起的，用这对矛盾统一的概念解释中国关系的特征。我们抛开这个概括是合乎符合逻辑、是否真实反映了中国关系的本质的问题，来看它的含义所指，发现这一观点并不排斥"关系是家庭情义关系的社会延伸"的思想，因为它将关系的特征解释为特殊主义的，只是强调了工具性后果，强调特殊主义的关系推动着互惠交换的发生。就是在这一点上，这一理论观点转换了视角，因为它着重强调工具性的作用、效能、后果，没有这些工具性，就没有了关系。所以，这一观点对中国社会关系建立的基础、关系社会资本的源泉、关系社会资本的积聚和运作策略，与第一观点相比，都有一整套不同的理论含义。

当把关系视为特殊主义工具性纽带时，关系建立的基础就不再局限于家庭和似家庭，而是扩展到了更加广阔的社会与职业联系中。魏昂德发现，在计划经济时期的中国，有三种特殊主义的工具性关系塑造着人们的职业生涯。第一种是计划制定者与厂商领导者之间的工具性关系。在国家软预算约束下（Kornai，1986），所有的厂商领导者都要从计划制定者中获取经济资源，但那些与政府官员建立了特殊主义关系的厂商领导者更易于从政府中获取资源。第二种工具性关系存在于车间内的党政领导和积极分子之间。在庇护委托制的政治文化中，一个人向上流动的最佳策略就是向党政领导显示个人的政治忠诚，因为正是这些党政官员为个人提供着职业流动的机会。第三种工具性关系是监督者和劳动者之间的关系。在这一关系中，普通工人从监督者那里获得有利的工作安排、绩效评价以及工资和奖金，而监督者则通过追随他们的工人形成了稳定的庇护和被庇护网络，日复一日地操纵着生产。魏昂德指出，上述这些工具性的关系都是基于上级和下级之间发展了特殊主义的情感和义务关系，是关系在计划经济时期的存在形式，所以被称为特殊主义的工具性纽带，承担着交换网络的功能。

在特殊主义工具性纽带的交换网络中，关系资本的根本源泉在于个人声望，即为关系网络成员提供恩惠的承诺、能力、效果。换句话说，这些关系的游戏规则就是互惠性。杨美惠（Yang，1994）观察到，在1978年的中国，欠人情与还人情成为社会关系的强力联结力量。黄光国（Hwang，1987）认为，在中国社会，互惠性是面子的基础，因为与其说面子建立在情感关系的密切度基础之上，还不如说是建立在互惠交换的各群体之间的相互信任和忠诚的基础之上。这一点也被用来解释在中国（Bian，1997；1999）和新加坡（Bian & Ang，1997）强关系在寻求工作时的作用。

因此，将关系定义为特殊主义工具性纽带的交换网络，我们关于关系及其社会意义的实证研究，已从家庭情义关系的社会延伸，转化到互惠交换规则究竟如何创造各种关系社会资本的新的学术方向上来了。就是从这个意义上，我们将特殊主义工具性纽带的观点独立出来，成为理论模型之一。

三　关系：作为非对称性交易的社会交换网络

1998年林南（Lin，1998a）提出了他对关系的批判性解释，并针对关系网络的性质和运作机制，提出了一个全新的概念模型。林南意识到，先前的中国学者或强调关系的情感基础，或强调对关系的工具性使用。而他认为，当把关系置于非对称性的社会交换网络的广阔背景中解释时，这两种不同的视角均可被纳入关系的典型特点之中。

林南将对称性的经济交换与非对称性的社会交换区分了开来。经济交换集中关注有价资源的短期交易及参与交易的各方资源的相对得与失。相反，社会交换则关注长期性的关系维持，可交换性资源嵌入在这样的关系之中。在社会交换中，资源的交换是非对称性的，因为资源是从施恩者流向受惠者，即使社会网络中的资源只是通向其他关系的入口也同样如此；在这样的情景下，施恩者其实是扮演着网络桥梁的角色。但是，在非对称性的社会交换中，施恩者也会受益，因为别人会意识到他拥有丰富的资源，这种意识将在网络中扩散和传播，提高了施恩者的声望，增加了施恩者的面子，有助于施恩者保持和加强其网络中心地位。换句话说，提高网络中心性，就是施恩者的利益获得。

林南将关系视为社会交换的一种类型，认为"工具性使用"和"寻求恩惠"是关系网络的两个特征。然而，他又指出，"重要的是关系需要被重视和保持，而不是交易的恩惠本身的价值要被重视和保持"，因此，"工具性行动变成了手段，而关系的构建则成为目的"。正是在这一意义上，我们说林南也强调关系的情感基础[①]。

在林南的概念操作化中，关系的交往基础变得非常宽泛，包括各种各样的亲属关系和非亲属关系。关系社会资本的关键源泉既不是因对家庭或似家庭履行道德义务而获得的声誉，也不是在互惠交往中获取的遵守承诺的声誉，因为社会交换中的资源交换毕竟是非对称性的。恰恰相反，在他的理论中，关系社会资本存在于个人的这种声望中：当事人必须成为慷慨的施恩者和提供关系资源的网络桥梁。这样，面子——社会资本的中国版本——就可以重新解释为：给面子就意味着关系的借出，而面子的接受就意味着关系的获得。可以预想，施恩是维持个人关系网络、积累和增强个人关系社会资本的最佳战略。表 11-1 列出了上述三种模型的要点及对应的饮食社交的定义及推论。

表 11-1　关系模型和饮食社交的含义

关系意涵	模型一	模型二	模型三
关系的定义	家庭情义的社会延伸	特殊主义工具性纽带	非对称性社会交换关系
关系的基础	家庭、亲属、亲密社群	家庭、亲属、亲密社群、职场中的同事和上下级	各种各样的亲属和非亲属关系
关系社会资本的源泉	对家庭和似家庭履行道德义务的声望	遵守提供和回报恩惠之承诺的声望	成为资源纽带的网络桥梁的声望
关系社会资本的基础	建立在情感和亲密性基础上的面子	建立在相互信任和忠诚基础上的面子	建立在重复性的非对称性交换基础上的面子

[①]　林南老师在 2016—2017 年撰写了关系研究的新的手稿，明确地将情感作为关系的核心基础。他曾在若干次学术讲座和演讲中发表了这一观点，也曾与我分享他的手稿，就其新的立论和理论阐述征求我的意见。希望该手稿早日发表。边燕杰注，2020 年 11 月。

关系意涵	模型一	模型二	模型三
关系社会资本积累策略	扩展家庭的情义关系	培育包含各种利于互惠交换资源的关系	增强在更多关系网络中的中心地位
餐饮行为推论			
谁来邀请	家庭成员和似家庭成员	具有多样性关系资源的亲友及其他稳定关系	具有多样性关系网络的亲友及其他任何关系
行为目标	主要是情感性的	主要是工具性的	兼具情感性和工具性的
费用支付	任何一方食友付账	工具性的：寻惠者付账 情感性的：食友们分摊	主要是寻惠者付账，施恩者也可能付账

第二节 饮食社交的理论分析

众所周知，在中国人的关系网络中，请客吃饭（banquets）是很流行的，它通常被视为重要的社交形式（Yang，1994）。在美国，banquets 通常是指一个相当大的正式的聚会，或在一个正式场合的高雅盛会（婚礼、退休会等）。而在中国社会，笔者借鉴杨美慧的理论，使用 banquets（请客吃饭）这个术语去涵盖更广范围内的亲戚、朋友与熟人间的饮食社交性的聚会。

在关系主义社会中，当一个人收到与其有关系的主人的邀请参加宴会时，被邀请者就会被看作有面子。如果这个人拒绝了邀请，主人便会感觉没有面子。而如果被邀者接受了邀请，参加了宴会，这就被解释为很给主人面子（Yan，1996）。这样的面子作用机制意味着，请客吃饭是有意为之的交往过程，它涉及关系网络的运作策略。在中国，许多请客吃饭看上去并不十分正式，往往是自发的。但是，这些聚会又包含着一定的规则：谁邀请？谁付账？就餐过程中谁提出谈论的话题？实际上也有约定俗成的文化理解，甚至是广泛的共识。从上述三种"关系"的理论模型中，可以得出关于关系网络运作过程的什么启示呢？根据模型一，关系是家庭情义向外延伸而成的网络。当一个人投入时间和精力向外扩展家庭的情义关系时，关系社会资本便积聚起来。这种模型说明在参加请客吃饭的关系网中，家庭关系和似家庭关系比其他关系具有更高的代表性。此外，在家庭和亲属圈内，主人设宴往往是为了表达其对亲人的家庭情感和联络感情。而亲戚们在出席宴会时也被期望在精神上有同样的表达诉求。在非正式和自发场合下，餐饮费用并不分摊，而只由主人付账。大家抢着付账是常见的。但是，如果费用真的由参与宴会的亲属们分摊，家庭情感就会遭到破坏。如果关系仅被解释为家庭关系或似家庭关系，那么，饮食社交的目的更多的是情感表达性的，而非工具性的，而且餐饮费用也被期望由主人来付，而非客人分摊。

　　模型二对饮食社交方式的含义不同于模型一。按照这一模型，关系是指特殊主义工具性关系的交换网络。首先这种观点表明，互惠性是关系网运作的指导原则。这就意味着，一个人如果要通过饮食社交积累关系社会资本，该人就需要与那些相关的、有丰富资源的人打交道，积极与他们交往。在这种情形下，餐饮社交就会被用于表示、促使、完成互惠交换的过程。总的说来，这一理论并没有对聚餐者关系网络的交往基础提出任何假设，而是指出了一种趋势，即饮食社交在拥有许多不同种交换资源的人之间更常发生，而在交换资源少的人之间发生的机会则较小。其次，饮食社交被认为更多的是工具性的，而非情感表达性的。最后，寻求恩惠者被期望埋单付账，而一旦饮食社交的确以感情表达为目的，而非工具性目的，费用在餐者之间分摊，则是可以理解的。模型三将关系视为一种非对称性交易的社会交换网络。这一模型假定关系的建立在中国社会是常见的现象。寻求恩惠与授予恩惠都是以关系建构为目的的，尽管有各种各样不同的交换方式，寻惠者与施恩者双方都会从每次交换中获益。这一模型的饮食社交含义如下：第一，自由选择的客人来自各种各样的关系，尤其是来自那些关系网络的多样性程度较高的人，因为关系网多样性程度越高，充当关系网桥梁的潜力就越大。第二，既然关系建立的目标在于通过寻求与授予恩惠维持社会关系，那么，任何饮食社交的目的都会是工具性与情感性的混合。这样就可以看出，模型三并不是要指出在饮食社交中哪种目的占主导地位。第三，按照这一假定，关系运作本身是非对称性的，所以寻惠者往往为社交餐饮付费。然而，模型三所假定的关系的基础也暗示着，施恩者也可埋单。这两种可能性的结合，表明社交餐饮是由寻惠者或施恩者共同主办的一场宴会。

第三节　饮食社交的初步实证分析

　　本节使用的数据来源于 1998 年和 1999 年在中国几个城市当中进行的一

项关于消费者的调查研究课题。在一年多的时间里，此研究课题共收集了四类数据。在这一部分中将分析前两类的部分数据。在第一类数据中，有 401 户家庭参与了这一调查，数据的收集也集中于 2 月春节（农历新年）期间的社会关系网。第二类数据是在 5 月收集的，有 351 户家庭是原来的，继续保留在调查之中，此外，又新加了 5 户家庭。在每次调查中，数据都是通过面对面的访问交流，以结构式问卷的形式收集而来的。此外，还保留了户主、配偶及其他家庭成员写的日记，这些日记记录了家庭一周的消费状况和关系网活动情况。在这里，笔者的分析却仅限于户主，他们是问卷调查的主要对象。为了方便陈述，下文将主要调查对象称为"我"；而将其食友，无论是一个还是多个，都称为"他者"。

一　对于请客吃饭的社会观念

首先，需要弄清楚调查对象"我"是如何认识和理解请客吃饭的。从表 11-2 的第一部分可以看出，75% 的调查对象同意，请客吃饭并不仅仅是一起吃顿饭那么简单的事情，而是为人们提供一个良好的谈话交流的环境。同时，大多数人也同意请客吃饭对于维持社会关系是必需的（占 70%），但它并不是向帮助者提供回报的手段（占 68%）。这些倾向是否存在共议呢？

表 11-2 的第二部分给出了实证回答。这里将三种关于请客吃饭的社会观念做了群体差异检验，包括被访者的职业阶层、职业地位、单位类型、房屋所有权、收入等级。从方差分析（ANOVA）F 检验中获取了 p 值，其统计意义是，如果存在群体差异，则 p 值接近于 0；反之，只要 p 值大于 0.05，就表明没有统计意义上显著差别，即人口总体中的无相关假设（或称虚无假设）不能被证伪。表 11-2 显示，所有 p 值都大大超过 0.05 的临界值。这表明，中国城市居民对请客吃饭有着共同的价值观念，差异是随机的、个性化的。也就是说，在中国，请客吃饭是维持社会关系的场合。那么，究竟谁有更多机会参加餐饮社交呢？

表 11-2　请客吃饭的社会观念

观念类型	回答人数	同意（%）	不同意（%）	无回答（%）
一、请客吃饭并不仅是一起吃顿饭，而是提供良好的谈话交流的环境	326	75	11	14

续表

观念类型	回答人数	同意（%）	不同意（%）	无回答（%）
二、请客吃饭对于维持社会关系是必需的	326	70	14	17
三、请客吃饭不是一种意欲向帮助者提供回报的手段	313	68	13	13
方差分析 F 检验的 p 值	观念一	观念二	观念三	自由度
职业阶层（10 类）	0.947	0.200	0.697	9
职业地位（11 类）	0.370	0.908	0.942	10
单位类型（9 类）	0.524	0.809	0.255	8
房屋所有权（3 类）	0.294	0.785	0.201	2
收入等级（16 类）	0.613	0.340	0.771	15

二 核心关系网与餐饮网

饮食社交更可能在家庭或似家庭关系中发生吗（模型一）？还是超越了家庭和似家庭的关系网络圈子而经常发生在特殊主义的工具性关系网之中（模型二）？抑或更经常地发生在那些有着比家庭关系和似家庭关系更为多样化的关系网中（模型三）？要分析这些问题，我们需要一个参照系：一个人的核心关系网。这样的关系网构成了一定的网络结构，制约着餐饮网的形成和使用。

我们都知道，无论在华人社会还是非华人社会，人们的社会关系网都是多维的，而且是动态的、不断发展的、界限开放的（梁漱溟，1949；King，1985，1994）。这就使我们通过定名法（Ruan et al.，1997）和定位法（Lin，1999）精确地测量个人中心网，变得十分困难。如前一章所述，办法是用春节拜年网来测定一个人的个人中心网络，有两个原因：第一，春节期间，人们的关系社交十分活跃；第二，可以测定拜年者的数量和关系类型。这一任务在 1998 年第一次城市消费者调查项目中得以完成。

调查记录限定在除夕之夜和春节的前 5 天，即假日期间，发生在 2 月，有 23 户家庭在这 6 天春节假期内完全不在家过，剩下的 378 户共计有 7436 名拜访者上门拜年，平均每户有 20 位拜年者。就我的分析，这些拜访者构成了我的调查对象的个人中心关系网。餐饮网的数据则来自第 2 次入户、在 5 月黄金周期间的调查。尽管其中早餐也有记录，但着重考察午餐、晚餐、夜宵三个餐饮事件，因为饮食社交主要集中在这些范围内。表 11-3 给出了拜年网构成与餐饮网构成的比较，其构成指标包括关系类型、阶层构成、结构特征多样性。

表 11-3　拜年网与餐饮网的构成

变量	拜年网[a]（1）	餐饮网（2）	（2）-（1）	理论假设
关系类型（%）				模型一
亲属关系	36	19	-17*	（2）>（1）
似亲属关系[b]	39	45	6*	（2）>（1）
非亲属关系[c]	25	36	11*	（2）<（1）
阶层构成[d]（%）				模型二
同阶层关系	52	60	8*	（2）<（1）
不同阶层关系	48	40	-8*	（2）>（1）
结构特征多样性[e]				模型三
关系类型的平均值[f]	4.89	5.86	0.97*	（2）>（1）
职业地位的平均值[g]	4.86	5.17	0.31*	（2）>（1）
单位类型的平均值[h]	3.26	3.68	0.42*	（2）>（1）

注：* 双端 t 检验，显著水平为 0.05。

[a] 这里是指 1998 年春节假期期间的拜访者，有 378 户家庭记录了总共 7436 名拜年者。

[b] 这些关系包括家庭、村民、同学、战友、教师、学生或熟人、邻居、朋友的客人。

[c] 这些关系包括工作同事的上级、下级、平级，还有客户和商业伙伴。

[d] 这里分为三个阶层体系，包括干部、专业技术人员和工人阶层。

[e] 这里是修正后的平均值，假定春节拜年活动与日常饮食活动具有同等发生的概率。

[f] 总共有 14 种不同的关系类型。

[g] 总共有 20 种不同的职业地位类型。

[h] 总共有 12 种不同的单位类型。

　　根据第一种模型，一个人的亲属关系和似家庭关系比其他关系更易参与饮食社交。这一假设部分地得到了下列数据的支持。尽管拜年网 39% 的关系是似亲属关系，但是餐饮网 45% 的关系是似亲属关系，高于拜年网，证明从模型一推导的假设。然而，餐饮网中亲属关系比重低于拜年网，而非亲属关系的比重高于餐饮网，与模型一的预测刚好相反。为此，基于模型一提出的研究假设，部分得到数据证明、部分得到数据证伪。

　　第二种模型表明，餐饮网可以为互惠交换动员资源。这一模型表明，餐饮网的关系资源比拜年网更为丰富。早期对于中国城市当中的分层研究

(Lin & Bian，1991；Walder，1992，1995；Bian，1994；Bian & Logan，1996；Zhou et al.，1996，1997）揭示了各职业阶层在诸如权力、声望、收入和再分配收益中拥有的资源差异很大，并且这种差异在日益增加。本节利用三大阶层分类（干部、专业人员、工人）来测量一个人从其餐饮网动员不同阶层资源的可能性高低。如果食友与"我"属于同一阶层，这一可能性就低，反之就高。数据显示，拜年网关系的48%来自不同阶层，而餐饮网的这一比例更低，仅40%。这一结果与模型二的推断恰好相反。这说明，餐饮网虽然确实具有跨阶层动员资源的功效（40%），但其维持同阶层的联系功能、在阶层内动员资源的功效（60%），更为突出。

　　表11-3关于结构特征多样性的数据结果全面支持模型三的推断。第一，餐饮网关系类型多样性高于拜年网；在14种关系类型中，餐饮网的均值（5.86）大于拜年网（4.89），t检验显著。第二，餐饮网的职业地位多样性也大于拜年网；在20种职业地位类型中，餐饮网的均值是5.17，而拜年网是4.86，通过了t检验，是显著差异。第三，餐饮网的单位类型多样性也显著高于拜年网；在12种单位类型中，餐饮网的均值是3.68，而拜年网则是3.26，也通过了t检验，属于显著差异。

　　餐饮网构成与拜年网构成的上述比较告诉我们，作为关系资源动员机制的餐饮网，比之作为个人核心关系网络的拜年网，似亲属关系比例和非亲属比例都较高，虽然这些关系大多数来自同阶层（60%），但却有相当比例来自不同的阶层（40%）。与此同时，一个重要的研究发现是，无论餐饮伙伴来自同一阶层还是不同阶层，他们的关系类型多样性、职业地位多样性、单位类型多样性，都显著高于拜年网。这说明，如果似亲属关系在餐饮网中的较高比例，证明了家庭关系伦理社会延伸的理论模型（模型一）在改革开放时期具有持续作用的话，那么，餐饮网的结构特征多样性普遍高于拜年网的研究发现，证明了关系作为非对称社会交往的理论模型（模型三）在改革开放时期发挥着至关重要的作用。下文的数据分析继续探讨这一初步结果。

三　就餐目的与付账方式

　　表11-4能够说明三种模型对饮食社交目的性和支付情况的解释。1998年就"五一"黄金周的数据收集了356个调查对象的午餐、晚餐、夜宵数量，总计5054次，其中19%是调查对象独自用餐，60%与家人共餐，21%

与他人进餐。最后一类用餐方式符合社交饮食特征，因此在表 11-4 中做了进一步的分析。

首先看付款方式。三种模型都认为，共同付账方式的发生概率远远小于某一食客单独付账的方式。数据支持了这一观点：53% 的饭局是由一位食客单独付账的，只有 20% 是共同付账。剩下的 27% 是通过"其他方式"（是预先已经设计好的答案）结算的。问卷中之所以选择"其他方式"这种表达，是为了避免人们自然而然但可能并不明智地将剩下的饭局归类为由单位付账，或由公款付账，这样会使调查对象觉得是在行贿，而有可能歪曲他们回答的可信性。我们的理论兴趣在于调查对象对前两种回答的选择。

表 11-4 一周饮食累积记录（N=356）

变量	%	理论假设		
		模型一	模型二	模型三
总餐数（N=5054）				
单独用餐	19			
与家人共同用餐	60			
与其他人一起用餐	21			
与其他人共餐（N=1086）				
一人单独付账	53	主导	主导	主导
食客共同付账	20			
其他付账方式	27			
为什么共餐？				
随便聊聊	63	主导		主导
有事要谈	28		主导	
其他目的	9			
随便聊聊（N=608）				
一人单独付账	45		较少	较多
食客共同付账	19		较多	较少
其他付账方式	37			
有事要谈（N=274）				
一人单独付账	85		较多	较多
食客共同付账	9		较少	较少
其他付账方式	6			

再看饭局的目的性。模型一和模型三认为，请客吃饭主要是为了表达情感，而非有工具性目标，但是模型二则恰好相反，认为请客吃饭虽有情感要素，但其真实目的是"有事要谈"，具有明确具体的工具性目的。数据为模型一和模型三提供了支持：在 1086 次饭局中，有 63% 仅仅是为了"随便聊聊"，而只有 28% 是"有事要谈"。这两种情形之内又是怎样的结果呢？

"随便聊聊"包括 608 个样本。基于长期交换、关系共赢的目标，模型三假设一人单独付款多于食客分别支付个人的消费份额，但是模型二却假设，如果饭局没有工具性目标，那么在互惠原则下，食客各自承担自己的账单将大大多于一人单独为大家付账，就像我们在西方社会看到的那种普遍情形一样。数据结果否定模型二，支持模型三："随便聊聊"情形下，总饭局的 45% 是由一人单独付账的，仅有 19% 的饭局是由双方各自支付自己的份额。

"有事要谈"的情形包括了 274 个样本。模型三的假设性质没有发生变化，虽然预测一人负责账单的比例将会增加；而模型二的假设是，"有事要谈"就是具有明确的请托人情的意图，是典型的工具性目标，所以请托人单独付账肯定是当事人的期待，虽然在极强关系的场合下也存在被请人单独付账的可能。数据结果支持假设二和假设：85% 的饭局是由一人单独付账的，食客共同付账只占 9%。

四　宴席角色分析

上述分析揭示了饮食社交中关系影响模式的一幅宏观图景。现在笔者将分析转移到个人层次，考察在餐饮社交过程中，关系网络特征对个人的影响。问题一：请客吃饭在多大程度上归结于个人的政治影响和经济能力？问题二：又在多大程度上归结于个人的关系网络优势与劣势？表 11-5 提供了实证答案。

表 11-5　关系网对请客吃饭频率所产生的影响的因子和回归分析

因子分析			回归分析：标准系数		
变量	因子负载	回归方程自变量	作为客人的频率	作为主人的频率	作为陪客的频率
		（1）			
		网络规模	-0.011	0.020	-0.006

续表

因子分析		回归方程自变量	回归分析：标准系数		
变量	因子负载		作为客人的频率	作为主人的频率	作为陪客的频率
亲属	0.736	（2）			
似亲属	0.871	关系类型	0.262***	0.189***	0.267***
非亲属	0.613				
关系多样性	0.902				
职业多样性	0.946	网络多样性	0.129***	0.120*	0.140**
单位多样性	0.927				
干部	0.818				
专业技术人员	0.852	阶层类型	0.103*	−0.078	−0.023
工人	0.762				
		（3）			
已解方差		党员身份	0.111**	0.074	0.114**
关系类型：58%		收入水平	0.355***	0.300***	0.384***
阶层类型：66%		常量	1.534***	2.925***	4.472***
网络多样性：86%		$R^2_{(1)}$	0.012	0.010	0.011
		$R^2_{(1+2)}$	0.240	0.109	0.202
		$R^2_{(1+2+3)}$	0.266	0.196	0.348
		N	332	335	331

注：双端显著水平检验：$*p<0.10$；$**p<0.01$；$***p<0.001$。

社交性质的饭局，食客分为三种身份：宴席客人、宴席主人、宴席陪同。最后一种角色往往是前两种角色的中间人，在中国俗称陪吃，即陪客人吃饭，在饭局中充当衬托和造势的角色，也发挥穿针引线的作用，特别是新的客人，陪吃者的这些作用必不可少。四市调查的335位被访者，分别扮演过三种不同的角色，所以表11-5分别对他们的三种角色出现频率做了回归分析。模型（3）结果表明，个人的经济实力（由收入测量）增加了其成为客人、主人和陪客的频率。此外，如果调查对象是中共党员（测量政治影响），扮演客人和陪客的频率很高，但很少成为主人。尽管我们可能会考虑到个体的其他属性（如性别、年龄、教育、干部或专业等级）的影响，但上述这些属性在最初的分析中检验不显著（未列出），因此它们被从表11-5中剔除了。如果将对个人请客吃饭活动情况的影响仅限定在收入和党员身份两方面，回归分析的结果就暗示着，社交性饭局在中国城市是一个经济能力和政治影响力同时发挥作用的社会性事件。

然而，请客吃饭同时也是一个社会关系运作的过程。笔者使用了四个关系网络变量作为预测请客吃饭活动的影响要素。其中，网络规模的大小由拜年网规模测量，但是模型（1）显示，网络规模在预测个人成为宴席客人、宴席主人、宴席陪客的概率方面价值不大，因为其他关系网络指标进入回归分析后，网络规模的影响接近于 0，在客人、主人、陪客等三个模型中都是如此，对于因变量仅仅削减了 0.1% 左右的误差（见表 11-5 的 $R^2_{(1)}$）。

表 11-5 的模型（2）显示了支持研究假设的结果。首先，关系类型是拜年网中的亲属、似亲属、非亲属关系等三个指标产生的一个公因子，表明被访者与三种关系类型发生交往的频繁程度。该因子的回归系数是正向而显著的，说明被访者与上述三种不同的关系类型的交往越频繁，越可能成为宴席客人、宴席主人、宴席陪客。表中有关因子负载的数据表明似亲属关系（0.871）最重要，随后是亲属关系（0.736）和非亲属关系（0.613）。这些研究结果部分地支持了关系是家庭亲情伦理的社会延伸的观点，请客吃饭更为经常地在似家庭关系中发生。

其次，网络多样性也大大提高了被访者成为宴席客人、宴席主人、宴席陪客的频率。正如关系类型因子一样，网络多样性也是一个因子，是从三种测量变量中提取出来的，即拜年网的关系多样性、职业多样性、单位多样性，其因子分析结果在表的左侧已列出。正向显著的回归系数表明，被访者的关系网异质性越高，越可能交往频繁地出现在社交餐饮的场合，无论是哪种角色。三种网络多样性测量所得的因子负载高而接近，这意味着关系多样性、职业多样性、单位多样性对于增加社交餐饮活动的机会，其作用基本上是持平的。这些研究结果支持了关系作为非对称性社会交换的观点：那些拥有较高关系网络异质性的人，更可能给予恩惠和接受恩惠，因而会比那些关系网络异质性较低的人更频繁地参与社交餐饮活动。

最后一个网络测量指标是阶层构成。阶层变量是由三个简单的二维变量通过因子分析产生的因子值，因子分析结果列在表的左侧。这三个二维变量是：被访者的拜年网中是否有人来自干部阶层（1 = 是，0 = 否）、是否有人来自专业技术阶层（1 = 是，0 = 否）、是否有人来自工人阶层（1 = 是，0 = 否），较高且接近的因子负载表明，三个变量之间存在高度相关性。这说明，被访者如果与干部阶层有拜年交往行为，则与其他两个阶层也有拜年交往行为；反之亦然。通过回归分析得知，阶层因子越高，越能提高被访者成为宴席客人的频率，但是不能提高成为宴席主人或宴席陪客的频率。成为宴席主人是有求于人，而成为宴席陪客是协助亲友求助于人，但是成为宴席客人则是其他人有求于我。当被访者的拜年网富有跨阶层边界的特性时，这些人往往是干部和专业技术人员，他们较为频繁地成为私人宴席的客人，其原因是可以想见的。

第四节　结语

四城市调查显示，中国城市居民对于请客吃饭已经形成了相当一致的社会观念。大多数调查对象认为请客吃饭是维持社会关系的一种方式。这种认识完全超越了调查对象的阶层、职业地位、职业类型、单位类型、房屋所有权和收入所决定的社会和经济界限。这些研究结果为分析中国城市中请客吃饭或饮食社交背景下关系网络运作的模式和过程提供了有效的经验依据。

当然，学者们对关系的定义各不相同。传统观点将关系视为家庭义务和情感延伸而成的网络。较新近的观点强调关系在促进互惠交换中的工具性。而最新进的前沿观点则用合成的方法将关系视为是由关系理性驱动的。这些观点都为关系交往的基础、关系社会资本的来源和形式以及关系社会资本积累的策略提供了不同的解释模型。尽管数据分析已经证明了这些模型对于饮食社交的内在意义，但仍有一些研究结果需要更多的更有力的解释。在本节中，笔者将重新审视其中的部分研究成果，力图在社会资本理论背景下探讨这些成果的理论和应用意义。

一　从关系网络到关系社会资本

Portes（1995）将社会资本定义为"个体利用其在关系网络或更广范围的社会结构中的成员资格获取稀缺资源的能力"（第12页）。这里涉及了一个从关系网络中动员资源的过程。林南（Lin，1998b）认为，这是一个两步的过程：第一步，个体接近嵌入于他们关系网中的社会资源，保持一种摄取能力。第二步，他们动员这些社会资源，将之转化为有利于目标实现的社会资本。如果说第一步受到许多关系网的限制，那么第二步则反映了一种理性选择：个人会在自己的关系网内外理性地决定与某些人更为频繁地交往接触。我们不禁接着要问，在一个关系主义的社会中，关系运作的两个步骤是如何相互关联的呢？我们的研究结果为回答这一问题提供了线索。

在中国，尽管关系网是多维的和动态的，但我们仍然可以将关系网巧妙地理解为通过关系而相互联系起来、在春节假期通常互相拜访而形成的网络。因而，我们通过春节拜年者来测量一个人的核心关系网。通过测量这些拜年者所属的关系类型、阶层类型、单位类型等获得了关系多样性的变量，从而分析个体核心网络中摄取和可能动员的资源多少。另外，社交餐饮又给了一定的机会和场合，维持和动员这些网络资源。人们选择性地与某些人更为频繁地聚餐，因为这些人不但富有似亲属关系的性质，也有跨阶层、跨结构边界的关系资源，而这些资源恰恰是人们通过社交餐饮可以动员的。

调查数据表明，亲属关系在拜年网中的比例较高（36%），但在餐饮网中的比例最低（19%）。这与关系是家庭情义延伸的传统观点是相互矛盾的。似亲属关系在餐饮网中的比例（45%）高于拜年网（39%），非亲属关系的比例也是餐饮网（36%）高于拜年网（25%），说明社交餐饮行为是在更宽泛的社会关系中寻求交友机会，而这正是特殊关系工具性关系理论所暗含的假设。与此同时，通过社交餐饮寻求扩宽交往面的重要机制是提高结构多样性，而这符合将关系看作非对称性社会交换的理论观点。数据结果显示，与拜年网的结构多样性相比较，餐饮网的三项相关指标都显著提升。

这些研究结果对于分析中国关系社会资本的动员有着重要意义。第一，关系资源更多地嵌入于似家庭关系和非亲属关系之中，从拜年网和餐饮网的构成比较上已经得到启示。第二，拥有较为丰厚资源的干部和专业技术人员在餐饮网中的出现频率较高，被请机会也较高，说明关系社会资本的本质是资源流动性，富有资源的阶层对于社交餐饮的参与度更高，无论阶层的分类是宽泛的还是更加精细的。关系资源如何穿越阶层界限而被有效动员起来，是个研究议题。第三，餐饮网比拜年网有着更高的异质性，这就暗示着网络桥梁的搭建和关系资源的转换关系社会资本的主要积累手段，这也是林南关于关系理性和非对称性社会交换的关系理论所预示的一个结论。

二　作为关系社会资本的面子

有两个研究成果看上去似乎令人迷惑不解。一方面，饮食社交是情感表达性取向的，比如饭局中的 63% 只为"随便聊聊"，而只有 28% 的是"有事要谈"。另一方面，又常常可能是某个人摆宴席款待，比如 53% 的饭局由一人单独付账，20% 是各自付账，而在"随便聊聊"的饭局中，一人单独付账也比食客共同付账普遍得多（45%：19%）。如从面子范畴分析，这些结果就容易理解多了。

在请客吃饭蔚然成风的社会情形下，如果一个人从关系网收到了预期的宴席邀请，就被认为有面子。因为这表明被邀请者得到了人际社会圈的承认，拥有动员关系资源的能力。另外，如果并未接到预期的宴席邀请，就会被视为丢面子。丢面子意味着个人维持和动员关系资源能力的欠缺。如果被邀请者接受了邀请参加了宴席，这就会是两种能力的象征：一是设宴者维持关系以及日后从被邀请者那里获取关系资源的能力；二是被邀请者维持和扩大关系网的能力，因为可借宴席机会发展新的潜在关系。因此，成为宴席主人、客人或陪客的频率，是在中国衡量关系社会资本的合理指标。

我们以个体为分析单位的回归分析表明，富人比穷人、有政治影响力比没有政治影响了的人，拥有更多的关系社会资本。虽然这些都是社会阶层研究者和社会关系网络研究者所能预料到的，但事情远非如此简单。本章表明，中国人的关系社会资本也受所在关系网中的位置的强烈影响。第一，要增加关系社会资本，必须要有各种各样的关系类型，包含亲属关系、似亲属关系、非亲属关系。第二，关系网的结构多样性也是非常重要的。尤其在中国，一个人不仅仅要拥有各种各样的关系类型，而且更重要的是能与各种各样不同职业、不同单位的人打交道。关系网规模的大小并不会自动增加关系社会资本，除非巨大的关系网中包含能够提供关系多样性和地位多样性的联系机制。

第十二章　餐饮网的中日韩比较[*]

　　餐饮聚会具有极强的社交功能，谓之社交餐饮。比之其他的社交形式，餐饮提供了一个充分交流的环境、一个情义交换的场合、一个实现某种意向的机缘。为此，通过社交餐饮，参与人一方面可以维持和加深已有的社会联系，发掘和运作社会资源；另一方面，又能结识新的相识和朋友，拓宽社会联系，增加新的社会资源。基于这两方面的原因，社交餐饮具有建构社会网络和动员社会资本的功能，社会学研究称之为社交餐饮网。依据东亚联合调查数据，本章比较社交餐饮网的情感性功能和工具性功能在中日韩三国之间的异同。

第一节　社交餐饮网研究的发展

　　社交餐饮网（Social Eating Networks）是中国本土化的社会网络测量工具，1998 年首次出现在中国城市消费者调查中。该调查询问受访居民外出餐饮的状况，发现"与他人聚餐"具有社会交往功能，包括情感性交往和工具性交往两个方面（边燕杰，2004；Bian & Ikeda，2014；Bian，2011）。基于这次调查而提出的社交餐饮网，测量了每周社交餐饮的发生频率以及参与者的关系类型、个人特征、餐饮角色，借此研究个体与网络成员间的关系强度，以及他们动员社会资源的能力。数据分析证明了社交餐饮网对于中国关系社会资本具有实证研究意义，并引发学者们研究餐饮网对于企业绩效、关系消费、收入增加、社会信任、政府信任等方面的正负效应。

---

　　*　本章原文曾发表于《学术研究》2015 年第 2 期，边燕杰、郭小弦合作发表。

自首次研究之后，社交餐饮网曾在中国的两次问卷调查中被再度测量。一次是 2009 年的 JSNET 调查，另一次是 2010 年中国西部十二个省份的 CSSC 调查。相较于其他更为成熟的社会网络测量方式（如讨论网、拜年网、求职网），餐饮网的测量稍显单薄。早期的调查仅测量了外出餐饮的频次，即使区分了"请客""被请""陪吃"的不同情况，仍然仅仅是餐饮的频次测量。2012 年东亚社会调查（EASS）项目对社交餐饮网做了新的探索，通过集体讨论发展了共同问卷，在中国、日本、韩国开展了包括餐饮网在内的东亚网络社会资本的研究①。这三个东亚国家都有其儒家文化传统，餐饮的社交功能一脉相承，但其现代化发展水平不一，因而成为比较研究的良好场所。

第二节　理论观点和研究假设

理论上，社交餐饮网具有情感性和工具性两大功能。情感性功能指的是，通过社交餐饮人们加强情感沟通、增进相互信任，从而提高幸福感；而工具性功能主要是指，通过社交餐饮人们结识新友，从而增强了跨阶层的资源整合能力和高层资源的获取能力。根据 EASS 数据，关于情感性功能，本研究集中探讨社交餐饮对于人们的信任水平和幸福感的提升作用；关于工具性功能，我们集中探讨社交餐饮对于阶层跨越、地位达高的推动作用。

一　发展水平与社交餐饮网的情感性功能

东亚三国的现代化发展是不平衡的，日本首先起飞，韩国随后，中国是三国中的后发国家。经济发展带来的现代化进程逐渐改变了社会关系模式，基于亲情的传统模式逐步式微，基于个人主义的关系模式日益强化。发展理论意味着，一个国家的经济发展水平越高，市场越完善，个人需求就越依靠市场得到满足。为此，经济越发达，社会网络的工具性功能越弱化；在发达经济体中生活，人们的社交网络是以情感性功能为主导的。这意味着，经济

---

① 国际社会联合研究项目（ISSP）在 2017 年的调查模块中使用了餐饮网题器，第一次在世界范围内收集多国、多地区的可比数据。这是中国关系研究成果的国际贡献，相关论文见 *International Journal of Sociology* 2020 年第 1 期。笔者加注，2020 年 11 月。

越发达，社交餐饮的情感性功能相对越强。

联合国开发计划署（UNDP）从 1990 年开始公布人类发展指数（Human Development Index，HDI），HDI 得分在 0（最低）和 1（最高）之间分布，用以衡量各国社会经济发展程度。在 2013 年公布的数据中，日本的 HDI 得分为 0.912，韩国为 0.909，中国为 0.699，所以按发展水平排序是日本、韩国、中国。三国社交餐饮情感性功能的相对强度也符合这个排序吗？情感性功能在三国之间又有哪些共有的方面呢？

社交餐饮是工具性功能和情感性功能的复合体（Hwang，1987）。情感性功能的本质是社会网络的维护和加强，其基础是互动行为，背后的含义是个体和整个社会的连接状况，互动行为越多的个体，和社会的连接状况就越好。人的社会属性需要个体和社会的融合，因而，一个人和社会的连接、融合状况越好，他会越倾向为一个积极的人。这里"积极"的特质主要体现在主观情感方面，包括对他人的信任状况、自我的主观感受等。

信任具有促进社会稳定、加强社会合作、巩固社会团结的功能。研究证明，发达的社团组织和大量的中间组织有利于信任的建立。处于发展中的东亚儒家社会，社团组织、自主的中间组织并不发达，人与人之间的联系更多地表现为以个体为中心的社会网络。关于信任水平的研究大多从社会资本的角度出发，证明了社团参与、政府绩效对信任水平的提升作用，有学者研究了社会网络在侵蚀信任水平上起到的负向作用。邹宇春等人的研究结果显示，餐饮网社会资本对居委会干部、警察等制度信任有降低作用（邹宇春、敖丹等，2012）。另一研究发现，饮食社交通过信息传播和目标达成两种方式降低政治信任水平（陈云松、边燕杰，2015）。虽然对政治信任具有负向作用，但社交餐饮对社会信任水平的作用还有待检验。

主观幸福感是人们对生活质量的自我评价。随着经济发展水平的上升，当物质条件进入小康社会、开始走向发达的时候，生活质量的自我评价，作为人民主观精神状态的重要指标，成为备受关注的多学科研究对象。关于主观幸福感的研究，学者们认为影响主观幸福感的因素在健康状况、经济发展水平之外，还包括婚姻关系、家庭背景、受教育程度、宗教信仰、工作状态、阶层分化等诸多社会学指标，当然，还有社会融合和群体归属（Bian & Zhang et al.，2014）。社会网络作为个体和社会连接的重要纽带，是实现群体归属和社会融合的重要方式与渠道。

根据发展理论和上述讨论，我们得到本章的第一个研究假设：

假设 1：社会的经济发展水平越高，社交餐饮网的情感性功能越
强，则越有利于提高普遍信任水平和主观幸福感，这种趋势的东亚三国
排序是日本、韩国、中国。

二　儒家文化与社交餐饮网的工具性功能

中、日、韩三国同属东亚地区，儒学曾是这些国家的主导文化和思想源
泉。最近一项关于世界价值观的调查，英格哈特（Ronald Inglehart）按照
"传统-理性价值观"和"生存-自我表达价值观"两个维度描绘了文化世界
地图，中、日、韩的地图位置接近，被归为"儒家文化圈"①，因为儒家文
化价值在这个圈内占据相对重要的地位。东亚三国在儒家文化强度上的得分
排序为"韩国、中国、日本"。

儒家文化价值体系的核心论点是伦理本位。所谓伦理本位，就是认为人
是一种关系的存在，从人与人之间的关系来定义和规范个人的利益、价值、
社会地位。为此，伦理本位的重要社会特征之一就是人们以关系决定自己的
行为和态度，其行为后果，就是梁漱溟所指出的，要有关系必有交换行为；
若没有交换行为，则一切关系无从发生，一切人伦也无从建立。

交换行为可以分为对称性的经济交换和非对称性的社会交换。经济交换
大多关注有价资源的短期交易，关注参与交换行为各方的相对得与失；而社
会交换的特点则是交换周期的长期性和具体交换的非对称性。儒家文化背景
下的交换行为往往是非对称的社会交换，这就需要行动者提早建立关系，并
在长期的交往过程中不断加固和维持这种关系。魏昂德把关系说成是"特殊
主义导向的工具性关系"（Walder，1986），这样的关系是蕴含情感色彩的，
不是赤裸裸的交换，没有情感基础是不能完成交换的，但只有情感没有工具
性的交换也不足以概括儒家文化背景下的社会关系。餐饮聚会就是社会生活
中建立和维持关系的一种良好渠道，因为它为行动者提供了充分交流的环
境，在一来二去的情义交换中，实现了工具性的目标。

从工具性目标的视角，社交餐饮是一种有意为之的活动，蕴藏着关系运
作的含义。无论请客方还是被请方，社交餐饮对于参与者而言是普遍互惠行

---

① 　资料来源于 www. worldvaluessurvey. org。

为，多次的、有来有往的社交餐饮更是重复互惠的过程。行动者通过参与社交餐饮、安排酒局、请客吃饭，个体可以为实现某一特定目的性行为构建网络并获取、动员其中的社会资源，或维持现有的社会资源。工具性的社交餐饮中亲属、朋友的比例相对较低，网络成员的稳定性低于其他的网络形式（如讨论网、拜年网），因而其蕴含的社会资源更有助于工具性目标的实现。

社交餐饮满足社会交换的非对称性和长期性两大特点。所以，人们并非仅仅是在具有确定性目标、需要动用资源时才设宴请客，而是通过设宴请客，或是参与他人设宴的餐饮场合建立和发展自己的网络，寻求并积累资源，以期在未来需要时可以从中获得资源，实现工具性的目的。通过社交餐饮形成的网络便成为个体可以动员的资源来源，该网络中的社会资源也成为可以被"借取"、可以拿来使用的社会资源。无论参与社交餐饮是维持现有的网络资源还是发展新的网络资源，无论是设宴邀请方还是受邀赴宴方，我们都有理由相信，这些经常参与社交餐饮的行动者具有较强的资源动员能力。

资源动员能力的具体体现是什么？我们使用跨阶层的资源整合能力和达高的资源获取能力两个方面进行测量。跨阶层的资源整合能力指通过参与社交餐饮行为，网络能够帮助行动者接触到来自不同阶层的社会成员，从而获取和整合来自不同地位的社会资源。这里不同阶层的社会成员，指的是已经进入日常接触网的成员，他们才是真正可以动员的社会资源。社交餐饮网并不测量具体的网络成员信息，它提供的只是发展个体社会网络、动员社会资源的渠道。我们通过行动者日常接触网的信息，计算跨阶层的资源整合状况和达高的资源获取状况。

地位差异大的网络可以克服地位资源的局限性、信息的重复性，提供更大的资源量（边燕杰、李煜，2000）。日常接触网，有的网络中包含的阶层类别多，则网络的多样性强，网络中的人从事不同的职业，处于不同的阶层位置，资源相异，影响所及互补。同时，在日常接触网中，网络的多样性一致不代表网络的达高性一致。社会网络的资源含量分布从高到低并非均质，越高地位的资源含量越高，因而，网络中的顶端代表了通过社会网络获取至高资源的能力。能够接触到处于更高职业地位的社会成员，意味着动员资源的能力越强；反之，日常接触中能接触到的最高职业地位的人地位越低，意味着动员资源的能力越弱。

如果儒家文化越深入的社会其社交餐饮的工具性功能越强，即通过结识新友以提高跨阶层的资源整合能力和地位达高能力，那么，我们得出本章的第二个研究假设：

假设2：儒家文化越深入的社会，社交餐饮网的工具性功能越强，人们通过餐饮网实现阶层跨越、地位达高的能力也就越强，这种趋势的东亚三国排序是韩国、中国、日本。

第三节　数据和方法

本章所用的数据来自EASS，其中包括中国样本5819个、日本样本2335个、韩国样本1396个，总计9550个。表12-1展示了主要变量和描述统计结果。

两大因变量的测量是通过问卷的若干指标得到的。情感性功能变量包括两个指标。一是普遍信任水平，由国际通用的问题"您在多大程度上信任陌生人？"生成，是一个四点测量。表12-1显示，虽然信任水平的国家分布差异很大（p值趋于0），但是总的信任水平的三国排序是中、日、韩。二是主观幸福感（"您感到幸福吗？"），为五点测量。同样，幸福感的国家分布差异很大（p值趋于0），但是总的幸福感（均值）是非常接近的。工具性功能变量也包括两个指标。一是跨阶层资源整合能力：被访者的社会交往在问卷给定的10个职业类别中越多①，阶层跨越能力越强，最低为1，最高为10。二是地位达高能力，上述10种职业按照地位声望排列，交往者的职位地位越高，达高能力就越高。表12-1显示，这两个指标的三国排序都是韩、日、中，差异检验也都是统计显著的。

社交餐饮的参与频率和通过社交餐饮结识新友的频率是本研究的主要自变量，如表12-1所示，这两个频率指标都是五点测量。社交餐饮的参与频率，中国最低，日本居中，韩国最高，国别之间的差异是统计显著的。但是，通过餐饮结交新友的频次，中国最高，韩国次之，日本最低。

---

①　10种职业分别是：大学教师、律师、护士、电脑程序员、中学教师、人事经理、农民、美发师、前台接待、警察。

被访者的性别、年龄、受教育年限、职业类别是模型分析中使用的控制变量，而三国之间的差异也是比较大的。中国样本的性别持平，平均年龄约49岁，而日本和韩国的女性多于男性，平均年龄超过50岁。平均受教育年限，日本接近13年，韩国接近11年，中国只有8.35年。由于是户内成人代表性抽样，许多被访者是未就业者，中国最多，韩国次之，日本最少。

表 12-1　各变量描述统计（括号里为卡方检验 *p* 值）

	中国（*N*=5819）	日本（*N*=2335）	韩国（*N*=1396）
因变量			
普遍信任水平（%）			
非常不信任	2.15	6.62	13.97
比较不信任	14.14	37.82	45.20
比较信任	68.72	51.24	37.11
非常信任	14.99	4.31	3.72
均值	2.97	2.53	2.31
主观幸福感（%）			
非常不幸福	1.55	1.12	2.29
比较不幸福	7.02	5.25	6.23
一般	15.66	31.54	28.94
比较幸福	59.05	42.73	38.75
非常幸福	16.72	19.36	23.78
均值	3.82	3.74	3.76
阶层跨越能力均值	3.26	3.28	3.52
地位达高能力均值	54.86	59.04	63.18
自变量			
社交餐饮参与频率（%）			
从不	42.03	16.33	16.48
很少	28.65	23.00	17.84
有时	20.14	54.79	42.41
经常	7.82	5.14	18.70
很频繁	1.36	0.74	4.58
均值	1.98	2.51	2.77
结识新友频率（%）			

	中国 （N = 5819）	日本 （N = 2335）	韩国 （N = 1396）
从不	12. 14	14. 39	19. 43
很少	39. 01	49. 19	37. 49
有时	37. 08	33. 62	33. 88
经常	11. 05	2. 52	8. 08
很频繁	0. 71	0. 27	1. 12
均值	2. 49	2. 25	2. 34
控制变量			
性别（男性比例）	0. 50	0. 47	0. 44
年龄均值	48. 90	53. 30	50. 60
受教育年限均值	8. 35	12. 78	10. 80
职业类别（%）			
管理层	12. 80	18. 59	15. 26
非管理层	26. 16	43. 34	38. 32
未就业	61. 04	38. 07	46. 42

第四节　模型分析结果和解释

　　本节使用定序逻辑回归和多元线性回归检验社交餐饮网的情感性功能和工具性功能。同时，为检验不同国家之间的差异，使用了全交互模型，即将国家变量和基准模型中的每一个变量进行交互。全交互的做法等同于将总样本分成三个国家的子样本分别进行回归拟合，好处是交互项的系数可以对子样本间的差异进行统计检验。受篇幅所限，所有的控制变量及控制变量的交互项均被略去（见表12-2）。

表 12-2　社交餐饮网的情感性功能分析

	普遍信任水平	主观幸福感
参与社交餐饮频率	0. 278*** （0. 0506）	0. 295*** （0. 0493）
国家（参照组：日本）		

续表

	普遍信任水平	主观幸福感
中国	2.422***	-0.099
	(0.538)	(0.555)
韩国	0.482	-0.677
	(0.687)	(0.755)
中国*参与社交餐饮频率	-0.237***	-0.125**
	(0.0604)	(0.0573)
韩国*参与社交餐饮频率	-0.164**	-0.0720
	(0.0729)	(0.0720)
阈值1	-0.478	-4.710***
	(0.471)	(0.497)
阈值2	1.835***	-2.978***
	(0.471)	(0.492)
阈值3	5.209***	-1.348***
	(0.473)	(0.491)
阈值4		1.111**
		(0.491)
样本量	9350	9366
拟合优度	0.0827	0.0245

注：*$p<0.1$，**$p<0.05$，***$p<0.01$。受表格长度限制，所有的控制变量均被省略。

我们使用普遍信任水平和主观幸福感来检验社交餐饮网的情感性功能。表12-2左列普遍信任水平模型显示，参与社交餐饮的频率越高，则对他人的普遍信任水平越高。虽然中国的普遍信任水平高于日本和韩国（中国的系数为正且统计显著），但是通过社交餐饮提升普遍信任水平的效应，三国的强度排序是日、韩、中（通过互动项产生的排序）。表12-2右列主观幸福感模型显示，社交餐饮的参与频率越高，居民的主观幸福感就越高，也就是说，社交餐饮提升居民的主观幸福感，其强度的排序也是日、韩、中（也是通过互动项产生的排序）。两个模型的分析结果，都支持本章的第一个假设。

我们从跨阶层资源整合能力和达高性资源获取能力两个维度检验社交餐饮网的工具性功能。表12-3左列跨阶层资源整合能力模型显示，结识新友频率的系数是正向的：通过社交餐饮网参与结识新朋友的频率越高，交往者的职业类别就越宽泛，跨阶层资源整合的能力就越强。这是社交餐饮的扩展社会资源的功能，在三个东亚国家普遍存在。它们之间有何差异呢？这可以通过模型最后部分的互动项来检验：日本通过社交餐饮而实现的跨阶层资源整合能力最强（参照项），中国略低（系数为负，但统计不显著），韩国最低。表12-3右列是检验社交餐饮网对于达高性资源获取能力的影响。结果显示，通过社交餐饮网结识新朋友的频率越高，能够结交的交往者的职业声望就越高，三国均有此效应。与前一个模型类似，日本通过社交餐饮网结识新朋友而提升达高性资源获取能力的强度最高，中国略低，韩国最低（交互项及系数的统计检验）。这些结果与我们的第二个研究假设是不一致的。

表 12-3   社交餐饮网的工具性功能分析

	跨阶层资源整合能力	达高性资源获取能力
结识新朋友频率	0.629*** (0.0749)	4.731*** (0.805)
国家（参照组：日本）		
中国	1.744** (0.809)	31.15*** (8.688)
韩国	-0.505 (1.020)	17.99 (10.95)
中国*结识新朋友	-0.115 (0.0880)	-1.223 (0.945)
韩国*结识新朋友	-0.305*** (0.107)	-2.863** (1.147)
截距项	-0.116 (0.697)	1.149 (7.481)
样本量	5775	5775
拟合优度	0.186	0.191

注：*$p<0.1$，**$p<0.05$，***$p<0.01$。受表格长度限制，所有的控制变量均被省略。

第五节   结语

中国被认为是一个关系社会，餐饮的社交功能广泛，而跨国比较可以帮助我们从实证数据中得到新的认知。本章使用 EASS 数据，从情感性功能和工具性功能两个方面，检验社交餐饮网的社会功能及其国别差异，得到以下主要结论。

第一，以普遍信任水平和主观幸福感的提升看社交餐饮网的情感性功能。东亚社会中社交餐饮对其他一般社会成员的普遍信任水平和对主观幸福感的评价具有提升作用，这一功能的发挥是通过参与社交餐饮行为的频率实现的。国家间的排序大体是：日本最强，韩国较强，中国相对较弱。

第二，从推动日常交往的阶层跨越和地位达高能力看社交餐饮网的工具性功能。东亚社会的社交餐饮网对日常接触网络的多样性和达高性具有普遍的提升作用，这一作用是通过参与社交餐饮结识新朋友这一工具性的行为得以实现的。国家间的差异在于，日本社会社交餐饮网的工具性功能最强，中国次之，韩国最弱。

第三，社交餐饮网的情感性功能在东亚不同社会间的排序符合经济发展理论模型的假设，即经济发展水平越高的地区，社交餐饮网发挥的情感性功能就越强；反之则越弱。但其工具性功能却不完全符合儒家文化理论模型的假设。在儒家文化影响最深的韩国社会，社交餐饮网的工具性功能却是最弱的。一方面，对于各国儒家文化影响程度的测量，来自单一调查的单一指标，不但其可靠性有待确证，而且多角度的测量是未来研究所期待的。另一方面，韩国社会的社交餐饮行为和个体网络也许存在不同于其他两国的特殊性，而这是我们目前的测量没有观测到的，需要进一步的研究。

本章借助 EASS 数据讨论三个东亚国家社交餐饮网社会功能的异同，测量上受限于已有的变量，而理论解释主要是从现代化发展水平和儒家伦理的社会嵌入程度来分析的。若干未获解释的数据结果给我们这样的启示：除了现代化发展水平和儒家伦理的蔓延，我们必须从体制复杂性、文化多维性、生活方式多样性等更丰富的视角发掘东亚国家在餐饮网上反映出来的差异性。这样的努力是有意义的，因为本章的分析证明，餐饮网在这些国家确实存在功能相同、结构相异的趋势。餐饮网对于更广泛的社会行为和态度存在哪些影响？这也是我们期待未来研究者关注的。

第十三章　求职网与强关系假设的初步检验[*]

第一节　问题的提出

格兰诺维特关于"弱关系力量"的假设，开辟了从社会网络视角研究劳动力市场过程和后果之先河，引发了一系列富有成效的研究成果。

我们先来回顾一下"弱关系力量"论点的中心思路及后续研究发展。格兰诺维特（Granovetter，1973）认为，社会行动者的机会受制于与其他行动者的关系。他的弱关系假设依赖于下列观点：弱关系（以不经常互动或不太密切为特征）分布范围很广，比强关系更可能充当跨越社会界限的桥梁。格兰诺维特认为，虽然并非所有的弱关系都是桥梁，但弱关系桥梁"为人们提供了接近超越其所属社会圈子可以利用的信息和资源的通道"，因此，在与其他人的联系中，弱关系可以创造更好的社会流动机会，如工作变动机会。在《找工作》（1994，原文发表于1974年）一书中，他研究了强弱关系在提供非重复性信息方面的相对优势与劣势。后来，林南（Lin，1982）强调了包括在弱关系中的其他资源——其他人拥有的权力、财富和声望——可以通过接近弱关系把不同地位的人连接起来。

格兰诺维特和林南的研究预示着：强关系在促使地位获得过程中不太有效，因为它们一般不能把不同的社会界限或等级层次连接起来。但经验研究

---

[*] 本章译自边燕杰1997年发表于《美国社会学评论》第62卷（6月号第366—385页）的英文论文，中文版最初发表于《国外社会学》1998年第2期（第50—65页）。另被收入《中国社会学》论辑第一卷（第219—248页），中国社会科学院社会学所编，上海人民出版社，2002年版，张文宏翻译，笔者对译文做了必要修改。

却显示了似乎矛盾的结果。虽然格兰诺维特关于波士顿郊区的一项研究显示，美国的专业技术人员更频繁地通过弱关系而非强关系获得工作信息，然而，在东京地区的一项研究中发现，日本专业技术工人的求职情况却是相反的，即强关系更有利于获得更好的工作（Watanabe，1987）。此外，针对纽约州北部地区的一个代表性抽样数据的分析表明，在寻找高声望工作时，人们更经常地通过弱关系而非强关系获得帮助（Lin，Ensel & Vaughn，1981）。虽然该发现在荷兰的一项研究中被重复（de Graaf & Flap，1988），但关系力量和社会交往者的地位之间没有联系的现象也在底特律地区的一项调查中被发现（Marsden & Hurlbert，1988）。后一项研究预示着，强弱关系在运用社会资源时可能是同等重要的。Wegener（1991）将此问题向前推进了一步，他认为人的社会网络是异质性的，个人网络里包含了地位高低不一的关系人，所以地位低的人可以从很大的地位范围内，通过强关系获得社会资源，而靠近个人网顶的人，必须依赖弱关系接触个人网络之外的地位更高的人，从而获取社会资源。他在西德的研究提供了一项重要的实证发现，换职者的工作地位与关系人的交往程度产生互动效应，地位越低越会通过强关系获得社会资源，地位越高越会通过弱关系获得社会资源，而获取的社会资源，无论它的来源如何，对于换职者的求职效果不但是统计显著的，而且其作用方向是正向的。

　　为进一步理解这些似乎矛盾的实证发现，必须分析求职者的网络中流动的是什么资源。首先，格兰诺维特（Granovetter，1973；1995）区分了"信息"和"影响"两种资源，这两种不同资源通过求职中的网络关系而流动。虽然格氏没有特别明确定义信息和影响，我们可以理解的是，所谓的信息，指的是人们对于某种职位公开或半公开招聘状态的了解，而所谓影响则是指，职位决策相关人通过正式和非正式手段干预招聘过程，使其产生预期的结果。为此我们可以肯定，虽然弱关系在传播信息中是有效的，但基于信任和义务的强关系，在代价更高、更难获得的影响时更有优势。其次，先前研究者的关注焦点是直接关系，而忽视了求职者通过中介人和其最终帮助者之间建立间接关系的可能性，这也是格兰诺维特的弱关系论点中的一个重要见解。如果求职者确实是通过中介人与其最终帮助者建立关系，那么在概括关系强度和求职结果的关联性之前，必须深入研究这种三人组合关系。最后，格兰诺维特（Granovetter，1995）1995 年的研究将注意力转向制度环境对社会网络如何影响求职结果的方面。他说，关系强度和劳动力市场的假说必须在具体的制度环境中提出，因为找工作时个人的社会网络究竟如何发挥作用，制度环境都是重要的宏观条件。

与市场经济的研究背景相比，处于计划体制下的中国的工作分配制度对于求职过程中的强弱关系的相对有效性存在差异。在这种制度下，个人网络经常被用来获得来自工作分配实权人物的影响，而不是用来收集就业信息，因为求职者即使得到了信息也不可能自由地申请工作。实权人物往往私下把工作职位作为对那些与他们有直接或间接关系的人的一种恩惠。基于信任和义务的强关系会激励这种不被公开认可的行为。在工作分配的制度环境中，相对较少的求职者与高层实权人物有直接关系，所以许多人必须通过建立间接关系来获得实权人物的暗中帮助。因此，工作分配为人们通过强关系获得有效影响提供了制度环境和作用条件。

在这一思路下，本章首先将论述强关系为何可以通过创造网络桥梁，将原本没有联系的求职者和帮助者连接在一起。然后分析中国人的关系强度对找工作的影响，并对中国的求职者通过直接或间接关系的交换联系同实权人物建立关系给予特别的关注。最后，讨论中国个案对市场经济的意义。

第二节　充当网络桥梁的强关系

网络桥梁的概念意指网络中的一种连接，它提供了两点间的唯一通路。根据格兰诺维特（Granovetter，1973）的观点：“A 和 B 之间的一座桥梁，对于 A 的交往者与 B 的交往者，提供了获得信息或影响的唯一途径，也是 A 的间接交往者通向 B 的间接交往者的唯一通道。”因此，人际网络桥梁的重要意义表现在两方面：（1）不仅作为不同群体的假定成员的 A 和 B 之间的直接联系；（2）通过 A 和 B 之间的桥梁作用，使没有联系的其他人连接起来，并成为他们之间的网络链节点，而且更广泛。

按照人际互动的频繁程度、情感密度、熟识程度、互惠服务程度因素来衡量，人与人的关系强度，可以是较强的或较弱的。格氏认为，将朋友和相识区分开来，提供了一个简单而清晰的关系强度差异的例证。相识关系提供了“更容易获得一个人不曾拥有的工作信息的渠道”，因为“同亲密朋友相比，相识更倾向于在与自己不同的圈子里流动。”因此，个人和相识之间建立的是一种弱关系，“但并非是一种无足轻重的相识关系，而是连接了两个亲密朋友群之间的关键桥梁。"

　　强关系是否也可以作为个人间网络的桥梁？认知平衡理论似乎排除了这种可能性（Heider，1958）。以该理论为基础，格兰诺维特考察了个人与其有类似特征的其他人形成相互联系网（或小群团）的倾向。然而，网络理论对这种观点提出了挑战。Burt（1992）指出：关系弱并不是一种关系充当桥梁的先决条件，而拥有非重复性资源或不同网络位置的个人间无联系即结构洞的存在，却是重要的。在经济领域，无联系或结构洞是非常重要的，因为无联系给相关人提供了经济竞争中的信息优势和控制优势。"一个具有战略眼光的企业主或经理，其任务就是通过建立一种有效的网络结构，即具有结构洞的网络桥梁结构，使资源集中于自身"（Burt，1992）。确实，关系桥梁是社会资本的一种重要来源，它解释了经济领域中，那些专门与相互没有联系的公司发展业务关系，通过建立包含了结构洞的关系桥梁而获得成功的现象（Burt，1995）。

　　在社会领域中，个人之间的无联系或结构洞大致产生于非目的性的社会文化过程。已有研究（Bott，1957）提供了人际网络建立受制于个人和他人的社会阶级和居住地点的经典例证。这项研究表明，亲属和朋友基本上是相互独立的圈子，这为在这些圈子之间建立桥梁创造了机会。至于朋友网，劳曼（Laumann，1973）发现，一般美国人有 3 个最亲密的朋友。69%的被调查者处在"连锁网络"中，即他们的朋友也是其他人的好朋友；31%的被调查者处在"辐射网络"中，即他们的朋友并不是其他人的好朋友。在某些文化中，辐射网络受到性别的影响。例如，在许多亚洲国家中，妻子必须远离其丈夫的男性朋友圈子。同样，丈夫也和妻子的女性朋友不发生直接的沟通和联系。在这些限制下，有间接联系的个人并不交往，但是他们潜在地接受共同的第三方朋友的中介连接。

　　一些研究提供的论据表明，强关系可以充当桥梁。博特和奈兹（Burt & Knez，1995）证明了在间接关系中，第三方对强关系范围内的信任产生了积极影响，而对弱关系范围内的信任产生了消极影响。也有学者（Jackall，1988）发现，经理们中间的"非正式"关系是"相对稳定的圈子"，这构成了商业组织运行的社会基础；在这种情况下，桥梁关系存在于不同层次的经理之间，向上的忠诚和向下的信任通过这些桥梁而流动。还有一项研究（Krackhardt，1992）提供了一个类似的阐述，显示了经理间的亲密朋友网络在组织中的重要性。

基于信任和义务的强关系有广泛的社会经济交换协调机制，其中也包括非法的、违返公德的、社会不认可的交易行为。波赛文（Boissevain，1980）在《马尔他的一个乡村》中描述了这个地中海国家的惠顾制度，就像西西里和科西嘉的黑手党等非法的地下社会一样。班菲尔德（Banfield，1961）研究了一种警察与商人的交易类型，成为芝加哥政治机器运转的机制，当然也未得到公民的认可。在美国和其他国家，"非正式经济"通过基于信任和义务的个人、家庭和伦理的网络组织起来，这种经济现象正在引起愈来愈多的关注。

因此，在上述制度环境中，强关系而非弱关系是连接个人之间的网络桥梁。本章在此提供的个案分析，研究了在中国求职过程中充当桥梁作用的强关系。

第三节　中国的强关系桥梁和求职

一　中国社会中的关系

中国社会长期以来把人际关系作为经济和社会组织的一个指导原则，并以此而著称于世。一个广泛使用但未严格界定的描述这一原则的术语就是"关系"。关系在字义上指"联系"或"关联"，但它的本质是促进恩惠交换的人际联系。

杨美惠（Yang，1994）列举了她 20 世纪 80 年代和 90 年代在中国观察到的关于关系作用的许多特征，其中有三点与求职密切相关。关系的第一个特征是熟悉或亲近，即对于任何要发展关系的两个人来说，他们彼此必须颇多相互了解，并且发生持续的资源共享行为。换言之，恩惠交换往往在具有强关系而非弱关系的人们之间发生。关系的第二个特征是相互信赖，这是相对长期互动的结果和未来交换关系的基础。因为，通过关系网促进的非正式交换行为并不能正式或合法地制度化，这种建立在个人层次上的信任则是必要的。关系的第三个也许是最重要的特征是交换义务。在大众话语中，交换义务有时被解释为感情依附；如果人们应该但没有尽交换义务，这使得对方丢了面子。这意味着，强关系连接起来的人们，其交换义务受到了附加的人际道德的压力，致使交换义务得到了强化。例如，一个人履行对其亲属和朋友的义务，这在文化上是儒家传统和当代中国的新伦理所期待的。当一个人没有履行他的义务时，他不仅被其他人视为道德败坏的，同时会失去包含在交换义务中的关系网和社会资源，从而付出最终的代价。弗雷德（Fried，1953）视义务之网为中国在 1949 年之前的根本社会组织机制。杨美惠（Yang，1994）相信，在随后的社会主义时期，"义务和感恩的产生"是"个人关系的主要的和有约束力的力量"。同样，魏昂德（Walder，1986）认为，在 20 世纪 70 年代和 80 年代，党员干部和政治积极分子之间的个人关系，是国有工作单位中"共产主义新传统"的权威关系统治模式的基础。

因此，关系网促进了恩惠交换（Gold，1985；Hwang，1987；Yang，1994）。恩惠可以是无形的，如情感支持，但是有形的恩惠更普遍，如在市场中不容易得到的稀缺物品和服务，因此必须通过个人关系得到。1949 年以后中国计划经济的制度约束，使关系带有"工具性的特殊主义关系"（Walder，1986）或"象征资本"（Yang，1994）的意义，即用来获得再分配体制中按等级制分布的资源，如住房、医疗、进口物品，以及我们本章所关注的城市工作职位的分配。

二　城市工作分配

工作分配是国家再分配体制的一个核心要素。从 20 世纪 50 年代中期到 80 年代，这个分配体制控制了城市工作的规模、增长和分布。对于城市居民，政府控制分配的范围主要包括食物定量配给、居住登记和集中计划的劳动力配额。青年人从学校毕业以后必须等待国家分配。一旦分配了工作，青年人在就业单位之间的流动就受到限制。因此，初始工作是一个人职业发展中极为重要的一步（Walder，1986；Lin & Bian，1991）。在这些政策下，在占支配地位的国有和集体部门（30 年间占有城市工作职位的 96%—98%），用其他方法找工作是被政府禁止的（Bian，1994）。虽然到 20 世纪 90 年代，这种情况发生了某些急剧的变化，但本章的研究是以 1988 年的一项调查为基础，因此是对改革前的国家工作分配制度环境的分析。

工作分配通过工作单位的等级制度来完成。在研究地天津市，这个等级制度分为三个层次：（1）由中央部委直接管理的大型企事业单位，数量很少，但很有影响和声望；（2）由市局管理的全民所有制的企事业单位，加上市级机关；（3）由区政府、街道办事处或居民委员会分别管理的 3 个较低行政级别的工作单位，加上这些管理机关。最终形成了一个5层的等级制的工作单位，从最高级别的中央级工作单位，到市级工作单位，再到区、街、居工作单位，事实上反映了各级政府的管辖权、财政预算范围以及与之相应的社会和政治的控制体系。一般来说，一个工作单位的级别越高，其行政权力越大，经济资源获取能力也越强，其单位内部的工作条件和相关利益就越优越（Walder，1992；Bian，1994）。

通过这种工作单位的等级制度，政府管理部门依照先后顺序把劳动力定额分配给五级工作单位：在获得满足其需要的劳动力配额方面，较高级别的工作单位在获得劳动力配额方面有优先权。同时，在选择最优秀的候选人方面也有优先权。因为这些单位较早地进入了人员选择过程，可以优先在许多学校和居住区实施招募过程。

等待分配工作的青年人获得表达工作志愿的机会，但他们的志愿并不一定影响其最终的安置结果。各级主管人往往不公开地在学校、居住区和招工组织进行申请人的选拔工作。选拔过程被视为是公平的，这反映在审查每个申请人的档案——这是一份保密的政府文件，里面记录了申请者个人的人口信息、家庭背景、由目前和以前的领导签署的政治和学习表现评价等内容。被选中的申请人的名单和档案就会被送到指定的地方政府劳动局办公室，以接受进一步的审查和批准。劳动局办公室批准以后，将候选人的档案转给用人单位。然后，劳动局办公室代表招工单位给被录用者寄发录取通知书，仅仅通知他们的工作单位是什么，没有具体从事的职业信息。被录取人只有到单位报到和经过短期培训以后，才会被分配从事一项具体的工作。

三　关系网与非正式过程

上边描述的工作分配过程实际上并不精确。虽然这是以背后决策为基础的工作分配制度，但求职者可以运用个人的社会网络影响这一决策过程。所以，等待分配的很多求职者并不被动地"等待"，而是运用他们的关系网与参与分配决策的实权人物（或"决策代理人"）交往，以寻求最好的结果。在工作分配的背景下，信息往往是所得到的帮助的副产品：工作信息在政府科层体系中按等级和主管渠道传播，这种制度是为上级对下级的控制和总体计划的实现而设计的。在这种情形下，个人所能掌握的仅仅是来自官方分配的工作信息。

从决策代理人那里获得帮助是不被允许的，这是一种私下进行的非正式过程。因此，求职者和决策代理人必须不仅仅彼此熟悉，而且要相互信任，才能消除对潜在风险的忧虑。虽然相当多的人参与了这种行为，风险外露的危害可能并不大，但是风险暴露及其危害的潜在性是存在的，后果是不堪设想的，因为那将意味着求职者被迫接受一个"坏"工作或长期得不到一份工作，对决策代理人来说，其后果可能因此失去其位置和特权。另外，求职者和决策代理人之间的关系越密切，求职者成功的可能性越大，因为按照关系原则，决策代理人有义务对他们的强关系施以恩惠。虽然决策代理人可能接受陌生人或与其有弱关系的人的贿赂，但这种情况在再分配时期发生的比率要小得多。所有这些都意味着：

　　假说1：非正式的求职渠道是通过个人网络，更多的是通过强关系而非弱关系而建立的。

　　同决策代理人建立的关系总会发挥作用，这是因为实权人物被赋予了分配工作的巨大权力。例如，政府劳动局办公室要求社区或学校推荐一个人到一个特殊的工作单位去工作。这种要求往往是一种荣誉，用在天津访问过的一位中学主管人员的话说，因为"它来自上面"。如果有必要，劳动局办公室可以将一个人的档案从学校或居住区调到分配的工作单位，直接完成一次分配，而无须事先通知相关方面。

　　一般而言，工作单位必须接受所有的分配人员，但如果分配存在问题，那么他们也会向劳动局提出质询（例如，某些人不适合该单位的工作性质，某些程序似乎不正确，等等）。然而，这些工作单位接受所有分配人员是有重要理由的，它们能够招收某些他们想录取的候选人。这是一种重要的激励机制，同样适用于所有的推荐单位（学校和街道）。最后，在名单送到劳动局办公室之前，招工单位和学校、街道的实权人物之间的义务与恩惠的交换，往往就已经达成了。在此情况下，招工单位会"提议"把某些人的名字写进学校、街道的推荐名单中，这样造成一种局势，是推荐单位而不是招工单位希望录用这些被某些人所偏爱的待分配的求职者。

　　决策代理人对工作分配过程的影响随他们在工作单位等级体系中的位置而变化。市、区级的政府官员控制了大多数工作，因此拥有控制工作分配过程的最大权力。较高级别的工作单位会较早地进入分配过程，比较低级别的工作单位有更多的地区和学校来选择录用人员。这种级别效应也适用于学校和街道等推荐单位。所以，我们提出：

　　　　假说2：求职者寻求帮助的决策代理人所属的组织级别越高，求职者越可能被较高级别的工作单位录用。

与控制代理人的直接和间接关系

　　求职者如何与级别较高的决策代理人取得联系以获得帮助呢？他们可以直接或间接地取得联系。由于个人间的互动和交换关系更可能发生在同等或类似地位的人之间（Laumann，1973），具有较高的（家庭和自己的）社会经济地位的人比那些社会经济地位较低的人，有更多的机会与级别较高的决策代理人建立直接关系。级别较高的决策代理人的人数是相对有限的，所以只有少部分的求职者能与其建立直接关系。所以，多数求职者只能间接地与决策代理人发生联系。换言之，

　　　　假说3：求职者更可能通过间接而非直接的关系与较高级别的决策代理人交往。

　　假说2告诉我们，较高级别的决策代理人能提供较好的工作，基于此，假说3暗含着另外一个假说：

　　　　假说4：如果求职者使用间接而非直接的关系，那么他们就可能找到较好的工作。

　　因为间接关系被用来接近较高级别的决策代理人，当考虑到决策代理人的级别时，间接关系并不对已获得的工作产生独立的影响。

　　我们必须指出，并非每个人都能运用间接关系联系上相关的较高级别的决策代理人，因为并非所有的求职者都拥有恩惠交换"丰富"的关系网。恩惠交换丰富的关系网取决于一个人建立网络或可利用资源的长期努力，它往往对年长者或富裕及有权势的家庭更有利。也就是说，

　　　　假说5：年长的人，或具有较高社会经济背景的求职者，比那些年轻人或较低地位背景的求职者，更可能运用间接关系。

马斯登（Marsden，1982）指出，在"有限制的交换网络"中，中介人的存在能够减少一个人同其他无联系的交易者建立关系的成本。例如，美国政府的政策出台过程，通过相关联的机构和个人对政策的制定和改变，就是一个常见的中介人施以影响和发挥作用的过程。在改革前的中国城市工作分配过程中，关系中介人对分配决策的影响不是偶发性的。如果这些关系是弱的，恩惠必须立即交换。在这种情况下，工作通过中介人从帮助者流向求职者，后者必须立即回报两次恩惠，一方面回报中介人，另一方面回报最终的受托人。这对求职者而言代价太高。如果求职者仅仅回报最终受托人，而不是中介人，那么中介人就失掉了提供帮助的兴趣，这种三方交换关系也就不可能形成。

如果通过强关系而影响工作分配过程，那么回报的恩惠就会被义务或债务所代替。当求职者和决策代理人通过义务间接地联系起来时，那么求职者与中介人、中介人与决策代理人之间的强关系也是存在的，求职者得到了工作，中介人履行了对求职者的义务，并赢得了求职者的信任，决策代理人（即最终受托人）也从中介人那里获得了同样的东西，交易以债务的形式发生。因此，求职者欠下了中介人的人情债，中介人又依次欠下了决策代理人的人情债，对于债务人来说没有直接的成本。然而，关系网中转让恩惠的先决条件在于，债务人应被恩惠转让者视为可以信任的人。虽然债务依然会在弱关系中发生，但是通过强关系中介人发生的概率要大得多。因此，

假说6：当求职者与决策代理人没有现成的直接联系时，或当他们仅仅有表面的一般性交往时，求职过程中，他们倾向于通过一个与供求双方都有密切关系的中介人，即强关系中介人，将他们联系起来。

第四节　实证研究设计

一　资料和方法

分析数据来自1988年中国天津调查，该调查是由1008名18岁以上的成年居民所构成的全市代表性抽样。天津是中国的第三大城市，1988年有850万人口。考虑到区、街、居委的纵式行政结构，样本是根据多层随机抽

样程序抽取的。如果被抽中的居民户中有一个以上的成年人，就运用简单随机方法选择被调查者。由经过培训的南开大学分校社会学专业的女大学生，使用结构性问卷进行面对面的访问。回答率接近 100%，这是 20 世纪 80 年代在中国进行调查的典型特征，几乎没有拒绝的情况。分析使用了 948 名被调查者（507 名男性和 441 名女性）的数据，这些被调查者都是有工作的城市劳动力。

　　天津在国家工业体系中占有重要地位，邻近首都，是全国三个直辖市之一，所以其行政级别属于省级。1988 年的天津并不代表中国城市总体，特别是它不是改革开放的前沿，而继续处于计划经济体系的核心位置。然而，天津的这些特点，满足了当时研究的需要：我们探索的是，人际关系如何影响国家工作分配体制下的求职过程与结果。与之相比，南方地区如广东省和福建省，那里的私有化有效地使劳动力流动到急速增长的市场部门中，而1988 年的天津在市场部门工作的劳动力仅占 4%，其余的人在国有或集体单位工作。

二　关系强度的测量

　　研究使用两种关系强度的测量：角色关系（亲属、朋友、相识）和熟识程度（彼此"非常熟悉""熟悉""一般""不太熟悉""很不熟悉"）。这两种测量的相关系数为 0.60。因为熟识性是关系网络的一个关键特征（Yang，1994），因此把这种测量用在多变量评估模式中以对假说进行验证。

　　调查对象被问到是否有"某个人"（此后指"帮助者"）帮助他们得到了第一份城市工作。稍多于 45% 的人回答说"有"[1]。该数字与西方社会报道的数字很接近。然而，在中国，关系强度的分布与西方非常不同，倾向于强关系而非弱关系。如表 13-1 所示（第 1 列），43.2% 的帮助者是被调查者的亲属，17.8% 是朋友，39.0% 是熟人。根据关系熟识程度（第 1 列），44.2% 的被调查者与他们的帮助者"非常熟悉"，15.5%"熟悉"，12.1%"一般"，12.3%"不太熟悉"，15.9% 与他们的帮助者"很不熟悉"[2]。这

---

[1]　由于找到了另外的 10 个个案，这里的百分比高于先前报告的 42.3%。

[2]　同样的被调查者被问到关于他们最近工作变动的情况，这在其他论文中进行了分析。虽然仅有 21% 的工作变动者从其亲属那里获得了帮助，但是，与帮助他们变动工作和获得第一份工作的亲属的熟识程度类似。

些发现表明,工作机会和职位主要通过强关系,而非弱关系找到的,支持了假说1①。

表 13-1　关于获得首职所使用的社会关系的描述统计:中国天津,1988 年

变量	全样本	直接关系	间接关系		
	R–H	R–H	R–H	R–I	I–H
样本量	428	234	194	194	194
关系熟识程度（%）					
非常熟悉	44.2	69.6	13.4	73.7	73.2
熟悉	15.5	15.4	15.5	18.6	15.5
一般	12.1	7.7	17.5	5.7	8.8
不太熟悉	12.3	6.0	20.1	1.5	1.5
很不熟悉	15.9	1.3	33.5	0.5	1.0
平均熟识程度（×10）	36.0	44.6	25.5	46.3	45.8
关系分类（比例）					
亲属	43.2	58.5	24.7	57.2	25.8
朋友	17.8	16.7	19.1	41.2	54.6
熟人	39.0	24.8	56.2	1.6	19.6
间接关系（平均熟识程度×10）					
亲属到亲属（28,14.4%）	—	—	40.8	44.6	43.4
亲属到非亲属（73,37.6%）	—	—	24.6	44.5	46.6
非亲属到亲属（32,16.5%）	—	—	25.0	47.8	43.4
非亲属到非亲属（61,31.5%）	—	—	19.8	48.4	47.5
最终帮助者的地位特征					
领导干部比例	67.1	53.8	83.0	—	—
工作单位级别的均值（×10）	32.7	29.2	36.9	—	—
职业地位的均值	85.6	82.4	89.3	—	—

注:R 是求职者;I 是中介人;H 是最终帮助人。

---

① 当84%的被调查者得到其第一份工作时,中国的工作分配体制基本上从20世纪50年代中期到1988年未发生变化。在运用网络关系获得第一份工作的被调查者中,40%是在1977年后参加工作的,20%是在1966—1977年参加工作的,23%是在30年前(1958年以前)首次参加工作的。关于使用关系力量的错误很可能发生在最后一群被调查者中。然而,两种关系力量的测量——熟识性与角色关系——与首次参加工作的年份无关。

三 直接和间接关系的测量

我们要求被调查者回答是否"有人"（此后指"中介人"）帮助他们与其最终帮助者建立了联系：45%以上的被调查者证实有这样一位中介人。令人遗憾的是，我们没有询问有多少中介人实际参与了帮助过程。尽管如此，在直接关系和间接关系使用者之间，关系强度测量发现了值得注意的差异性。使用直接关系的被调查者（表13-1，第2列）更多地依赖亲属和朋友关系，他们与其帮助者的平均熟识程度非常高（大约70%与他们的帮助者"非常"熟悉）。与之相比，与帮助者通过间接关系发生联系的被调查者（表13-1，第3列R-H），与其帮助者的熟识程度较低：70%以上与其帮助者没有任何事先交往，其中，"很不熟悉"（33.5%），"不太熟悉"（20.1%），或者"一般"（17.5%），平均熟识程度的得分为25.5。

在间接关系使用者中，有些人与其最终帮助者之间事先存在熟识关系（"熟悉"占15.5%，"非常熟悉"占13.4%）。这些个案倾向于不太经常地使用亲属与亲属网络链（14.4%）：最终帮助者是他们的远亲（配偶、兄弟姐妹或堂表兄弟姐妹的亲属），他们的近亲是中介人（配偶、兄弟姐妹或堂表弟姐妹）。虽然构成亲属与亲属链的所有三方关系均有较高的平均熟识程度得分，但是，被调查者和中介人之间的熟识程度、中介人和帮助者之间的熟识程度高于被调查者与帮助者之间的熟识程度。在所有的关系链中，被调查者与最终帮助者之间的熟识程度，大大低于被调查者与中介人之间（R-I）和中介人与最终帮助者之间（I-H）的熟识程度。

由被调查者提供关于中介人与最终帮助者之间的关系强度的估计，其信息可能存在错误，特别是被调查者并不知道中介人与最终帮助者之间的关系强度时只能猜测。然而，民族学的研究指出：关系使用者一般非常清楚其目标人和中介人之间的关系及其强度。对天津27名男性和12名女性的深度访谈表明：求职时当事人通常首先确定可能提供最终帮助的目标人，相应地寻找"合适的"中介人。在其中一个例子中，一个被访者希望在工资和福利较高的天津铁路局得到一份工作，所以她的帮助者的目标人是该局负责招工的劳资科科长。她最终发现，她的一个叔叔与该主任的弟弟是15年以前中学足球队里的好朋友，其友谊保持至今，最终通过这种间接关系她获得了所希望得到的工作。与其他被访者的交谈也揭示了，求职者一般知道其最终帮助者与中介人之间关系的性质。

四　社会资源的测量

　　追随林南（Lin, 1982）关于社会资源的思路，本研究将最终帮助者的地位特征定义为社会资源①。这里考虑了三种测量方法：第一，帮助者是否拥有一个行政管理职位，即领导干部。如是，行政管理职位赋予此人直接或间接参与工作分配过程的实权，从而对分配结果具有实施影响的潜力。表13-1的第2列显示：直接关系使用者的帮助者53.8%是领导干部，但是间接关系使用者的帮助者83.0%是领导干部（第3列），两者的差距显示了间接关系的作用在于找到决策权力人。第二，帮助者的工作单位级别是什么？工作单位级别是帮助者的工作单位在单位等级体系中的层次，从而表示工作分配中帮助者施加影响的层次和程度。从最低到最高依次分为五个级别：股级或以下（=1），科级（=2），处级（=3），局级（=4），局级以上（=5）。表13-1显示，直接关系使用者的最终帮助人的平均级别接近于处级（级别得分X10，为29.2分），但是那些间接关系使用者的最终帮助者的平均级别接近于局级（平均分为36.9）。虽然差别看上去不大，但却是有实质性的意义，统计也是显著的：处级以上的政府办公室和工作单位比那些处级以下的单位在分配工作中拥有更多的权力和影响。第三，帮助者的职业地位是什么？本节使用邓肯的社会经济指数得分的中国版②来测量，发现如下：最终帮助者的职业地位，直接关系使用者是82.4，而间接关系使用者则是89.3，后者高于前者，但是由于样本颇小（接近200人），其差异统计意义并不显著。也就是说，直接和间接关系使用者，他们的最终帮助者，不在于职业地位高低，关键性的差异来自领导干部比例和工作单位级别高低。

---

　　①　虽然中介人的地位特征也是重要的需要了解的资料，但我们没有收集这种信息。

　　②　职业地位测量包括19种职业范畴。在该研究的样本中，19种职业范畴和相伴的林-谢社会经济指标得分是：未分类的职业（60.3），工业中的非技术工人（65.0），商业或服务部门中的非技术工人（69.1），工业中的技术工人（70.1），商业或服务部门中的技术工人（70.9），科级以下职员和办事人员（87.1），小学教师（89.2），中层干部（90.6），低级专业技术人员（92.2），高级干部（100.4），私营部门工人（101.8），中级专业技术人员（104.4），中学教师（108.6），大专或大学助教或讲师（114.5），高级专业技术人员（117.1），大专或大学副教授或教授（126.8）。

五　地位获得的测量

我们使用被调查者被分配的工作单位的级别和该工作所获得的职业地位来测量已经获得的工作地位。这两个变量同样也可以用来测量帮助者的工作单位级别和职业地位。运用工作单位级别测量地位获得的合理性在于，工作条件、工资多寡、职位晋升、政治提拔、福利住房等，在不同级别的工作单位之间都存在明显的差异。

六　其他变量

由于关系强度、帮助者的地位、获得的工作均与求职者的先前社会位置相关，所以被调查者首次参加工作之前的地位特征和其社会经济背景都包括在本章的分析中。我们用父亲的工作单位级别和职业来测量求职者社会经济背景；该测量同时适用于被调查者和他们的帮助者。被调查者的特征包括性别、年龄、教育和党员身份。受教育程度按照五级尺度来测量，由低到高是：无正规学历（＝1），小学（＝2），初中（＝3），高中和职业学校（＝4），大专及以上（＝5）。本章使用这些层次而不是受教育年限，是由于教育层次而非受教育年限是政府分配工作的正式标准。党员身份表明了被调查者在参加首次工作之前的政治身份。关于中国地位获得过程的先前研究表明，教育、党员身份和性别、年龄影响了工作地位的获取。

七　影响还是信息

在1988年天津调查中，并没有询问被调查者从其帮助者那里所接受的帮助的性质，因为直接询问这个敏感问题可能导致调查失败。关于求职过程和使用个人网络的所有问题以下述形式提出。

"我们想了解在您第一次参加工作时，对您获得该职业帮助最多或影响最大的人的一些情况。请您回答有关这个人的下列问题。"

在工作分配的独特情景中，所用的中文词"帮助"和"影响"强烈地表明，我们感兴趣的帮助是实质性的。所用的形容词"最大"和"最多"意指某个人是给被调查者分配工作的关键性人物，而不是指在问卷的后一部分所提的"中介人"。这些细节通过书面指导手册和现场培训提供给访问员。如果被调查者不明白这点，或他们向访问员询问这些问题，访问员可以根据指导手册提供解释。

通过对 39 名个人的深入访谈，可以协助我们提高信心，确定中国天津的求职网络中流动的关系资源，主要是影响还是信息，或是两者的综合。在 39 个人中，19 个人承认他们通过某个人的帮助获得了第一份工作，所接受帮助的性质和来源在他们之间有所不同：6 人的帮助者是决定工作分配的政府官员（其中 4 位是通过亲属或朋友找到的间接关系），3 人的帮助者是其学校的领导，8 人的帮助者是通过亲朋找到的招工单位的领导，而其余 2 人承认，他们的中介人提供了应该与谁交往能得到帮助的信息，并帮助他们与这些帮助者建立了关系。虽然这些个案的代表性不强，但是访谈结果表明，求职网络中流动的关键性资源是影响而非信息。

第五节　数据分析

本节以上述全部样本为基础，首先分析那些运用个人关系去获得首次工作的人的特征。其次，在运用个人关系的群体内，分析社会资源（帮助者的地位）是否影响了工作地位获得（假说 2）。然后，把注意力转向接近与获取社会资源的问题，比较直接与间接关系、强关系与弱关系的相对有效性以及强关系和弱关系的效用差异（假说 3—假说 6）。

一　帮助者的使用

像美国人一样，中国人也同与他们相类似的其他人（即相同的性别、年龄、受教育程度、政治面目等）讨论重要问题。然而，这些特征与其父亲的工作单位级别或职业地位并不影响求职者使用帮助者获得工作的可能性。这个结果，类似于马斯登和赫尔伯特在美国、韦格纳在德国的研究发现。这表明中国和西方国家一样，运用帮助者找工作大致上也是一个随机的结果。因为该整体模型有微弱的预测力，在随后的多变量模型中包括了所有 6 个变量（被调查者首次工作时的性别、年龄、受教育程度、党员身份、父亲的工作单位级别和职业地位），控制了可能的"选择误差"，从而保证了关于关系强度对社会资源和地位获得影响的非偏差估计。

二　社会资源和地位获得

表 13-2 显示的回归模型估计了社会资源对被调查者获得的工作单位级别和职业地位的独立影响，并对 4 种模型都进行了估计。模型 1 表明：使用间接关系比使用直接关系更可能进入较高级别的工作单位或更可能获得较高声望的职业，而不依赖于他们自己和父亲的特征。这个发现支持了假说 4：间接关系会导致获得更好的工作。不出所料，在考虑了帮助者的特征以后，间接关系并未对所获工作的职业地位获得产生独立的影响（模型 2）。因此，间接关系的优势完全在于下述事实：间接关系能够把求职者同拥有许多资源的帮助者连接起来。

对使用直接关系（模型 3）和间接关系使用者（模型 4）来说，帮助者的行政职位和工作单位级别都对他们所获工作的单位级别和职业地位产生了独立的正向的影响。具体而言，帮助者的行政职位对间接关系使用者进入级别较高的工作单位比直接关系使用者产生了更显著的影响（系数分别为 0.62 和 0.16）。帮助者的职业地位影响了求职者的职业地位，而不是他的工作单位级别。让我们回忆一下，工作分配按两步进行：第一，求职者被分配到一个工作单位；第二，他们在工作单位内被分配从事一项具体职业。

结果表明：帮助者是领导干部，或者在行政级别较高的单位工作，他们对于求职者进入工作单位和获得具体的职业，都有正向影响，但是如果帮助者的职业声望较高（如工程师或教授），仅能影响求职者获得一份较好的工作，而对其进入何种单位没有影响。概而言之，这些结果支持了社会资源假说：帮助者的地位越高，得到的工作越好（假说 2）。社会资源理论预测，不管帮助者的地位如何，关系强度对所获工作的职业地位不产生直接的影响。如上所述，这些结果与这种预测一致①。

---

① 不同于韦格纳研究的西德，笔者在中国天津没有发现，求职者的先前地位特征（教育、党员身份和父亲的工作单位级别），影响人们与帮助者建立直接或者间接的关系。

三　直接关系与间接关系

表 13-3 展示的回归模型分析了求职者如何通过间接关系和直接关系两种途径来锁定帮助者。模型 1 分析哪些人更会使用间接关系锁定帮助者。如假说 5 所预测的，年长的求职者、父亲在级别较高的工作单位工作的求职者，比其他人更可能运用间接关系来锁定帮助者。模型 2 到模型 6 分析求职者与帮助者的关系强度。模型 2 指出，其他特征一致，间接关系使用者与帮助者的关系强度明显低于直接关系使用者与帮助者的关系强度。就直接关系使用者而言（模型 3），年长比年轻的被调查者更多地通过弱关系与帮助者建立联系。就间接关系使用者来说（模型 4—6），他们与中介人的熟识程度越高（-0.59，模型 4），中介人与帮助者的熟识程度越高（-0.43，模型 5），则与帮助者的关系强调就越低呈负相关。当控制了被调查者与中介人间的熟识程度以后（模型 6），中介人与帮助者的熟识程度并不显著，但其系数仍然是负的。模型 4—6 的结果基本上表明：被调查者与中介人的关系越密切，中介人与帮助者的关系越密切，被调查者与帮助者之间的关系越弱；这意味着，在中国的工作分配情境中，被调查者和帮助者之间的弱关系来自他们与其共同的第三方的强关系。

表 13-2　社会资源和其他自变量对获得首职地位影响的回归模型（中国天津，1988）

预测变量	第一份工作的单位级别				第一份工作的职业地位			
	模型 1	模型 2	模型 3	模型 4	模型 1	模型 2	模型 3	模型 4
间接关系	0.16* (0.05)	0.12 (0.10)	—	—	0.13* (0.06)	0.07 (1.15)	—	—
关系熟悉程度								
R-H	—	-0.03 (0.17)	0.01 (0.15)	0.03 (0.20)	—	-0.42 (0.85)	-1.29 (1.20)	0.18 (1.27)
R-I	—	—	—	0.07 (0.19)	—	—	—	1.06 (1.15)
H-I	—	—	—	0.07 (0.19)	—	—	—	1.06 (1.15)

续表

预测变量	第一份工作的单位级别				第一份工作的职业地位			
	模型 1	模型 2	模型 3	模型 4	模型 1	模型 2	模型 3	模型 4
被访者特征								
教育	0.21* (0.08)	0.20* (0.07)	0.17* (0.06)	0.23* (0.07)	6.54* (2.37)	5.94* (0.54)	5.90* (0.75)	5.60* (0.78)
是否党员	0.20 (0.12)	0.16 (0.11)	0.17 (0.15)	0.13 (0.17)	0.97 (1.30)	0.54 (1.29)	0.68 (1.72)	0.90 (1.91)
性别（男性=1）	0.07 (0.10)	0.07 (0.09)	0.08 (0.12)	0.15 (0.15)	-3.08* (1.01)	-2.68* (1.05)	-1.73 (1.40)	-4.10* (1.63)
年龄	0.01* (0.004)	0.01* (0.004)	0.01* (0.005)	0.01 (0.01)	0.32** (0.04)	0.33* (0.04)	0.32* (0.06)	0.36* (0.07)
父亲特征								
工作单位	0.40* (0.06)	0.35* (0.05)	0.32* (0.07)	0.40* (0.08)	1.15* (0.52)	1.12* (0.55)	0.83* (0.37)	1.23* (0.51)
职业声望	0.02 (0.05)	0.03 (0.04)	0.01 (0.10)	0.01 (0.01)	0.01 (0.05)	-0.03 (0.05)	-0.04 (0.06)	-0.01 (0.07)
中介人特征								
管理位置	—	0.23* (0.09)	0.16* (0.07)	0.62* (0.25)	—	2.11* (1.03)	3.39* (1.54)	3.38* (1.19)
工作单位	—	0.17* (0.06)	0.16* (0.06)	0.19* (0.07)	—	1.08* (0.51)	1.69* (0.65)	1.12* (0.63)
职业声望	—	0.02 (0.04)	0.03 (0.02)	0.01 (0.04)	—	0.19* (0.04)	25* (0.05)	0.12* (0.06)
截距	0.18	-0.37	-0.76	0.10	8.30	31.32	31.54	45.80
R^2	0.22	0.25	0.25	0.25	0.30	0.34	0.39	0.35
样本量	428	428	234	194	428	428	234	194

注：1. 表格内为非标准化系数，括号内为标准误。2. 模型 1 样本为求职中使用关系的个案。3. 模型 2 样本为求职中使用直接关系的个案。4. 模型 3 样本为求职中使用间接关系的个案。5. * $p<$ 0.05（双尾检验），为节约空间起见只标注此一显著水平。6. R-H = 求职者与最终帮助人的关系；R-I = 求职者与中介人的关系；I-H = 中介人与最终帮助人的关系。

表 13-3　通过直接和间接关系锁定帮助者：关系途径和关系强度回归模型

预测变量	因变量 使用 间接关系 模型 1	因变量：与最终帮助者的关系强度				
		全样本 模型 2	使用 直接关系 模型 3	使用间接关系		
				模型 4	模型 5	模型 6
间接关系	—	-0.68** (0.07)	—	—	—	—
关系熟悉程度						
R-I				-0.59** (0.10)	—	-50** (0.12)
I-H					-0.43** (0.10)	-0.15 (0.11)
被访者特征						
教育	0.29** (0.10)	-0.07 (0.05)	-0.08 (0.05)	-0.06 (0.05)	-0.05 (0.05)	-0.06 (0.05)
党员身份	0.06 (0.25)	-0.03 (0.09)	-.03 (.13)	-.01 (.11)	-.01 (.12)	-.08 (.11)
性别（男性＝1）	-0.33 (0.21)	-0.04 (0.07)	-0.12 (0.10)	-0.06 (0.10)	-0.002 (0.10)	-0.049 (0.10)
年龄（×10）	0.22** (0.08)	-0.17* (0.03)	-0.24** (0.04)	-0.06 (0.04)	-0.07 (0.04)	-0.06 (0.04)
父亲特征						
工作单位	0.20* (0.11)	-0.04 (0.04)	-0.03 (0.06)	-0.12* (0.05)	-0.10* (0.05)	-0.11* (0.05)
职业声望（×100）	0.07 (0.09)	-0.09 (0.34)	-0.48 (0.47)	-0.09 (0.44)	-0.48 (0.45)	-0.13 (0.44)
截距	-3.05**	10.91	7.54	8.78	7.91	8.87
-2 log-likelihood	589.60	—	—	—	—	—
R^2	—	0.26	0.17	0.22	0.15	0.23
样本量	428	428	234	194	194	194

注：1. 模型 1 为逻辑回归系数，模型 2—6 为 OLS 非标准化系数，括号内为标准误；2. $*p<0.05$，$**p<0.01$（双尾检验）。

四　获取社会资源

表 13-4 的逻辑回归模型估计了关系强度对帮助者的行政职位（是否领导干部）的影响。领导干部是权力的象征，而权力是关系之所以发生影响的原因。人们通过直接关系还是间接关系锁定某位领导干部，成为他们的帮助

者？通过强关系还是弱关系获得这些领导干部的帮助？

　　表13-4 中的模型 1 包括了所有的关系使用者，无论是直接关系还是间接关系。这个模型显示，当求职者的个人特征和家庭背景一致的条件下，他们与帮助者的熟识程度愈低，锁定领导干部成为帮助者的可能性就越大。这显然支持弱关系假设。模型 3 表明，这种情况在直接关系使用者中也是真实存在的。

表 13-4　关系强度对帮助者是否为领导干部影响的逻辑回归模型

预测变量	全部关系使用者		直接关系使用者	间接关系使用者		
	模型 1	模型 2	模型 3	模型 4	模型 5	模型 6
关系熟悉程度						
直接关系	—	0.46 ** (0.16)	—	—	—	—
R-H	-1.17 ** (0.11)	-0.91 ** (0.15)	-1.53 ** (0.21)	-0.48 ** (0.18)	-0.62 ** (0.18)	-0.52 ** (0.20)
R-I	—	—	—	1.47 ** (0.29)	—	1.03 ** (0.30)
I-H	—	—	—	—	1.37 ** (0.26)	1.00 ** (0.26)
被访者特征						
教育	0.03 (0.08)	0.02 (0.08)	0.03 (0.11)	0.04 (0.13)	0.003 (0.14)	0.02 (0.14)
党员身份	0.07 (0.18)	0.07 (0.18)	0.19 (0.24)	0.12 (0.33)	0.11 (0.33)	0.20 (0.33)
性别（男性＝1）	0.31 * (0.14)	0.34 * (0.15)	0.22 (0.20)	0.97 ** (0.33)	0.64 * (0.29)	0.89 ** (0.35)
年龄（×10）	0.06 (0.06)	0.06 (0.06)	-0.004 (0.08)	0.02 (0.11)	0.03 (0.13)	0.02 (0.12)
父亲特征						
工作单位	0.08 (0.07)	0.08 (0.08)	0.15 (0.10)	0.23 (0.15)	0.14 (0.16)	0.27 (0.18)
职业声望（×10）	0.18 ** (0.06)	0.19 ** (0.07)	0.25 ** (0.09)	0.06 (0.14)	0.14 (0.13)	0.06 (0.15)
截距	11.18 ** (0.69)	10.93 ** (0.71)	11.99 ** (0.96)	6.40 ** (1.60)	6.75 ** (1.55)	5.12 ** (1.75)
卡方	674.42	646.31	674.73	187.24	172.34	256.27
自由度	420	419	226	185	185	184

　　注：表中数据为回归系数，括号内为标准误。R＝求职者；I＝中介人；H＝最终帮助人。 $*p<$ 0.05， $**p<0.01$（双尾检验）。

表 13-4 中的模型 2 表明，使用间接关系增加了求职者找到领导干部成为帮助者的概率，这支持了假说 3——使用间接关系导致社会资源的增加。在间接关系使用者中，求职者与帮助者的关系越弱，则帮助者越可能是领导干部（模型 4，系数为-0.48）。但与此同时，求职者与中介人的关系越强，则帮助者越可能是领导干部（模型 4，系数为 1.47）。还有，中介人与帮助者的关系越强，则帮助者越可能是领导干部（模型 5，系数为 1.37）。最后，当三个关系强度变量都进入模型 6 之后，这个模型显示，每一个关系强度变量都是统计显著的，说明都有独立的影响：求职者与帮助者的关系越弱，与中介人的关系越强，中介人与帮助者的关系越强，则帮助者越可能是领导干部（模型 6，系数分别是-0.52，1.03，1.00）。这些统计分析结果支持了假说 6——在间接关系网络中，强关系是关系链的桥梁。

模型 6 的一项数据结果值得我们特别注意。这就是被调查者与最终帮助者的熟识程度越低，则帮助者是领导干部的可能性越高，对此我们既不能忽视也不能过分强调。我们知道，约 1/3 的间接关系使用者"完全"不认识其最终帮助者（见表 13-1）。即使在预先与帮助者有某种程度相识的个案中，中介人也是必不可少的，因为若没有他们，帮助者就不可能对求职者提供帮助。另外，在考虑了关系强度对中间关系的影响之后，求职者和帮助者间的关系，其关系强度与社会资源呈现负相关。这意味着，与级别较高的帮助者交往可能需要两个或更多的中介人，因为是这些中介人使得关系链条加长。这个事后的揣测，需要关于关系链长度的研究资料，有待未来研究者探索和证明（除了领导干部这个变量，帮助者的工作单位级别和职业地位也是本研究被考虑的社会资源变量。对这两个因变量的回归分析的简化结果，呈现在下一节的表 13-5 中）。

第六节 结论

1988 年在天津随机选择的 948 名被调查者中，428 名（45.1%）通过个人帮助者提供的实质性帮助获得了第一份工作。在这些人中，无论他们自己还是父亲的特征如何，其帮助者在工作分配体系的地位越高，则被调查者越有可能进入级别较高的工作单位、得到地位较高的工作。其中大约 55% 的帮助者是通过直接关系被锁定的，而这些直接关系大多数属于强关系，而非弱关系。然而有意思的是，是通过弱关系，而不是强关系，求职者才能找到领导干部成为帮助者，找到级别较高单位的人成为帮助者，找到较高职业地位的人成为帮助者。大约45%（样本数为194）的帮助者是通过间接关系（通过中介人的关系）被锁定的。年长者或其父亲在级别较高单位工作的人比其他人更可能运用间接关系。这些被调查者与其帮助者的关系大多属于弱关系。但是，他们同中介人的关系是密切的，后者同帮助者的关系也是密切的。求职者通过中介人找到的帮助者，而这些帮助者更可能或者是领导干部，或者工作于较高级别的单位，或者有较高的职业地位。如果被调查者进入了较高级别的工作单位，获得了较高的职业地位，是由于帮助者的领导干部职位、工作单位级别以及职业地位的正向影响，那么有两点结论是明显的：第一，高层帮助者更可能通过间接关系而非直接关系找到；第二，当求职者运用间接关系时，即通过中介人与高层的最终帮助者建立联系时，中介人与求职者的关系、中介人与帮助者的关系，往往都是密切的才能产生这个效果。

本章的分析和发现对网络理论和求职研究有几点重要意义。第一，必须严格确定求职网中流动的是什么性质的资源。在先前关于市场经济的研究中，它假定求职者更经常地通过弱关系而非强关系从交往者那里获得了就业信息。对天津的工作分配的研究发现，当基于信任和义务的强关系网络被用来影响分配工作的决策代理人时，这种趋势就发生了变化。换言之，当影响而非信息通过个人网络流动时，通过强关系而非弱关系更容易建立起有效的求职通道。

第二，本章对信息和影响的区分，推进了求职中密切和弱的网络关系相对有效性长期争论的相关研究。早期研究表明，工作更经常的是通过弱关系而非强关系找到的，但近期的美国数据表明，强关系对于低地位的工人来说特别有用。虽然后者的发现意指强关系可将具有不同社会地位和社会资源的人连接起来，假定低地位的工人资格相对较低，他们努力从其社会交往者那里获得影响以及信息，同高地位的工人相比，建立强关系对他们更重要。这个假说有待于经验研究的进一步证实。

第三，本章的分析显示了建立求职中直接关系和间接关系的模型的重要性。在工作分配情境中，当求职者和工作决策代理人有直接关系时，弱关系比强关系使求职者更可能接触实权人物，甚至在影响而非信息通过网络流动的场合，上述发现也是真实的。这必须被解释为结构的影响：帮助者在工作

分配等级体系中的地位越高，帮助者与求职者间的关系越弱；帮助者的级别
越高，他所能施加的影响越大。这可以帮助我们理解为什么在中国的工作分
配情境中，有实质意义的帮助可以通过直接的弱关系而得到。这点发现的一
个可能解释是，关系力量是多维的；因此，有一种弱关系在有这种关系的人
之间的交互性和互赖性相对较高。

　　尽管如此，间接关系还是比直接关系在帮助求职者接近较高级别的帮助
者时更有效。在天津的资料中，通过间接关系比通过直接关系找到的帮助者
在工作分配等级制中占据着更高的职位，运用间接关系的被调查者最终找到
了更好的工作。按照结构性观点解释这些结果：占据工作分配等级制高位的
帮助者在数量上很少，能够建立的直接关系的数量也很少。因此，多数求职
者更可能通过间接而非直接关系获得占据权威位置的帮助者的帮助。本研究
令人感兴趣的发现是，强关系比弱关系更可能充当帮助者与求职者之间的
桥梁。

　　强关系充当桥梁有两个原因。第一，由于结构和文化的限制，或由于战
略执行者经过深思熟虑后认为，建立桥梁关系有利于保持竞争优势，潜在的
强关系可能是无联系的。第二，依赖于信任和义务的强关系，可以完成隐秘
性的、公众不认可的行为，在此目标下强关系能将无联系的、拥有非重复资
源的人们连接起来。强关系不可能像弱关系那样充当沟通网络中的桥梁，因
为弱关系比强关系的分布范围要广得多。然而，强关系在中国社会起到了关
系桥梁的作用，最重要的是通过此桥梁使得当事人获得关系的影响作用，特
别是在实现公众非认可行为方面，这在本研究中已被证明；从本研究的实例
来看，这是因为共同的第三方提供了把求职者和工作决策代理人联系起来的
信任和义务。由于弱关系缺乏这些特征，所以难以在人情影响网络中发挥桥
梁作用。

　　强关系桥梁的存在对弱关系假设提出了挑战，但并未完全否认它。该假
说——弱关系比强关系在市场经济中有更大的实用性效能——甚至在独特的
工作分配制度中，在资源通过直接关系而流动的情况下，也是正确的。所
以，对这种理论进行修改必需考虑到下列各点：（1）区分直接关系和间接
关系，（2）区分关系流动资源是信息还是影响，（3）区分不同制度环境和
劳动力市场的运行机制，看环境要素和机制要素如何制约了关系强度在获取
求职信息或人情影响方面所能发挥的作用。关于关系强度有效性假设应该在
充分限定了这些因素以后才能提出。

表 13-5 关系强度对帮助者工作单位级别和职业地位之影响的回归系数

预测变量	单位类型			职业声望		
	全样本	直接关系	间接关系	全样本	直接关系	间接关系
	模型 1	模型 2	模型 3	模型 4	模型 5	模型 6
关系熟悉程度						
间接关系	0.29* (0.12)	—		0.82 (0.59)	—	—
R-H	-0.43** (0.07)	-0.42** (0.10)	-0.43** (0.20)	-7.61** (0.96)	-9.15** (1.22)	-3.83* (1.17)
R-I	—	—	0.42* (0.21)	—	—	4.17 (2.16)
I-H	—	—	0.35 (0.22)	—	—	7.37** (2.66)
被访者特征						
教育	0.01 (0.06)	0.03 (0.08)	0.01 (0.08)	3.17** (0.79)	4.04** (0.99)	2.22* (1.02)
党员身份	0.20 (0.13)	0.38* (0.19)	0.02 (0.20)	3.62* (1.79)	2.74 (2.34)	3.90 (2.60)
性别（男性=1）	0.22* (0.11)	0.34* (0.15)	0.35* (0.17)	0.84 (1.45)	2.11 (1.19)	1.07 (2.25)
年龄（X10）	0.02 (0.04)	0.02 (0.06)	0.03 (0.06)	0.95 (0.58)	1.372 (0.76)	0.29 (0.87)
父亲特征						
工作单位	0.25** (0.06)	0.28** (0.08)	0.27** (0.09)	1.59** (0.78)	1.00 (1.22)	2.67* (1.25)
职业声望（X10）	0.02 (0.05)	0.02 (0.09)	0.03 (0.08)	0.13 (0.07)	0.26** (0.09)	0.661 (1.022)
截距	2.35** (0.54)	2.23** (0.69)	2.38** (.85)	72.95** (7.13)	63.08** (8.75)	47.71** (11.18)
R^2	0.28	0.24	0.27	0.25	0.33	0.28
样本量	428	234	194	428	234	194

注：1. 表中数据为回归系数，括号内为标准误；2. $*p<0.05$，$**p<0.01$（双尾检验）。

第十四章 求职网与强关系假设的再检验①

上一章是笔者于 20 世纪 90 年代提出强关系假设时基于天津 1988 年调查对其开展的初步检验，在英文学刊发表。该论文的重要理论创新是区分了通过人际关系动员的关系资源性质，总的理论判断是弱关系更多地用来动员信息资源、强关系更多地用来动员人情影响资源。但是，由于数据限制，当时并未直接测量关系资源，对上述理论判断的数据分析是由关系强度测量来替代的，这一测量缺憾是在 1999 年开始的历次 JSNET 调查数据之后弥补的。本章基于 2009 年 JSNET 调查数据，从关系强度和关系资源双重理论视角出发，探究关系强度和关系资源对入职工资的影响效应，并考察该影响效应如何受到社会结构变迁的制约。

第一节 理论背景与研究假设

一 关系强度视角下的入职工资

经济学家认为，工资是劳动者生产能力的函数，而达到了某项工作所预期的劳动生产率的那些劳动者，将得到市场上的均衡工资（Javanovic，1979）。但是问题在于，生产率是劳动者不能被观察到的潜在素质，并且这种不可直接观察的关于劳动者生产率的信息贯穿于劳动者本人的整个生命周期。在这个过程中，社会网络的作用就是通过向雇主提供信息，以供其择优

---

① 此章原文曾以"求职过程的社会网络模型：检验关系效应假设"为题发表于《社会》2012 年第 3 期，由边燕杰、张文宏、程诚合作发表。

录取求职者 （Stigler，1961；Akerlof，1970；Granovetter，1981）。这说明，社会网络提供的信息越精确，雇主对求职者的评价越高，入职工资水平也随着较高。另外，雇主并非总是理性的，因为他们很有可能受一些无关生产率的因素的影响，用比较高的工资雇用一个生产率较低的求职者 （Simon & Warner，1992）。比如，当雇主对推荐者或中间人高度信任，特别喜爱，或者存在人情压力时，社会网络对雇主有实质性的影响，使其偏离生产率理性，对求职者产生偏好评价，提高其入职工资水平。所以，信息与人情是社会网的两种不同资源，对入职工资水平发生不同的作用。

由于很难测量关系信息和关系人情，以往的经验研究受格兰诺维特的影响，使用关系强度作为替代变量："弱关系"具有获得信息的优势，"强关系"具有获得人情的优势。我们首先探讨"弱关系"和"强关系"对工资获得的影响作用。

1. "弱关系"与工资获得

格兰诺维特最先从理论上阐述了社会网络对收入的影响。他认为，人际网络通过促进劳动力市场中的信息流动来影响职业获得从而影响求职者的收入。"弱关系的强度"（Granovetter，1973）一文认为，那些交往不频繁的"弱关系"往往联结着更加广阔的劳动力市场。"弱关系"可以为求职带来更丰富却非冗余的职业信息，这使得求职者能够拥有更多的机会去获得较高地位或者较高收入的职业。林南（Lin，1982）发展了格兰诺维特的"弱关系"假设。他认为"弱关系"更可能联系着那些地位高于自我的人，而这些人提供了更加优质的岗位信息。在 Podolny 看来，地位高的中间人代表了求职者本身具备较高的才能，因此中间人的地位在劳动力市场中也发挥了一种信号机制，向雇主传递着求职者本人应该具有较高的生产率的信息（Podolny，1993，1994）。因此，

假设 H1：由于信息优势，使用"弱关系"的求职者比其他求职者获得较高的入职工资收入。

2. "强关系"与工资获得

人际网络中的"弱关系"并非影响劳动力市场中工资水平的唯一因素，以"强关系"为基础的人情机制同样影响个体工资水平（Prendergast & Topel，1996）。当雇主获得一个来自求职信息网络的求职信息时，他可以通

过该求职者的介绍人来确保这条信息的准确性（Saloner，1985；Simon &
Warner，1992）。这就凸显了中间人及其携带的人情影响在职业获得中发挥
的重要作用。当雇主意识到中间人的社会影响时，这种人情机制将变得更加
明显，因而会对被介绍人多加照顾（Rees，1966）。在这种情境下，雇主受
制于"嵌入性"，从而不可能完全理性地进行劳动力选择（Granovetter，
1985），还会认为自己有义务去照顾其他人（Bian，1997）。在极端情况下，
通过人情网络，不公正地获得稀有资源也被称作社会资本的负面效应
（Portes，1998）。这一现象解释了人情机制对求职者工资水平的强大影响力。

　　社会网络的人情机制为求职者带来了好工作，很多时候是由于求职者的
亲朋好友向雇主施加了重要影响（Coverdill，1998）。Rosenbaum 等人通过对
高中以上学历的雇员为期 10 年的研究发现，那些依靠亲戚朋友找到工作的
人比其他求职者具有更高的起薪（Rosenbaum et al.，1999）。所以理论上一
般都假定这种以义务、信任和互惠为内涵的"强关系"是人情机制的网络
基础。人情机制在日常生活中也存在许多的例证，如求职者经常诉求于他人
"走后门""打招呼"等（Corcoran et al.，1980）。而中国社会强烈的关系主
义文化背景中的一大特点便是人情交换（Hwang，1987；King，1991；Yang，
1994；Yan，1996）。在这种文化背景中，"强关系"在职业流动中被频繁使
用，且富有成效（Bian & Ang，1997）。因此，我们提出：

　　　　假设 H2：由于人情优势，使用"强关系"的求职者比其他求职者
　　获得较高的入职工资收入。

二　关系资源视角下的工资获得

　　关系强度视角基于劳动力市场信息不完全的假定，认为求职者从关系人
那里获得的信息和人情会有助于求职者获得一份工资或声望较高的职业。但
是，在目前的社会学研究中，并没有学者真正测量过信息和人情，现有研究
只是认为它们会对求职结果产生有利的影响（参见 Granovetter，1995；Lin，
1999）。这些研究通过测量求职者与"中间人"之间的关系强度以及"中间
人"的身份地位作为信息和人情的代理变量。但这些代理变量既没有提供稳
定的经验结果（Bridges & Villemez，1986；de Graaf & Flap，1988；Marsden

& Hurlbert，1988），也没有经过调查数据的严格检验（Montgomery，1992）。

Mouw（2003）提出了挑战性的质疑。他认为，求职过程中的"中间人"和求职者本身具有个人特征方面的同质性。求职者与"中间人"之间的非随机的友谊关系所造成的内生性问题，使得我们很难求证求职结果和社会网络属性之间的因果机制。Mouw 的分析表明，大量可观察到的社会网络对于收入获得的作用机制可能是虚无的。Mouw 提出的问题对关系强度视角是一个非常严峻的挑战，要求我们必须提供一种新的、更加直接的研究思路来加以回应。

关系资源视角正是基于这样一种挑战而提出的。这种视角继承了关系强度视角的基本理论命题，但是突破了"弱关系"对应"信息机制"和"强关系"对应"人情机制"的理论假定，它通过测量求职者在求职过程中是否动员了网络资源以及动员了哪种类型的资源，直接研究求职者所获得的工资水平与信息/人情机制间的关系。

这种视角可以称为关系资源视角，最早由边燕杰和张文宏提出（2001），并随着 Mouw 关于社会资本同质性问题的提出而受到格外的关注。该视角认为，虽然求职者和"中间人"之间可能具有同质性，但这并不影响网络成员向求职者提供一些有价值的资源，而这些资源有可能促进了求职者向更高地位的职业流动。但是目前的研究还没有将关系资源视角和关系强度视角结合起来，只是假定"弱关系"对应信息资源，"强关系"对应人情资源，至于这种假定究竟在多大程度上成立，在不同的制度环境背景下是否相同等问题，我们都不得而知。为了先解决这个问题，我们将通过调查在求职过程中"中间人"具体为求职者做了哪些事情，直接测量求职者在职业搜寻过程中所动员的网络资源的具体内容。如果关系资源视角确实继承并发展了关系强度视角的话，那么下文的研究假设将得到实证支持：

假设 H3a：使用"弱关系"的求职者更可能动员了网络中的信息资源，而非人情资源；

假设 H3b：使用"强关系"的求职者更可能动员了网络中的人情资源，而非信息资源。

无论上述假设是否成立，我们有必要对关系资源的效应提出明确的假设用于实证检验，也就是说，如果能够测量关系信息和关系人情的话，那么这两种不同的资源对入职工资水平产生怎样的影响呢？根据前文所述的信息机制和人情机制，得到如下假设：

假设 H4a：使用了信息网络资源的求职者比其他求职者获得更高的入职工资收入；

假设 H4b：使用了人情网络资源的求职者比其他求职者获得更高的入职工资收入。

必须说明的一点是，假设 H1 到假设 H4b 中的"其他求职者"指的是没有动用社会关系的求职者。从社会关系普遍存在的观点看问题，这些人拥有一定强度的关系网络和关系资源，只是在求职过程中没有动用这些关系而已。那么，动不动用关系网络和关系资源是需要给以关注和解释的。

三　市场转型背景下的社会网络作用空间

对于社会网络和社会资本在中国的作用效度的讨论，除了"弱/强关系"之争以外，另一个重要讨论则是市场转型过程中，关系的作用是在下降、维续还是上升？为了方便解释社会网络在转型过程中作用变化的问题，我们运用了边燕杰提出的社会网络作用空间（the social-network space）的概念，它是指在不同的经济体制背景下，行动者对其社会网络运作及其效应的差异（Bian，2004）。

市场化假设认为转型经济动态过程的大方向是不断向市场化迈进，其间资源配置越来越通过市场进行而非行政调拨（Nee，1989）。因而在劳动力市场中社会网络作用的性质也会随之发生变化：提供信息桥梁的"弱关系"使用频率上升而提供人情影响的"强关系"使用频率下降（边燕杰、张文宏，2001）。Guthrie 根据在上海等地进行的访谈，同样认为市场化改革后中国的关系主义在持续下降（Guthrie，1998）。

与之相左的"权力维续论"则认为中国经济体制改革始终是一个在政府主导下"自上而下"的变革过程，关系网络将持续发挥作用。由于一些重要岗位的分配权仍然掌控在政府代理人手中，所以"强关系"更加有可能作为网络桥连接到这些"中间人"。求职者利用"强关系"网络中的重要成员"影响那些实权人物，后者转过来把分配工作当作对其关系人的一种人情回报"（Bian，1997），因此，只要市场化改革还按原来的设想进行，那么可以提供影响力的"强关系"将会一直发挥着重要作用。如果把求职过程中使用关系网络当作一种文化现象来看，那么其存续应较为稳定，不会随着制度变迁而突变。因此，即使是在转型时期（甚至在更久远的将来），基于"强关系"的人情资源在职业搜寻过程中将持续扮演重要角色。

第三种观点则认为市场转型过程中，关系的作用不仅不会下降，而且还在上升。边燕杰等（2001）提出的"体制洞"观点认为，经济体制的不完善之处可以看成该体制存在漏洞。比如，在市场转型过程中会出现的体制上的"断裂"：在这一过程中，不论是再分配经济体制还是市场经济体制都是低效率甚至无效的，而作为非正式的资源配置手段社会网络将发挥重要意义。其中，提供"信息桥"的"弱关系"以及提供信任和规范约束的人情网络的使用频率都会提高，同时这两种关系网络也都在转型经济中发挥更加重要的作用（边燕杰、张文宏，2001）。

最新近的研究试图从理论上对此争论进行整合。边燕杰和张磊运用市场的竞争程度和制度的不确定性程度两个维度，区分了四个象限，而每个象限中社会网络的作用空间不尽相同。具体地讲，当市场竞争程度低，制度不确定性程度也低时，比如1978年以前，社会网络的作用空间是很有限的；当市场竞争程度低，制度不确定性程度升高时，比如刚刚开始进行改革开放，社会网络的作用空间迅速扩展；1992年以后，市场竞争程度提高，而制度不确定性程度依然很高时，社会网络的作用空间最大；而随着2001年底中国加入WTO，制度的不确定性程度开始下降，社会网络的作用空间也随着缩小（Bian & Zhang，2014）。

虽然上述几种理论观点的分析视角不同，结论迥异，但总结起来，他们对于代表信息资源的"弱关系"的作用效果基本持共识态度，即在市场化过程中，"弱关系"或者说人际关系网络中的信息资源的作用空间将不断上升。因此，我们提出：

假设 H5：市场化改革过程中，人际社会网络中的信息资源，或者说"弱关系"的作用空间将不断扩展。

理论争论的焦点是代表人情资源的"强关系"作用效果的变化趋势。这里，提出三个互斥的研究假设：

假设 H6a：市场化改革过程中，人际社会网络中的人情资源，或者说"强关系"的作用空间将不断缩小；（市场化假设）

假设 H6b：市场化改革过程中，人际社会网络中的人情资源，或者说"强关系"将维持其在地位获得中的优势；（权力维续假设）

假设 H6c：市场化改革过程中，人际社会网络中的人情资源，或者说"强关系"的作用空间将不断扩展。（体制洞假设）

我们根据上述假设绘制了研究流程图（见图 14-1）。在下文的研究中，我们检验"弱关系"是否与求职过程中动员了信息资源相对应（假设 H3a），以及"强关系"是否与人情资源相对应（假设 H3b）；如果以上假设都成立，我们将要检验"弱/强关系"以及信息资源/人情资源，同求职结果（入职工资水平）之间的关系，即假设 H1 和 H2，以及假设 H4a 和 H4b。最后，我们将结合中国的市场化改革过程，探讨在不同的劳动力市场条件下，"弱/强关系"，以及信息资源/人情资源在劳动力市场中的作用空间变动情况，即假设 H5 和 H6。

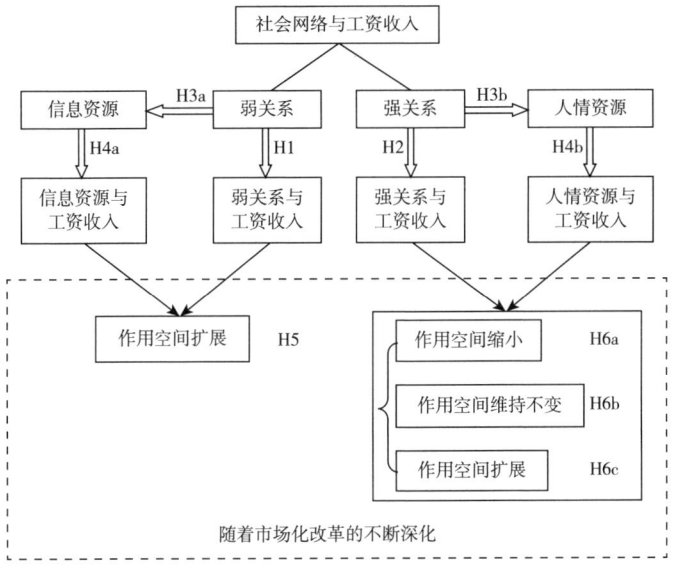

图 14-1　本章节的研究流程图

第二节 变量的操作化和描述

一 数据来源

数据来自笔者主持的 2009 年 JSNET 大型社会调查,分别在长春、广州、济南、兰州、上海、天津、厦门和西安八城市进行抽样调查。①

二 变量的操作化

1. 入职工资水平

入职工资水平是因变量。在调查中,我们询问了被访者最近获得的那份工作的实际入职工资。该变量的分布呈右偏态,所以分析模型中的入职工资水平取对数形式。

2. 关系强度

有的被访者在求职过程中没有使用关系,有的使用了关系。对于使用关系的求职者,我们进一步咨询他们和"中间人"的熟悉程度,从而得知使用的关系是"弱关系"还是"强关系"。如果相熟程度为"熟极了""很熟""较熟",我们视为"强关系";其余视为"弱关系"。本次调查中,未使用关系的求职者占 40.62%,使用"弱关系"的占 29.36%,使用"强关系"的占 29.90%,总体呈 4∶3∶3 比例。

3. 网络资源

以最近一次求职行为为切入点,使用关系的求职者被询问实际得到了什么帮助,关系资源的性质是什么(见表 14-1)。虽然关系资源从理论上可以区分为信息和人情两大类,求职者完全可能同时使用不同的资源。因此我们得到四个关系资源的使用形态:只使用了信息资源、只使用了人情资源、使用了信息和人情的混合资源、使用了关系但是资源不明(包括"漏填"和"拒绝"回答等因素造成的缺失)。理论上,信息资源和人情资源

---

① 数据详细情况见第一章。

的区别是看关系人是否与雇主有直接或间接的接触，从而对后者施加影响。

表 14-1 网络中资源的类型与测量指标

信息资源	（1）提供就业信息；（2）告知招工单位/雇主的情况；（3）提出具体建议，指导申请；（4）帮助整理申请材料；（5）亲自准备申请材料
人情资源	（1）帮助报名、递交申请；（2）帮助推荐；（3）帮助向有关方面打招呼；（4）安排与有关人员见面；（5）陪同造访有关人员；（6）帮助解决求职中的具体问题；（7）对招工单位/雇主有承诺；（8）直接提供工作

4. 入职年代

为了考察求职网络的作用空间是否随着改革进程而发生变化，我们询问了被访者最后职业的入职年代，据此划分为四个典型的经济体制时代：（1）1956—1979 年的再分配经济时代，（2）1980—1992 年的双轨制时代，（3）1993—2001 年的经济快速转型时代，（4）2002 年及以后的全面市场化时代。

三 变量的基本信息描述

在 2009 年八城市调查数据中，有 6307 个被访者曾经有过非农工作经历，构成我们的分析样本。

对于这个样本，除了上述核心变量以外，还涉及了被访者年龄、户口、性别、婚姻状况、受教育程度、政治面貌、单位类型及所属城市等控制变量。表 14-2 列出了这些变量的描述性统计结果。表 14-2 还报告了变量缺失值所占比重，其中缺失值较多的变量，我们将其作为虚拟变量纳入模型，以保证样本的代表性和统计分析的有效性，比如求职时使用的资源类型，其中有 11.4% 的被访者曾报告使用过关系，但并没有报告使用的哪种类型的资源，我们在模型分析中将其作为虚拟变量纳入，但由于理论意义不明，在模型统计数据中并没有给出。

表 14-2　变量基本信息描述（$N=6307$，不含雇主/自雇）

变量名称	均值（标准差）	变量名称	均值（标准差）
入职工资	994.5（1571.0）	入职工资对数	5.59（1.88）
关系强度	百分比		百分比
未使用关系（0）	40.62	婚姻状况	
使用弱关系（1）	29.36	未婚（0）	16.85
使用强关系（2）	29.90	已婚（1）	83.07
缺失	0.11	缺失	0.08
网络资源		受教育程度	
未使用关系（0）	40.62	小学及以下教育（1）	5.14
只使用信息（1）	14.89	初中教育（2）	22.25
只使用人情（2）	9.20	高中教育（3）	34.95
使用混合资源（3）	23.89	专科教育（4）	17.28
缺失（4）	11.40	本科及以上教育（5）	20.22
入职年代		缺失	0.17
1956—1979 年（1）	25.32	政治面貌	
1980—1992 年（2）	22.21	非党员（0）	80.83
1993—2001 年（3）	14.44	党员（1）	19.04
2002 年及以后（4）	37.43	缺失	0.13
年龄		单位类型	
18—29 岁（1）	21.37	体制外部门（1）	67.26
30—39 岁（2）	19.47	体制内部门（0）	30.06
40—49 岁（3）	21.79	缺失	2.68
50—59 岁（4）	24.42	所属城市	
60—69 岁（5）	12.95	长春（1）	8.97
户口		广州（2）	14.13
农业户口（1）	8.55	济南（3）	10.32
本地非农（2）	82.86	兰州（4）	14.52
外地非农（3）	8.58	上海（5）	13.78
性别		天津（6）	15.05
女性（0）	54.04	厦门（7）	9.32
男性（1）	45.96	西安（8）	13.91

第三节　数据分析和假设检验

一　强弱关系与关系资源

表 14-3 的三个模型结果证明，弱关系更多地用于获得信息资源，强关系更多地用于获得人情资源和混合资源。模型 1 显示，如果通过弱关系获得资源的概率是 1.0（参照项），强关系的概率是它的 47%（0.470）。模型 2 和模型 3 分别显示，比之于弱关系，强关系获得人情资源的概率是 2.896 倍、获得混合资源的概率是 3.061 倍。最后这个比率表明，如果信息资源是人情资源的先导资源或副产品（Bian，1997），那么混合资源本质上是人情资源的强化形式。总之，三个模型结果支持了假设 H3a 和 H3b。

表 14-3　关系强度对关系资源影响的二元逻辑回归分析

	模型 1	模型 2	模型 3
	是否使用信息资源（odds ratio）	是否使用人情资源（odds ratio）	是否使用混合资源（odds ratio）
强关系（参照项：弱关系）	0.470***	2.896***	3.061***
男性（参照项：女性）	0.981	0.986	1.004
年龄段（参照项：18—29 岁）			
30—39 岁	1.022	1.077	0.850
40—49 岁	1.037	1.057	0.900
50—59 岁	1.106	1748*	0.541***
60—69 岁	1.526	1.309	0.595*
已婚（参照项：未婚）	0.896	1.178	0.950
受教育程度（参照项：小学及以下）			
初中教育	0.778	1.337	1.570*
高中教育	0.727	1.067	1.678**
专科教育	0.763	1.113	1.635*
本科及以上教育	0.788	1.067	1.905**
党员身份（参照项：非党员）	0.922	0.799	1.159

	模型 1 是否使用信息资源 （odds ratio）	模型 2 是否使用人情资源 （odds ratio）	模型 3 是否使用混合资源 （odds ratio）
户口（参照项：农业户口）			
本地非农户口	1.227	0.810	0.990
外地非农户口	1.033	0.894	1.078
体制外部门（参照项：体制内）	1.088	0.973	0.960
入职年代（参照项：1956—1979 年）			
1980—1992 年	1.232	1.210	1.059
1993—2001 年	1.820 **	0.933	1.139
2002 年及以后	1.769 **	0.648 *	1.537 *
城市虚拟变量	进入	进入	进入
样本量	3595	3595	3595
对数似然值	-1948.65	-1426.85	-2225.49
伪 R^2	0.035	0.075	0.082

　　控制变量的系数提供了辅助性分析结果。首先，是否使用强弱关系与个人特征基本没有关联，不受年龄、性别、婚姻、户籍、政治面貌、单位性质的影响；不过，受教育程度越高，求职者越可能使用混合资源。其次，随着改革开放的深入，行动者更倾向于使用信息资源和混合资源，单纯使用人情资源的求职者变得越来越少。

二　强弱关系与入职工资

　　表 14-4 的模型 1 表明，当控制其他变量的情况下，不论使用弱关系还是强关系，相对于没有使用关系的求职者来说，其入职工资水平都较高；弱关系使用者的工资收入高出 2.8%（$e^{0.028}-1$），强关系使用者高出 5%（$e^{0.049}-1$），支持假设 H1 和 H2。

　　另外，回归系数的 t 检验证实，强弱关系使用者之间存在显著差异，强关系的入职工资效应大于弱关系。这说明，虽然弱关系作用不容忽视，但关系主义的文化导向和体制不确定性都决定着，强关系在我国城市劳动力市场中具有更加特殊的重要意义。

表 14-4 对入职工资水平的多元线性回归分析

	模型 1	模型 2	模型 3	模型 4
	+关系强度	+交互项 1	+资源类型	+交互项 2
入职年代（参照项：1979 年及以前）				
1980—1992 年	0.211***	0.202***	0.212***	0.202***
1993—2001 年	0.509***	0.494***	0.510***	0.494***
2002 年及以后	0.860***	0.892***	0.861***	0.892***
关系强度（参照项：未使用）				
弱关系	0.028***	0.024		
强关系	0.049***	0.060***		
资源类型（参照项：未使用资源）				
信息资源			0.030***	0.033
人情资源			0.026***	0.027
混合资源			0.039***	0.062***
关系强度、资源类型与入职年代的交互效应				
弱关系 * 1980—1992 年		−0.001		
弱关系 * 1993—2001 年		0.014		
弱关系 * 2002 年以后		−0.015		
强关系 * 1980—1992 年		0.017		
强关系 * 1993—2001 年		0.009		
强关系 * 2002 年以后		−0.046**		
信息资源 * 1980—1992 年				0.005
信息资源 * 1993—2001 年				0.011
信息资源 * 2002 年以后				−0.024
人情资源 * 1980—1992 年				0.016
人情资源 * 1993—2001 年				0.013
人情资源 * 2002 年以后				−0.028*
混合资源 * 1980—1992 年				0.002
混合资源 * 1993—2001 年				−0.005
混合资源 * 2002 年及以后				−0.047**
样本量	6064	6064	6071	6071
拟合优度	0.818	0.819	0.818	0.819

三　信息机制、人情机制与入职工资

　　强弱关系对于工资水平的影响是否也存在显著差别呢？表 14-4 的模型 3 表明，在职业搜寻过程中不论动员何种形式的资源，都会显著提高入职工资收入。在控制其他变量的情况下，相比没有使用关系的求职者，使用信息资源的求职者平均入职工资高出 3%（$e^{0.030}-1$），使用人情资源的入职工资高出 2.6%（$e^{0.026}-1$），而使用混合资源的入职工资会高出 4%（$e^{0.039}-1$）。这个结果说明，信息和人情资源对入职收入都有提升作用，但是人情资源和混合资源的收入效应要高于信息资源，模型结果支持假设 H4a 和 H4b。

四　市场化改革与社会网络作用空间的关系分析

　　上述结果是否存在时期变化？我们预期，随着我国经济从再分配经济体制向市场经济体制的转变，社会网络的作用空间总体上会不断上升。但是由于不同类型的社会网络具有不同的经济作用机制，社会网络在市场化进程中的表现可能有所差异。其中，信息机制的力量将不断增强（市场化假设、"体制洞"假设）；人情机制的影响比较复杂，可能下降（市场化假设），可能持续稳定（关系主义的文化导向和"权力维续论"假设），也可能随着市场化进程而有所增强（"体制洞"假定）。表 14-4 的模型 2 和模型 4 通过互动变量检验这些假设。

　　在模型 2 中，弱关系的主效应不再显著，它与入职年代的三个交互项也不显著。这表明，在再分配时期，弱关系对于职业地位获得没有显著影响，但随着市场化改革的不断深化，弱关系的作用没有显著提升，因此这些结果不支持市场转型论，假设 H5 未被验证。

　　同样是模型 2，强关系的主效应显著，其标准化回归系数略高于模型 1 的系数，而强关系与 1980—1992 年、1993—2001 年的两个交互项，都没有通过显著性水平的检验，但与 2002 年及以后的交互项通过了显著性检验，且系数为负。这些数据结果表明，在再分配经济时期，强关系在入职工资收入中具有显著效应，并且这种效应在双轨制时期和快速转型时期都比较稳定，但在 2002 年及以后该效应显著下降。所以，我们可以认为，改革前期的强关系的工资收入效应在进入 21 世纪以后，尤其是加入 WTO 组织以后，正在式微。这表明，基于市场化假设的 H6a 得到验证，基于权力维续论的假设 H6b 在改革前期得到实证，而基于体制洞理论的假设 H6c 并未获得支持。

对这一结果可能存在两种不同的解释。第一，我国的市场化改革对地位获得模式产生了显著影响，体制洞在不断地消减，市场制度和新的劳资制度在不断重构，传统的关系主义模式在市场经济和全球化浪潮的冲击下而不断地丧失自身优势。但另一方面，改革还尚未形成完善的市场经济体系，因为弱关系的力量尚未在市场化过程中充分体现出来。第二，关系的供大于求。关系的使用率随着市场化改革在不断增大，例如在双轨制时期，通过社会关系网络途径求职的为 40%—60%，但 1992 年之后，使用人际网络求职的比重一跃超过 70%，2001 年以后，达到了 80% 以上，2009 年更是高达 87%。如果某种途径的收益率高出其他投资途径的平均收益率，那么就会有更多的行动者参与其中，这又必然导致了这种投资收益率的下降，最终达到一种均衡状态，而非"体制洞"的消解。

如果我们直接用信息资源和人情资源来解释求职者入职工资水平的差异，那么也应该像讨论强弱关系作用空间那样获得相同的答案。表 14-4 的模型 4 回答了这个问题。在引入网络资源与入职年代的交互项之后，信息资源的主效应同样不再显著，而且信息资源和入职年代的交互项也不显著，这个结果和"弱关系"的作用空间的变化完全一致。纯粹的人情资源的主效应同样不显著，但是在 2002 年及以后其作用在显著下降，类似于"强关系"的变化趋势。

人情+信息的混合资源的主效应是显著正向的，与入职年代的前两个交互项不显著，但在 2002 年及以后，相比改革之前，混合资源的收入效应在显著下降。这和强关系作用空间的变化趋势完全一致。因此，基于市场化假设的 H6a 再次得到验证，基于权力维续假设的 H6b 同样在改革前期得到实证，而基于体制洞理论的假设 H6c 依然没有获得支持。

第四节　结论与启示

首先，本章从社会网络在劳动力市场中的作用机制出发，结合 2009 年数据再次验证了弱关系理论和强关系假设。数据表明：在当前中国社会，弱关系和强关系虽然对应了不同的作用机制，但都可以促进求职者的入职工资水平，或者说有利于求职者的职业地位获得，但这两种机制有主次之分。研究表明：就入职工资而言，强关系相比弱关系的效应更加明显。

其次，直接测量了求职者实际动员的资源类型。实证分析发现，信息资源和人情资源的确分别对应于弱关系和强关系，并如先前的研究那样，影响行动者社会流动的结果。Mouw 认为，由于"物以类聚，人以群分"，关系强度和"中间人"的地位的测量把我们引向一种关于社会网络效应的可疑、虚假的因果论断。我们通过测量"中间人"在求职过程中提供了实际帮助，进而解释了关系作为一种可以被动员的社会资源如何影响职业地位的获得。结果显示，不论是信息资源还是人情资源，都有利于个人的向上社会流动。因此本章还揭示，即使 Mouw 的理论是正确的，也只是说明在研究"找工作"这一议题时，通过关系强度来测量社会资本的方式需要加以改进。或者更广义地讲，在测量社会资本时，不应当使用倾向于与个人层面属性紧密相关的指标。在这一基本思想的指导下，我们通过研究在求职过程中实际动员的资源类型部分地解决了这一困惑。

最后，我们结合中国市场转型的宏观历史背景，探讨了两种关系社会网络的属性在改革开放进程中、不同时期背景下作用空间的变动情况。我国的市场化改革对地位获得模式产生了显著影响，体制洞已经表现出消减的迹象，市场制度和新的劳资制度在不断重构，传统的关系主义、人情主义在市场经济和全球化浪潮的冲击下而不断地丧失自身优势。但另一方面，改革还尚未形成完善的市场经济体系，因为代表信息资源的弱关系的力量尚未在市场化过程中凸显出来，所以市场化改革依然任重而道远。

虽然我们在总体上刻画了两种网络资源在劳动力市场中对于职业地位获得的影响，即代表人情资源的强关系似乎日渐式微，而代表信息资源的弱关系依然没有发挥作用。这种看似矛盾的现象也可能是由于我们没有考察关系的作用边界。中国的劳动力市场并非一块铜板，而是由不同的制度环境构成，比如，职业获得过程在体制内部门和体制外部门可能存在不同的模式，体制内部门由于秉承了再分配经济的多种特征，人情资源的效应可能较大，体制外部门可能反之；再者，两种关系网络对于内部劳动力市场和外部劳动力市场的作用可能也有所不同，人情资源可能对内部晋升，尤其是体制内部门的内部晋升意义显著，但对于外部劳动力市场，信息资源或许更加重要；另外，不同劳动力市场的规范程度、不确定性程度以及竞争程度同样会影响到关系运作的空间。这些都将成为进一步研究的议题。

第十五章 创业网与企业脱生的社会学分析[*]

改革开放的大潮中产生了成千上万个中小企业。2005年，经工商部门注册的中小企业约360万家，创造产值占当年GDP的近60%，提供75%的城镇就业机会（《市场报》，2006；《中小企业报》，2005）。这些企业是怎样产生的？社会网络在创业过程中扮演着怎样的角色？本章利用定性和定量资料对这一问题做尝试性回答。定性资料来自广东珠三角地区的企业家访谈：他们利用人际社会网络，了解信息、发现机会、获取资源、创办企业，以满足市场需求，实现成功梦想。基于这些创业故事，我提出"网络-市场"互动关系的理论模型，用以解释企业从社会网络脱生的过程。定量资料是珠三角地区830个企业的问卷调查，通过这些数据检验和评价理论模型的解释力。

第一节 创业故事

宋先生的故事：

在"被机会撞了一下腰"之前，宋先生从来没想过经营属于自己的企业。他生在广州，经常与邻里朋友下棋，并小有名气。他的年长棋友"老曹"是一家国有企业的后勤主管。1995年，还有一年将从中山大学本科毕业的宋先生，开始考虑毕业后的出路。对弈中，老曹向他建

* 此章原文曾以"网络脱生：创业过程的社会学分析"为题发表在《社会学研究》2006年第6期。收录时笔者做了必要修改。

议干个体。"你何不通过卖我们厂的垃圾来赚些钱?" "垃圾?" "是呀,就是我们厂里堆积如山的旧手套。从来没人想过用它们卖钱或是重新使用它们,因为厂里有规定,本厂员工无权以盈利为目的处置工厂资产。不过,这些东西应该可以卖个好价钱。" "不过,就算我想赚这个钱,你们厂让嘛?" "我负责后勤工作,这事儿我说了算!" 就这样,利用与一位后勤主管的棋友关系,宋先生开始了他的经商生涯。

"垃圾生意" 并没有持续太长时间。一方面,一家工厂的垃圾是有限的生意资源。虽然宋先生尝试与其他工厂联系,但由于市场竞争加剧,利润空间渐次狭窄,他放弃了这项生意。另一方面,"垃圾生意" 也不是宋先生的志向所在。他还是想发挥所学专长,开创完全不同的发展道路。尽管如此,"垃圾生意" 还是为宋先生提供了足以开办一家市场调查公司的资本。现在,他的调查公司早已上了全国排行榜。

冯先生的故事:

冯先生原是普通农民,手巧,会做木器活儿,1982 年成为制售家具的个体户。当时,经中央政府批准,广东允许发展个体和私营经济,家具制造是开放行业之一。其间,冯先生从经商的邻里和亲朋得知,木质家具,特别是红木家具销路好,市场需求大,制售厂家可以得到 100% 的边际利润。如此强大的卖方市场使冯先生立即行动。但他的问题是如何筹集 5000 元的创业资本。

在 1982 年,冯先生全家年收入 500 元,存款 250 元,5000 元 "确实是个大数目"。他想尽办法从亲友那里借到了 2000 元。剩下的 3000 元则是依靠当地村干部 "三哥" 答应与他合伙经营才解决的。"三哥" 通过手中的权力和个人关系,从当地信用社贷到了这笔款。同时,"三哥" 还帮助冯先生为合伙企业 "搞定了" 注册手续及其他证件,并争取到了首份订单和客户。时至 2003 年访问时,冯先生的家具厂已拥有员工 500 多人,税后年利润 470 万元。

这些故事背后蕴含着一个共同的道理:市场中的商机是通过企业主的个人网络来传递的。熊彼特主义认为,把握这些商机,投资创业,需要勇于战胜风险的企业家精神。然而,本章所关心的是,以上故事表明,知晓商机是创业的基本前提，并受两个因素的制约：（1）企业家是否置身于对某些产品或服务有着强烈需求的场域之中，这是开办企业的市场前提。（2）企业家是否置身于有效传递市场供求信息并为创业提供相应资源的社会网络之中，这是把握商机的结构条件。任何企业家在创业之初，都会面临市场需求和网络结构两个要素，那么这两个要素的互动如何决定创业过程？让我们从理论角度来探讨这个问题。

第二节　创业过程中的市场和网络

企业因需求而生。这是新古典主义经济学的常识（Becker，1976）。根据这一流派的观点，在完全市场中，供需相当即为均衡。需求得不到有效满足则出现失衡。失衡的实质是尚未满足的需求，蕴藏着经济发展的机遇，也为新企业的建立提供了空间。如果这种需求是即时性的，新企业可能是短命的；如果这种需求是强烈且持续的，新企业则能长期存活并不断成长（当然，前提是新企业的产品或服务是符合市场要求的）。简言之，新企业的出现是为了有效满足特定的市场需求。

建立新企业并不是解决供不应求的唯一出路。在所有经济体中，一个常见方法就是提高现有企业的经济效率（Becker，1976）。然而，对于20世纪80年代的中国，这条路行不通：公有制一统天下时，没有实际意义上的竞争，企业效率普遍低下，国有部门的产权安排不能激励生产者，而体制外的商机对他们更有吸引力。事实上，80年代改革的关键就是"放鸟出笼"，为非国有经济组织的出现提供政策空间（Naughton，1995）。在这样的宏观架构和氛围中，像访谈过的企业家宋先生、冯先生，一遇时机，便努力走上从商之旅。

这些故事同时印证了格兰诺维特（Granovetter，1985）提出的"结构嵌入性"的重要性：机会根植于既有的社会关系网络之中，这些关系网络使企业有效地获取和使用信息，与其他经济体、决策人建立信任，以利交易。需要注意的是，这样的经验事实并不只来自中国。事实上，西方社会类似的实例有许多：社会网络的作用体现在英国纺织业的扩张（Brown & Bose，1993）、美国玻璃企业的成长（White，2002）、芝加哥银行信贷的发放（Uzzi，1997）等。在中国经济转型的背景下，社会网络在传递经济情报的过程中，起着超乎寻常的作用，是因为信息的规格化程度低，不适于市场传递，即波依佐和切尔德（Boisot & Child，1996）所说的"信息非格式化"（Information Uncodification）问题。此外，社会网络保护企业免受地方政府的威胁（Peng，2004），在法制不健全的情况下为商业合同的履行和运作提供非正式保证（Zhou et al.，2003），帮助企业获取资源以提升生产能力（边燕杰，2002）。那么，在创业时，社会网络的特殊作用是什么呢？

对企业家的访谈结果表明，建立新企业的三个步骤都需社会网络运作其间。第一个步骤，了解商机。这种了解可以是无意之中的事，如宋先生的例子，在无意间，他通过棋友得到垃圾生意的信息；当然这种了解也可以有意为之，如冯先生的例子，他主动向经商的邻里和亲朋打听有关木制家具的行情。第二个步骤，筹集资金。与任何市场经济一样，珠三角的企业家们也是在启动资金不足的情况下创办企业的。由于资本市场不发达，当私人存款不足以支持创业时，很少有人能从国家或地方银行筹资。如冯先生一样，大多数人通过民间借贷，或向亲朋举债，或通过合伙经营来融资。第三个步骤，得到订单。提供订单的人往往就是提供商机的关系人，如宋先生的棋友"老曹"，或是创业合伙人，如冯先生的村干部"三哥"。总而言之，了解商机、筹集资金、得到订单，创业过程的每个环节都嵌入于企业家的社会网络之中。

表15-1展示了新企业的建立是如何在网络和市场的互动关系中进行的。一方面，网络视角有两个维度：一是企业植根于既有网络之中；二是企业在自身发展中仍需营造新网络。另一方面，市场视角也有两个维度：一是市场需求是持续性的；二是这种需求是即时性的。因而，市场-网络互动交叉，就得到了四种创业的理想型。

表 15-1　市场-网络互动关系

人际网络	市场需求	
	持续的需求	即时的需求
网络嵌入	I 新企业嵌入在社会网络之中。在这一网络中，市场对特定产品或服务的需求较强且持续。因此，商机和企业会长久维持并不断成长。 在企业初建时期，投资和订单均来自网络关系，这种网络关系扮演着一种长期的角色，促进企业的成长。	II 新企业嵌入在社会网络之中。在这一网络中，市场对特定产品或服务的需求是即时的、不持续的。因此，企业生存期较短或很快改变其产品或服务。 在企业初建时期，投资和订单均来自网络关系，这种网络还将在企业转产过程中继续起作用。

续表

人际网络	市场需求	
	持续的需求	即时的需求
网络营造	III 新企业因较强且持续的市场需求而产生。但是它的长期生存和成长则取决于营造网络关系，以获取新的商机和资源。 在企业初建时期，投资和商业订单并不一定从社会网络中获得，但是企业未来的发展将主要取决于对网络关系和资源的营造。	IV 新企业因即时的、非持续的市场需求而产生。因此，企业生存期一般较短，或很快转产，提供其他产品或服务。 在企业初建时期，投资和商业订单不一定从网络关系中获得，但须营造关系资源，使企业可以生存、转产和发展。

第 I 类企业脱生于网络。市场对于特定产品或服务的需求较强且持续，企业通过社会网络关系得到创业资金和第一份订单，并且，这种关系在企业日后的发展中起着长期的作用。

第 II 类企业也脱生于网络，但它所面对的是一种即时的、非持续的市场需求。维持现有的社会网络关系是非常重要的，因为这种网络关系对企业日后转产和持续生存提供了可资利用的条件。

与第 I 类企业相似，第 III 类企业同样面对较强且持续的市场需求，但在企业初建时期并不基于社会网络来获得信息与资源，因为这类企业通过市场化的正式渠道就足以解决问题。然而，面对激烈的市场竞争，为了生存和发展，这类企业须营造自己的社会网络，以获得更多的社会资源。

第 IV 类企业与第 II 类相似，是因即时的、非持续的市场需求而出现的。因此，它们所提供的产品、服务，甚至它们自身，也注定是短命的，面对的是如何尽快转产。虽然在企业初建阶段，投资和订单不一定通过网络获得，但为了生存下去，这类企业需要不断营造社会网络，开发社会资源，因为社会网络在转产过程中将扮演重要的角色。

第三节 珠三角地区的企业问卷调查

个案研究使我们得到上述"网络-市场"互动关系的理论认识，但这一认识并不适于检验相关的研究假设：假设检验必须通过个案之间的比较才能得到，而相关个案必须有代表性，才能将研究结论推广到总体。为了进行假设检验，在中山大学社会学系的协助下，我们于 2003 年秋冬在珠三角地区的中山、佛山和江门三市完成了 830 个企业的问卷调查。

自 20 世纪 80 年代以来，这些城市经历了从农业镇到工业化城市的产业转型，出现了大量的新兴企业，成为本研究理想的数据采集地。从抽样角度看，在广州等老城市选取新建企业的样本是比较困难的，而在珠三角地区新发展起来的工业城市中，抽样相对容易。同时，中山、佛山和江门各市的企业聚集于某些特定行业，便于控制。具体而言，这三个城市的企业集中在家具、服装、纺织、陶瓷、建材、小型制造等行业。有幸的是，中山大学已对这三个城市进行了长期的调查研究，对其行业结构、社会环境有了一定的了解，从而有助于我们研究设计和问卷调查的实施。

调查员均为受过训练的当地人。我们特意选择的调查员，与调查企业的企业主大多有个人关系，从而降低了进厂调查的难度和成本。研究涵盖了当地所选行业的所有企业作为总体，回答率约 70%。被调查人原定为企业的创始人或总经理，但后来发现，这个要求在超过 500 人的大企业中不现实，改由专门科室的经理来填写问卷。

出乎意料的是，让被调查人相信调查是单纯的学术研究，与税收、国家监控等活动无关成为一项非常困难的任务。由于这一问题，被调查人对于涉及企业业绩的利润、收入等问题或拒答，或误报。固定资产、利税额，有账可查，可得到官方数据。分析发现，行业内部，企业的业绩与其用电量高度相关；为此，用电量可作为业绩的替代指标。值得欣慰的是，被调查人还乐于回答有关社会网络的问题的。

表 15-2 描述了 830 个企业调查年和创业年的基本情况。其中 12.5% 是家具制造业，15.9% 是服装加工业，24.3% 是纺织企业，14.2% 主营陶瓷制品，21.9% 是小型机械制造，同时有 11.1% 的企业做建材生意。这些企业绝大多数是私营企业（82.3%），其余为国有企业（0.5%）、集体企业（2.9%）、外资企业（7.0%）、股份公司（7.4%）。平均有员工 230 人，但是方差很大。雇员 10 人以内的特小企业占 7.7%，11—50 人的小企业占 36.5%，51—500 人的中型企业占 46.6%，而 500 人以上的大型企业约占 9%。这些企业 2002 年平均固定资产约为 1830 万元，上缴利税 146 万元，共缴纳电费约 223 万元。每消耗 100 元的电能，约产生 65 元利税。就企业管理结构和员工流动而言，45.3% 的企业有董事会，但只有 8.3% 的企业有党组织，且都是国有、集体企业或股份公司。企业的年度员工流入率（24.2%）和流出率（17.6%）较高，多由于企业雇用大量的"农民工"的缘故。

表 15-2　广东省中山、佛山和江门的样本描述

调查年情况		初建年情况	
行　业	（%）	初建时间	（%）
家具	12.5	<1990 年	21.1
服装	15.9	1991—1999 年	54.1
纺织	24.3	>2000 年	24.8
陶瓷	14.2		
制造业	21.9	组织形式	（%）
建材	11.1	家族企业	51.3
		合伙人企业	28.2
经济部门	（%）	私人企业	6.6
私营	82.3	股份制或外资企业	7.6
国有	0.5	其他	6.3
集体	2.9		
外资	7.0	创业投资（万元）	（%）
股份公司	7.4	<1	1.5
		1—10	28.1
员工数量	（%）	11—50	34.0
≤10 人	7.7	51—100	10.8
11—50 人	36.5	>100	25.6
51—500 人	46.6		
>500 人	8.9	资金来源	（%）
		网络关系	61.8
平均员工数	230.1	家庭/个人	28.9
		正式组织	9.3
经济指标	（单位：万元）		
平均固定资产	1829.9	融资渠道	（%）
上缴利税总额	146.0	家庭关系	66.1
缴纳电费	222.6	亲属关系	36.1
		朋友关系	23.0
组织结构	（%）	其他社会关系	22.2
有董事会的企业	45.3	未用社会关系	2.9
有党组织的企业	8.3	未答	7.2
员工流入率（N=749）	24.2		
员工流出率（N=748）	17.6	首个订单的属性	（%）
		企业主与客户有私人关系	73.5
		书面合同	48.7
		持续客户关系	52.5

所调查的企业都是经济改革的产物。21.1%的企业建立于 20 世纪 80 年代，54.1%建于 90 年代，24.8%是 2000 年以后建立的。由于私营经济在 1993 年之后，特别是 1998 年产权改革之后才真正取得合法地位，因此，改革初期的企业注册不一定能反映真实情况，与调查年的经济类型是有差别的。初建时，51.3%的企业是"家族企业"，28.2%合伙经营，6.6%是私企，7.6%是股份公司或外资企业，6.3%选择"其他"类型。2003 年，这些回答"其他"的企业中，有些是集体，还有一些是股份公司。可以假定，这些属于"其他"经济类型的企业很可能是实际操作中为私营性质的"乡镇企业"。

被调查企业所需创业资本相差很大。创业资本在 1 万元以下的占全部样本的 1.5%，1 万—10 万元的占 28.1%，11 万—50 万元的占 34.0%，51 万—100 万元的 10.8%，超过 100 万元的占 25.6%。绝大多数企业的创业资本集中在 10 万元左右，即使用今天的标准，对于中小企业，这也是一笔数目颇大的资本。从冯先生的故事可以想见，筹集此款需要很大的努力。

一笔投资的获得可以从"资金来源"和"融资渠道"两方面把握：前者指的是"谁的钱"？后者说的是"怎么弄到手的"？在三种主要的资金来源中，最多的是来自各种人际关系的资金，占 61.8%，我们称之为"网络关系"；28.9%的企业当初通过企业主个人和家庭投资创业；9.3%的企业其资金来源于各种正式组织，如外资企业、国有单位或国家银行。

这些资金是"怎么弄到手的"呢？在"融资渠道"这一问题上，66.1%的企业依靠家庭关系融资，36.1%依靠亲戚，23.0%找了朋友，另有 22.2%还发动了其他社会关系。大多数的创业者使用了多种渠道，而其中的 90%依靠了企业主的各种社会关系网络来融资。只有极少数企业（不到 3%）当初没有使用任何社会关系筹集创业资金，这些是外资企业和国有企业。最后，大约 7.2%的企业由于被调查人不是企业的创始人，对当初的情况知之甚少，所以对这道题目上没有给出答案。

表 15-2 最后一部分描述的是第一份订单的性质，设有三题：合同的形式、与客户是否有过往关系、与该客户的业务往来自第一份订单完成之后是否持续。结果表明，有近一半企业的首份商业订单是书面合同，另一半则使用口头协议。书面合同可以是传真，表明订单的内容、价格、交货时间等。根据公司法，这些传真记录是有法律效力的。与此相反，口头协议不会受到法律保护，因此需要参与方之间有一定的信任度。订单额度越大，信任度则越高。大约 3/4 的企业主在订立口头协议之前便与该客户存在既有的社会关

系，说明人际关系是信任的保障。最后的数据显示，初创企业的商机往往不是应即时的市场需求而产生的：52.5%的企业表示，在首份合同完成以后，它们与第一个客户的业务关系持续一年或更长。

表 15-2 数据已经说明，社会关系网络在创业过程中有不可否认的作用，但是这种作用的有效程度尚未得知。例如，在集资和合同问题上，不同企业规模、不同的行业、不同的经济性质对网络的嵌入程度是否不同？网络嵌入程度是否随经济改革的深入而发生变化？探讨这些问题，我们需要借助多元统计分析手段。下文分别分析社会网络在创业资本和首次合同过程中的作用。

第四节　社会网络与创业资本

表 15-3 列出了分析结果。在 A 部分，我们将资金来源和融资渠道进行交互分类。不难理解，当资金来自网络（61.8%）或家庭/个人（28.9%）时，其融资渠道也依靠社会关系。当资金来源于正式组织时（9.3%），社会网络也是很重要的融资渠道（占 7.2%），只有少数企业没有使用关系（2.1%）。总之，社会网络关系是占支配地位（97.1%）的筹资方法。这说明融资渠道的高度网络嵌入（97.1%嵌入对 2.9%不嵌入）。但结果也表明，只要企业能从正式组织获得投资，就降低了对社会网络的嵌入程度（7.2%嵌入对 2.1%不嵌入）。为此，我们可将三种投资来源作为企业初创时与关系嵌入相关的策略选择，看哪些因素影响企业投资来源的选择。表 15-3 的 B 部分报告了相应的多类别回归模型（Multinomial Logistic Regression）的分析结果。

B 部分中的 Exp（B1）和 Exp（B2）分别是 B1 和 B2 系数的反对数，可理解为企业主资金来源的选择偏好：如果 Exp（B1）比 1 大，则说明企业主倾向于选择"网络"而不选择"正式组织"作为资金来源，而数值越大，这种偏好越强烈；如果这一数值比 1 小，则说明企业主倾向于选择"正式组织"而不选择"网络"，数值越小，说明这种偏好越强烈。同理，Exp（B2）大于 1，表明偏好于"家庭/个人"资金来源，小于 1 表明偏好于"正式组织"资金来源。下文来看各系数的估计值及含义。

个体户和合伙经营企业较外资企业更可能选择"网络"或"家庭/个

人"资金来源，而不选择"正式组织"资金来源；系数值之大（9.997 和
9.490，2.763 和 2.558）说明倾向程度之强烈。"国有/集体企业"的系数也
大于 1，但统计不显著，说明选择"网络"或"家庭/个人"资金来源的倾
向程度与外资企业在总体中没有区别。换句话说，国有企业、集体企业、外
资企业主要是依靠正式组织获得投资，而个体和私企依靠企业主个人的社会
网络获得投资。但是，社会网络的融资能力是有限度的：如果初始投资达到
100 万元时，企业主更多地选择"正式组织"作为主要的资金来源，选择非
组织化的资金来源减少一半（Exp［B1］和 Exp［B2］分别是 0.521 和
0.502）。这也就是说，投资小于 100 万元时，人们更倾向于非正式投资渠
道。最后，越是新近成立的企业越依赖社会网络的融资渠道。由于改革开放
在珠三角地区的深入，企业主的社会网络或是家庭/个人已经积累了数额可
观的资本，因而可以通过这一途径找到创业所需的足够资本。但需要注意，
这一结果并不足以表明相对于社会网络的途径，正规渠道的影响力已经减
弱。百万元以上的大宗投资多来自正式组织。

表 15-3　投资来源和融资渠道（$N=830$）

A. 百分比交互分析

投资来源	是否通过社会关系融资（%）		合计占比（%）
	是	否	
网络关系	61.8	0.0	61.8
家庭/个人	28.1	0.8	28.9
正式组织	7.2	2.1	9.3
合计占比	97.1	2.9	100.0

B. 投资来源的多类别回归分析

参数	网络 vs 正式组织		家庭/个人 vs 正式组织	
	B1	Exp（B1）	B2	Exp（B2）
创业时的企业类别				
个体户	2.302***	9.997	2.250***	9.490
合伙经营	1.016**	2.763	0.939*	2.558
国有或集体	0.580	1.786	1.097	2.994
外资或股份公司（参照组）				
创业投资大于 100 万元	-0.652**	0.521	-0.690***	0.502
创业年				

续表

参数	网络 vs 正式组织		家庭/个人 vs 正式组织	
	B1	Exp（B1）	B2	Exp（B2）
2002—2003 年	2.254***	9.530	2.305***	10.027
1999—2001 年	1.355**	3.877	1.672***	5.321
1994—1998 年	1.097**	2.996	1.197**	3.309
1993 年或以前（参照组）				
所在行业				
家具	1.537	4.650	1.196	3.307
服装加工	1.206	3.341	1.006	2.735
纺织	1.563**	4.776	0.884	2.420
陶瓷	0.793*	2.210	−0.207	0.813
其他（参照组）				
截距	1.875***		1.428***	
Model χ^2	154.644			
Df	22			
R^2	0.226			

注：$*p<0.05$，$**p<0.01$，$***p<0.001$。

第五节　社会网络与首份订单

社会网络的另一个重要作用就是确保得到第一份订单。第一份订单对于任何一个新兴企业的出现和发展都是不可或缺的。这里的关键问题是，订单从何而来。访谈表明，企业主不仅从商界伙伴或朋友那里了解商机，也从他们那里得到订单。

表 15-4 的 A 部分对第一个订单的形式以及与该客户的业务关系进行了描述性总结：在提供有效回答的 751 家企业中我们可看到，不论企业与其客户之间签订的是书面合同还是口头协议，既有的社会关系都非常重要；在使用口头协议的企业中，接近 40% 的企业与其第一个客户有既有的社会关系，而在使用书面合同的企业中，大约 1/3 的企业与其客户有这样的关系。社会关系对口头协议的关联度高于社会关系与书面合同的关联度，但这个关联度的差别远远小

于我们的预期。此外，在766家企业中，近七成的企业与其客户的商业联系是持续的（73.1%），而在这其中，绝大多数的商业联系建立在与该客户既有的社会关系的基础之上。可以说，与客户是否有社会关系对于企业能否持续得到订单是紧密联系的，进而影响企业的生存与发展。

表 15-4　首份商业订单属性的统计分析

A. 百分比交互分析	$N=751$		$N=766$	
以往与该客户有关系	合同形式		持续客户	
	书面（%）	口头（%）	是（%）	否（%）
是	32.5	38.6	53.9	17.8
以往与该客户有关系	合同形式		持续客户	
	书面（%）	口头（%）	是（%）	否（%）
否	16.2	12.7	19.2	9.1
合计	48.7	51.3	73.1	26.9

B. 合同形式和合同持续性的二元类别回归分析

参数	书面 vs 口头		持续 vs 中断	
	B1	Exp（B1）	B2	Exp（B2）
与客户有既往关系	-0.398 *	0.672	0.361 *	1.434
企业类别				
家庭企业	-1.607 ***	0.201	0.879 **	2.409
合伙或个体	-0.801 *	0.449	0.059	1.061
其他（国有或集体）	-0.762	0.467	-0.274	0.760
外资（参照组）				
创业投资大于100万元	0.301 ***	1.351	-0.006	0.994
成立时间				
2002—2003年	0.691 *	1.995	0.934 ***	2.544
1999—2001年	0.463	1.589	0.363	1.438
1994—1998年	-0.231	0.794	0.059	1.061
1993年或以前（参照）				
截距	-0.026	0.974	-2.190	0.112
Modelx	219.024		35.101	
Df	8		8	
R^2	0.351		0.071	

注：* $p<0.05$，** $p<0.01$，*** $p<0.001$。

我们使用二元类别回归模型（Logistic Regression）进一步探求社会关系的作用。表 15-4 的 B 部分与表 15-3 的 B 部分的解释逻辑是一样的，只是这里的两对比较是相互独立的。先看网络的作用。在书面合同与口头协议之间，企业建立之初，如果创办人与其客户已有社会关系，则该企业就倾向于使用口头协议来签订第一份订单。这一情况适用于各类企业、不同规模的经营、所有行业（这些变量已在模型之中）。Exp（B1）为 0.672，表明，如果没有前期关系而订立书面合同的概率为 1，那么有前期关系而订立书面合同的概率仅为 67.2%，概率降低了三成。横向继续读表 15-4，Exp（B2）为 1.434，说明，如果创建者与客户没有既往关系而能在首期合同完成之后继续客户业务的概率为 1，那么，与客户的既有关系而能继续客户业务的概率就高出 43.4%。这一情况也适用于各类企业、不同规模的企业以及所有行业。两项数据表明，不论是选择口头协议还是业务关系的维持，既有社会关系对于客户之间信任关系的建立与维系都是非常重要的。

除了既有社会关系这个影响因素外，模型结果还揭示出另外几个有趣的现象。在其他条件不变的前提下，个体户与合伙经营比外资企业更加倾向于口头协议；特别是个体户更加显著地偏向于维持与其第一个客户间的业务关系。另外，企业初建时的投资规模与合同形式有显著关联：若企业的初始投资大于 100 万元，则会显著地偏向于正式的书面合同。最后，相比于 90 年代初期及以前建立的企业，21 世纪成立的企业更加偏好于书面合同，这说明珠三角地区的商业运作逐步正规化，使用书面合同已经逐渐成为一种商业规范，即使是新兴的企业也越来越多地遵从这一规则。同时，2002 年以后成立的企业更加乐于维护与第一个客户的商业合作关系。

第六节　结论和启示

企业主的社会网络对创业过程至关重要。这是珠三角企业创建过程研究的总体结论。建立私人企业需要商业情报、创业资金、首份订单，三者缺一不可，而这三项经济资源都深深地嵌入于创业者的个人社会网络之中。深度访谈表明，社会网络中充满了商业信息，而关系人往往也是寻求合作伙伴、筹集资金、拿到订单的前提条件。对 830 家企业的问卷调查进一步分析表明，在创业之初，融资渠道主要依靠社会网络，不仅是因为这些投资存在于家庭和社会关系之中，更重要的是因为获取这些资金几乎毫无例外地是通过社会关系而运作成功的。只有极少数的企业（约3%），在其初建时期没有通过任何既有关系来筹集资金。

本章的研究还揭示出，企业主与客户之间既有的社会关系是初创企业获得订单的重要来源：既有社会关系为企业与客户间良好的信任关系提供了重要基础，从而使企业可以绕过复杂书面合同的订立过程，节约交易成本；而这种信任关系的长期维系也可以确保持续得到订单，有助于降低企业的经营风险。

本章的研究还有几个方面值得继续探讨。本研究主要的目的是检验"市场–网络"相互关系的理论，焦点是创业资金和首份订单的获得与企业主既有的社会网络的关系。然而，由于数据的限制，没有讨论"网络营造"这一维度：我们需要企业史数据来观察网络营造在企业发展中的作用。另外，企业主的个人属性在研究模型中未予考虑。事实上，企业创始人的年龄、教育程度、从商经历、过往的管理经验对其创业过程，以及创始人的社会网络的作用都可能产生重大影响。对上述要素的深入探讨，将有助于进一步弄清企业生命历程与社会网络及市场需求之间的关系。

熊彼特主义指出，企业家是敢冒风险的开拓者。然而本研究表明，企业家首先是一个社会网络的"掘金人"。在经济转型背景下，不仅经济信息不统一、不透明、不畅达（Boisot & Child，1996），资本和产品市场也对新兴企业不甚有利。因此，除了要有冒险精神以及商旅冲动外，企业家还要具备在社会网络中掌控商机的能力，把握资源的存在性、有价性以及可传递性的能力。把握信息、机会和资源并把它们变为现实中的商业运作的能力，这是社会性的、基于人际网络的，是走向企业家阶层的必经之路。

第十六章　创业网与企业家收入的社会学分析[*]

第一节　导言

上一章基于广东 830 家企业调查研究创业网在企业脱生过程中的作用，本章基于 2009 年 JSNET 调查的自雇者和受雇者的对比，讨论创业网对于企业发展的影响，聚焦自雇者（包括相当一部分企业家）的收入效应，分析的核心理论概念是跨体制社会资本（边燕杰等，2012）。

我国市场化改革产生了社会结构的两个重大变化。一个重大变化是所有制发生了根本转变，即从改革前的公有制一体化，转变为今天的国有和民营两个所有制部门，即日常话语中的体制内和体制外。体制内外的社会行为意义非常广泛，本章关心其中一个方面，就是跨越两种体制的人际社会联系所产生的跨体制社会资本及其经济行为后果（边燕杰等，2012）。另一个重大变化是职业群体结构的变化，即从改革前公有制一体化的职业群体，分化为受雇和自雇两个性质不同的职业群体，并且这两个群体的社会资本具有显著差异（邹宇春、敖丹，2011）。本章基于职业群体的差异性，针对自雇群体提出一个新的研究问题：跨体制社会资本对自雇群体的收入作用机制是什么？

提出这个问题，是对跨体制社会资本及其收入回报研究的拓展和推进。该研究的首创者提出了跨体制社会资本的概念和测量，对劳动收入回报做了

---

* 本章的原文以"自雇群体跨体制社会资本的收入效应与作用机制"发表在《社会学研究》2021 年第 1 期，作者：王文彬、肖阳、边燕杰。本次收录时，笔者做了必要修改。

初步的实证分析，并从四种增量方面初步解读了跨体制社会资本的收入回报优势（边燕杰等，2012）。一是信息增量，即跨体制交往作为信息桥，可以减少职业、项目和市场信息等方面的冗余信息，增加新的非重复信息。二是资源增量，即跨体制交往能够带来不同社会层级的权力、声望和财富等资源，增强交往者的异质性资源，从而形成整合效应。三是机会增量，即跨体制社会交往者占据结构洞地位，可以运用人情交换机制，将差异性资源转变为机会。四是选择增量，即拥有跨体制社会资本的个体在职场、市场以及其他社会行动场域具有更高的选择余地，有能力有资质去争取更高的收入。

上述四种增量的理论解读向我们表明了一个潜在的道理：跨体制社会资本和收入之间不发生直接的必然联系，其联系是间接的，通过信息增量、资源增量、机会增量、选择增量等中间途径，为跨体制社会资本的拥有者带来收入的增加。不过，需要注意的是，虽在理论解读中这四种增量似乎是分别呈现其效应的，但在现实生活中，它们彼此关联、互为条件，甚或共同起作用。另一个需要注意的是，对于不同的职业群体，起主导作用的增量机制可能是不同的。从职业群体分化和体制差异角度来看，市场的导向使得自雇群体跨体制社会资本带来的信息获取、资源流通和选择博弈都主要为其生成、占有和攫取生意机会服务，生意机会是收入和盈利的根本来源，相对其他几种增量，机会增量成为自雇职业群体跨体制社会资本的首要表征机制。因此，不同于受雇群体的收入来源和增收机制主要基于职场过程，自雇群体的收入来源和增收机制主要基于市场过程。我们知道，职场和市场是两个不同的社会结构，跨体制社会资本的作用路径和增收机制也不尽相同。遗憾的是，跨体制社会资本的首创研究者在其理论和实证分析中忽略了职场和市场两种社会结构的差异性，对跨体制社会资本及其收入效应未区分受雇和自雇两个群体的差异性，所以对于不同的增量机制停留在理论解释层面。

本章区分受雇和自雇两个职业群体，特别是市场化改革进程中更为活跃的自雇群体，探讨跨体制社会资本的收入效应和作用路径，分析机会增量是如何提高该群体收入的。我们的核心问题是：哪些机会产生了增量从而提升了自雇者的经营业绩和收入水平？瞄准这个问题，本章将深化跨体制社会资本的理论解读，检验该理论的机会增量机制及对收入效应的因果关系，推动跨体制社会资本理论对中国市场化改革中社会结构重大变化的回应。

第二节　中国市场化改革中的自雇群体

中国自雇职业的发生和发展与体制变迁以及单位制改革密切相关。改革开放之前，单位制影响并控制社会经济生活的所有领域，没有自雇群体的生存空间。但从 20 世纪 90 年代开始，国有企业改制导致大批原国企员工为满足基本生存发展的需要，被迫进入自雇行业，这些多属于生存型的自雇形态（吴晓刚，2006）。随着市场改革不断深化，国家陆续出台一系列政策鼓励大众创业，自雇群体规模迅速扩大，其构成也发生了较大变化，应届大学毕业生开始加入自主创业的队伍中；同时，对体制内特定专业技术人员，国家政策也积极鼓励其留职自主创业（人社部规〔2017〕4 号文件）。自雇群体已从最初的打"政策擦边球"的边缘状态发展到如今中国经济重要成分的主体状态，在当前"大众创业、万众创新"时代成为推动市场经济发展的生力军。简言之，自雇群体不仅激活了市场，展现了市场竞争机制的创新优势，更体现了体制创新的内生推动价值。

过往相关研究主要关注自雇进入模式（Allen，2000；Nisbet，2007；Yueh，2009；吴晓刚，2006）、影响因素（Sanders & Nee，1996）、群体类型与地位认同（陈光金，2011；范晓光、吕鹏，2018）、社会资本作用以及企业家关系网络的使用和结果（邹宇春、敖丹，2011；Taylor，1996；Burt & Burzynska，2017；Burt & Opper，2017；Nee et al.，2017；Opper et al.，2017）。这些研究提供了两大实证发现：其一，与受雇群体相比，自雇群体脱离了科层体制环境的结构制约，能够自由地进行自雇活动，使其具有更强的实践能动性、更具目标导向的关系沟通和自主建构能力（Boyd，2005），并在社会认知和主动意识等方面呈现了区别于受雇群体的一定特性；其二，中国市场化进程中的自雇群体缺乏体制支撑和政策倾斜，缺乏编制岗位的依靠，缺乏体制性的工作福利和待遇等，只能立足于市场，适应市场环境，抓住市场机遇，利用市场资源，赢得市场竞争，从而保障其生存和发展。因此，与受雇群体更多地追求职业声望、工作稳定、职位权力、收入安全感相比，自雇群体不仅与市场本身具有天然紧密的联系，而且具有市场生存危机意识下更加强烈的逐利动机（Taylor，1996）。

由此，自雇群体的生存与发展与市场命运相关。一方面，市场竞争既是自雇群体的生意来源，又是他们的生存压力所在；对于他们，赢得订单是生意之本，失掉订单就使生意难以为继，面临生存困境。另一方面，市场发展又成为自雇群体不断提升自身盈利目标、强化更高逐利行为的催化器。亏本了，需要进一步努力做好生意扭亏转盈；盈利了，还需激励更高的盈利目标以应对未来的市场竞争。因此，自雇群体的逐利动机强烈地提升了他们对市场信息的敏感度、对资源搜寻的热情度、对项目选择的权衡度，从而使得信息获取、资源流动、对手博弈都指向了对生意机会的不断追求。

这就意味着，对于置身于市场竞争场域中的自雇者而言，获得机会增量是至关重要的（李路路，1998）。无论自雇者以何种模式、受何因素影响进入自雇行列，其行为目标与回报逻辑将鲜明地不同于受雇者。他们不再依赖既定单位的等级体制或内部薪酬激励制度来获得资源回报，而是努力通过各种途径与方法获取机会增量与订单机会（边燕杰、张磊，2006），实践自雇就业的行为逻辑并发展壮大。可见，维持自雇经营的压力与功利性导向使得对生意机会增量的追求成为自雇者的首要目标。因此，自雇群体在市场空间中生存与发展的必然逻辑与受雇群体迥然不同，从起主导作用的回报逻辑来看，自雇群体收入获得遵循的是机会增量机制。

可见，在两种体制并存的社会结构背景下，探讨跨体制社会资本如何立足于自雇群体收入优势效应的中间作用机制，是在区分职业群体分化前提下对跨体制理论的一次重要检验，更是跨体制理论对市场化带来的社会结构变化的实证分析回应。

第三节 机会增量对于自雇群体的特殊意义

机会增量对于自雇群体的特殊意义何在呢？他们如何通过跨体制社会资本获得机会增量的呢？我们先来展示一个案例，然后阐释其中的理论逻辑，最后提出相关的研究假设。

一 案例现实及其内涵

自 2016 年开始，我们针对自雇群体进行了多人多次的深度访谈，重点了解他们在自雇经营中如何使用社会关系的情况。曾女士的案例显示了典型意义，和她的最近一次访谈是在 2019 年春节期间。

　　自雇者曾女士是某设计公司私营企业主，主做汽车衍生品的设计和装潢业务，拥有一家设计和生产一体化的工作坊，雇员稳定在 15 人左右，总体盈利情况良好。曾女士大专毕业后进入一家汽车附件工厂做了六年的财务工作，看到身边同事陆续提升职位，而自己由于学历较低发展受限，也就不想继续受单位限制，决定辞职创业。由于家族成员大多在汽车相关行业工作，加上自己在汽车附件厂的工作经验，耳濡目染，了解汽车衍生产品的市场价值和利润空间，因此选择了汽车衍生品设计的业务，通过提升设计技术扩大附加值，产品颇有销路，业务渐渐拓展到专业装修装饰领域。

　　曾女士的创业过程是一部关系使用和关系拓展的历史。创业初始，她只有两个从原单位生产车间拉过来的朋友，自己常常既是老板又是员工，颇为辛苦。成为自雇者的曾女士，因为失掉了单位月薪，生存压力剧增，面对的首要现实问题就是生意机会，挣钱盈利。其间，曾女士充分体会了跨体制社会资本的意义，因为通过跨体制社会关系交往，她虽可轻松获得生意合同，但须长期付出艰辛加深和扩展这些交往，以保持订单的稳定增加。

　　曾女士设计公司的订单大多依靠行业内的一个大型国企，她有亲属在此企业担任相关领导。在家族聚会等经常性亲属沟通场合中，通过该亲属她能较容易地获得该企业的一些内部信息，助力自己的生意。比如，某央企与属地城市的一次主题联谊活动，需要大量具有象征意义的城企双方的装饰品，而曾女士在亲属聚会时得知这个信息，经进一步核实相关情况和产品要求，随即做了充分的投标准备，成功收获生意订单。对于央企而言，这样的小项目及资金投入是附属性的，但对于曾女士而言，则是一个颇有价值的生意机会。类似的相关信息并非保密性质，说者无心，听者有意，而曾女士身处亲属网络之中，享有跨体制交往的亲密联系性，可以不费人情交换的周折，"近水楼台"直接赢得重要商机，为她的自雇生意加分盈利。

　　有了"近水楼台"的亲友网络也不意味着生意的一帆风顺，因为收获了生意信息但无法获得合同是常有的情况。因此曾女士后来调整策略，开始有意识地利用各种沟通机会主动为目标央企提供相关设计方案，并通过亲友积极邀请相关人员参加设计互动交流，宣传自身优势。曾女士通过主动推销战略不断扩大与相关人员的互信程度，留下了好印象和好口碑，形成了稳定的交流通道和关系优势。这些人在业务范围内对曾女士的正面评价，往往能够影响到更多人对她的认识和认可，这给她的自雇经营带来了诸多好处。曾女士说，公司有一次在设计特定产品时遇到技术难题，需要使用一种大型高级进口设备才能调整产品性能。这种大型设备价格高昂，自己公司没有足够资金购买，而且由于并不常用，即使想办法筹措资金购买日后也会浪费闲置。她通过央企亲友联系技术部门主管提出使用设备的请求。在之前的多次互动交流中，曾女士曾经给对方技术部门留下了很好的印象，建立了关系信任，对方认可她的为人并理解技术需求，所以给予了非常友善的支持，不仅指派专业技术人员实施具体操作，而且还介入产品设计的讨论，对设备矫正后的产品给出专业性的调整意见，大大提升了产品未来布局空间和竞争水平，后期赢取了更多生意订单。曾女士说，"咱们跟人家有这关系交往，解决了难题，还释放出更多好处来了"。

2019 年春节笔者从曾女士处得知，某央企近年连续在多个城市投放产品装潢合同。但是，由于城市经济有差别且主打型号不同，这些合同对成本、技术和利润的要求并不相同，哪些项目合同成本少、技术低、利润多，需有行业发展的全局眼光和专业的分析研判能力。曾女士先于他人获得较为完整的招标信息，细致分解了相关要求，通过央企亲友积极主动地向央企内具有较高行业知识声望的朋友请教，对不同型号汽车在不同城市未来发展的前景进行综合分析。这些央企朋友有的认识曾女士，有的听别人正面评价过她，对她形成较高认可，因此乐意从自己专业角度给出分析判断，提出具体建议。同时，由于汽车及其衍生品的发展，也与地方政府的区域政策高度相关，通过央企朋友的指点和介绍，曾女士还间接地从政府部门获得了相关的长期规划信息，非常有助于对行业走向的判断。没有长期的互动互信交往，这样的具有专业水准的指点难以获得。最终，曾女士瞄准适合自己团队技术专长的合同，扬长避短做好及时和充分的准备，设计上配合特定车型，结合央企的营销战略和地方政府的发展规划，一举中标，收获了对自己团队性价比最高的项目，避免了"忙碌争抢却只啃骨头没有肥肉"（曾女士语）的低性价比的竞争结果。

从"先赋型"的既有亲属关系进而培养"自致型"的稳定营商纽带（郭小弦，2017），是赢得生意机会的社会网络保障，其重要机制是维持连接体制内外的人情和信任关系。曾女士与若干央企相关部门的主管形成了长期的交往合作关系，在频繁接触过程中渐渐积累了人情与信任。这些人情和信任不靠权钱交易的买通，而靠货比三家、质量取胜的盈通。曾女士告诉笔者，"我提交的样品标本和设计方案如果不够条件，肯定是难为人家了，竞争那么激烈，都盯着呢；咱们是去'争'合同，人家是要考核咱的，但是多少年关系了，啥水平啥能力、啥活儿能干啥活儿不能干，人家也基本心里有数。那些竞争者的能力都是写在材料纸上的，人家看了得去想，这能信多少；咱这边的能力是落在人家眼里的呀，人家都不用犯寻思，只要不为难，面子肯定会给的"。可见，曾女士获得生意合同的关键在于长期合作、反复考察所积累起来的关系信任，以及基于这种信任招标者对新合同执行前景的一种积极判断，亦即关系积累优势。

关系积累优势既要迎接合同执行效果的检验，也要面对招标策略的反复考验。曾女士说，验收合格是根本，而在规章制度容许的范围内，分包合同给长期合作者，能够增加招标者对于验收项目的良好预期。为此，合同招标者常常面对"熟中选优"还是"优中选熟"的问题：前者是先划定关系范围，然后再挑选合作者给予合同；而后者是先进行市场化的资质、能力和条件竞争，然后在这些入选者中再更多地考虑人情和信任凝练的关系合作者。虽然熟中选优常常被社会诟病，优中选熟却是普遍接受的社会现实。曾女士通过人情和信任形成的关系积累优势，多次助力其成为优中选熟的成功者，赢得生意机会。

保持了关系积累优势的自雇者，往往意味着已经跨过创业的艰难阶段，进入了立业的发展时期。这是曾女士的经验之谈。她说，她感激亲属关系里有一位在体制内工作的国企部门领导人，是她创业初期获得生意机会的一个依靠。但是，这个依靠是有限时间内的，业务面也是很窄的，不能"吃一辈子"。对于曾女士，没有这个起点，就谈不上创业；但以后的发展，完全靠自己拓宽生意路子。"进入发展期之后，关系就没有那么重要了吧？"笔者问曾女士。她说，"那倒未必。做生意的，与交往关系分不开，不定啥时候就能彼此谈论到你，人情信任都是口碑，指不定就能给你带来啥生意机会呢。关系好，人家才能相信你不辜负人家，会给人家做到最好才交付，这样再有新的生意机会人家也才会更想着你"。曾女士的经历印证了来自中西实证研究的若干关于关系作用的结论：市场合同的维持需要社会关系的运作，成熟企业开拓新业务靠关系的拓展（Burt & Opper, 2017），而长期合同的获得也靠加强人情交往的深度嵌入关系（Uzzi, 1996）。

曾女士自雇经营的个体经验给我们两点重要启示。第一，无论创业初始还是立业以后，自雇者占据了跨体制的优势关系地位，可以借此获得蕴藏商机的信息，从而拿到生意订单和经营合同，收获盈利的效果。创业初始，跨体制的既有亲友关系是商机信息的来源，但在市场竞争中要想持续赢得商机，必须靠自己去有意识地培养和拓宽跨体制的人情和信任纽带，即使立业以后进入稳定发展时期，也靠这些纽带维持市场合同、开发新的生意、争取长期合同。这表明，虽然自雇经营的阶段不同，跨体制社会资本的作用形式不一，但是这种作用本身确是稳定存在的（Bian，2018）。

第二，跨体制社会资本的这种稳定作用，关键机制是机会增量，主要有三个渠道：一是信息-机会渠道，将无意和有意获得的商业信息变为生意机会，赢得订单和合同；二是资源-机会渠道，利用跨体制的人脉运作资金、寻找技术和经营管理人才，将关系运作得来的金融和人力资本转化为实现生意目标、完成合同任务的现实力量；三是选择-机会渠道，即在几个可能的项目之间，通过与跨体制社会网络关系获得分析、评价、预测，选择对自雇经营把握最大、风险最小的项目，稳中做大做强。

二　机会增量与研究假设

通过自雇案例的分析，我们可以得出一个明确的理论判断：把握机会增量的概念，是解释自雇者生存机遇与发展结果差异性的一个关键分析视角。为了确立这个理论判断的含义，我们不妨重申一下跨体制社会资本提升自雇群体机会增量的逻辑链条：从创业到立业，跨体制社会资本提供的增量信息、增量资源、增量选择空间，都转化为增量生意机会，从而增加经营收入。深挖这个逻辑链条，它之所以起作用的现实途径有二：一是直接机会增量，就是自雇者拥有跨体制的关系网络，从中直接获得生意机会；二是间接机会增量，就是自雇者的跨体制关系人对于拥有机会增量的目标客体施以人情影响，从而间接地生成生意机会。

区分直接机会和间接机会是有其深刻的理论背景的。社会资本之所以发挥作用的基本逻辑，是通过两个行动者之间的联系性，将相关的稀缺资源从提供方向需求方的转移。同理，跨体制社会资本之所以发挥至关重要的作用，是由于两个行动者分别置身于体制内和体制外，而他们之间的联系性将相关稀缺资源在两个体制的边界之间实现了转移，使之发生作用。但是，在跨体制社会资本的首创者看来，这种稀缺资源的跨体制转移是由两个具有直接联系的行动者来实现的。深思之，则不然，因为任何形式的社会资本，包括跨体制的社会资本在内，逻辑上都是通过两个通道发挥其作用的。

社会资本发挥作用的第一个通道是直接联系通道。从行动者视角来观察和判断，直接联系产生了直接作用和直接机会，所以直接联系通道也称为直接作用通道、直接机会通道。在社会资本研究文献中，关于直接机会通道有三个理论源泉可资借鉴。一是关系强度理论：无论在西方社会通过弱关系获得非冗余信息（Granovetter，1973），还是在中国通过强关系获得人情资源和人际影响（Bian，1997），人们都可以赢得相对机会优势。二是结构洞理论：当行动者 A 占据了 B–C 无联系的"结构洞"位置，便可分别从 B 和 C 中获得信息优势和控制优势，从而获得相对机会优势，在西方和中国企业家研究中都获得了证明（Burt et al.，2017）。三是社会资本的非预设理论（Arrow，1998）：社会关系的建立和发展只有是非预设性的、非目的性的，稀缺资源才能按照情义相笃、守望相助、有难同当的非理性行为规范从给予方向需求方转移，产生相对机会优势。这些理论反映了同一个道理，就是社会资本的作用是直接社会关系顺其自然而发生的结果，也可以说直接机会通道是一种顺然发生论：行动者平时所维持的关系，到了需要的时候，不需要有意动员和运作，便能给行动者提供相对机会优势。跨体制社会资本的直接作用很多是按照这种逻辑而发生的：案例所述的曾女士享有跨体制交往的直接亲密关系，可以不费人情交换的周折而直接赢得重要商机。

上述顺然发生论忽视了社会资本还存在目的性运作的通道，往往是通过间接联系发生的，所产生的作用和机会可以称为间接作用和间接机会。这是社会资本发挥作用的第二个通道，即通过中间人的运作来获得资源和机会的"人托人"生活事件，在我国是一种常态现象。深究之，社会资本的间接作用和间接机会通道，才是此概念的理论真谛所在：直接联系性将相熟的人们局限于小的社区范围，而间接联系性才使陌生大众通过间接联系而形成了普遍联系的人类社会。从这个意义上看，如果社会资本只是通过直接联系而发挥作用，那么它就失去了联系的跨越性、传递性、链接性的重要作用了，也就失去了"关系无界"（梁漱溟，［1949］2011）和"六度分割"（Watts，2004）等理论判断和推导的根据了。现实社会中，很多人与目标他人缺乏直接联系，但可通过间接关系去动员目标他人拥有的信息和资源，为其所用，变为自己的机会，这也是林南（2005）社会资本理论中的关键内容。最为简洁的抽象表达是：A–B–C 是一个关系链，A–B 直接联系、B–C 直接联系、A 和 C 通过 B 发生间接联系。当 A 寻求 C 控制的特定资源时，B 就成为联系通道和资源转移的桥梁，对于 A 而言，从 C 获得资源的机会来自于 B，是一种间接机会。费孝通（［1948］2002）的"差序格局"理论、西方的"小世界"研究（Watts, 2004）都表明，间接机会是人类社会的一种普遍现象，在我国诸如求医、谋职和创业等问题，凡是需要人际关系协助解决的，间接联系和间接机会都发生着主要作用。

基于上述理论认知，就自雇群体的跨体制社会资本的作用，我们区分直接机会增量和间接机会增量两种机制，见图 16-1。渐进式市场化进程伴随始终的是内外体制并存的格局，在两种体制的场域都保持社会关系的行动者就获得了跨体制的社会资本。自雇群体处于激烈的市场竞争环境之中，是否有生意机会、能否抓住生意机会，是其生存与发展的关键，需要有效地利用跨体制的社会资本来增加生意机会。生意机会增量来自跨体制社会资本提供的两个途径：直接机会增量来自跨体制社会关系直接提供的生意机会，而间接机会增量来自这些社会关系对于机会主体的人情影响而产生的生意机会。虽然在自雇实践活动中，两种机会增量可能互相渗透、互相影响，使之边界模糊，但在理论上区分开来有利于更好地阐释跨体制社会资本作用的顺然发生过程（直接机会）和主动建构过程（间接机会）的差异性，从而洞悉和检验两种机会过程对于自雇群体收入增加的影响作用的相对重要性。为此，我们提出下列研究假设：

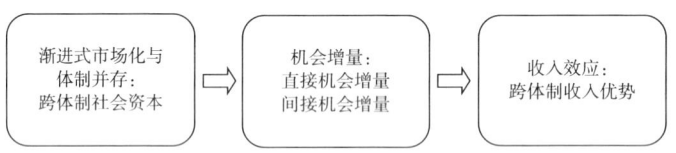

图 16-1　自雇群体跨体制社会资本作用机制

假设 1：跨体制社会资本有效提升自雇者的直接和间接生意机会；
假设 2：直接和间接机会增量均能提高自雇者及其家庭的年收入。

第四节　数据、变量和分析策略

一　数据来源

本节所用数据来源于西安交通大学发起的 JSNET 调查项目。该项目在全国八个城市（长春、广州、济南、兰州、上海、天津、厦门、西安）进行了三期问卷调查。每市的抽样分区、街、居委（社区），每个抽中的社区随机调查 20 户。为了保证常住和非常住人口的入样概率，调查户的抽样采用地图法。在抽中的调查户中，寻找家庭成员生日与 7 月 1 日距离最近、18 岁以上、曾有职业经历的为被调查者。该项目于 2016 年进行了追踪调查，本节所用数据就是 2014 年的基线调查和 2016 年的追踪调查两期数据。

二　变量测量

1. 因变量

因变量是年收入。JSNET 调查询问了被访者调查时的家庭年收入。采用调查时点的家庭年收入，出于两点理由。一是在被访者之间，创业时点差异很大，不同时点的收入很难进行比较，即使按照各个相关城市的通货膨胀指数做相应的换算，也很难取消由于个体差异而产生的误差。二是在调查数据没有提供自雇者的经营收入的前提下，采用家庭年收入而不是自雇者的个人收入作为操作化指标，是因为自雇经营的参与范围往往泛及整个家庭，而经营的盈亏也是以家庭为单位承付的。为此，对于自雇群体而言，家庭年收入是一个效度和信度较高的指标。像所有收入指标一样，家庭年收入的总体或样本分布是右偏的，所以为了保证回归分析的有效性，本章对家庭年收入变量做了对数转换。

2. 解释变量

跨体制社会资本：本节延续此概念提出者所做的"二度跨越"变量来测量（边燕杰等，2012）。这是一个二维变量：如果被访者的春节拜年交往者之中，有在国有部门工作的拜年者，又有在非国有部门工作的拜年者，则被视为体制跨越者，跨体制社会资本赋值为 1；反之，被访者的拜年交往者或者来自国有部门，或者来自非国有部门，则不被视为体制跨越者，跨体制社会资本赋值为 0。

直接机会增量：在 JSNET 调查问卷中有专门针对自雇（包含雇主）的创业过程题器，涉及直接机会增量的问题为："创业或经营相关事件中，是否有任何人帮助提供生意机会或获取合同？1 = 是，0 = 否"。本节用此题来测量直接生意机会，其增量含义是：如果跨体制社会资本确能增加直接生意机会，则回答"是"的比例，跨体制社会资本的拥有者显著高于非拥有者。

间接机会增量：在 JSNET 调查问卷中还有一题，"创业或经营相关事件中，是否有任何人帮忙和政府打交道？1＝是，0＝否"。本节用此题来测量间接生意机会，其增量含义是：如果跨体制社会资本确能增加间接生意机会，则回答"是"的比例，跨体制社会资本的拥有者显著高于非拥有者。

3. 控制变量

在国内外相关文献中，涉及自雇进入模式与特征方面，年龄、性别、婚姻、受教育年限、户口以及党员身份为常见的控制变量。年龄与自雇选择存在显著关联（Yueh，2009），本节的年龄取值范围为 18—69 岁。性别和受教育年限等均与是否进入自雇具有显著关联（王文彬、赵延东，2012），是导致自雇群体特征及其活动结果的重要影响因素。设定男性＝1，女性＝0，而受教育年限最短为 0 年，最长为 19 年，同时将户口类型划分为城市和农村两类。在中国社会转型中，虽然由于市场化转型的进程而导致部分学者质疑党员身份的资源回报作用，但是作为政治身份的标志以及与体制的诸多关联，党员身份仍然具有明显的影响力。因此，党员身份亦为控制变量之一。同时，父亲受教育年限作为家庭背景变量也会影响到自雇群体的收入水平。

另外，考虑到中国城市居民的收入水平存在巨大的地区差异，将这八个城市划分为东部和非东部两类生成一个虚拟变量放入模型当中。鉴于过往研究指出自雇群体可以划分为不同的类型，其经营活动存在差异，为检验跨体制社会资本对自雇群体收入效应的稳健性，我们根据自雇者现有资本多少将其划分为两类，分别是 10 万元以下和 10 万元以上。

本研究分析的主要变量和描述统计结果见表 16-1[①]。

表 16-1　变量描述统计

变量	样本量	平均值	标准差	测量	内容和赋值说明
收入	506	115893	149425	定距	最小值＝5000，最大值＝1000000
跨体制社会资本	525	55.62%		定类	有＝1，无＝0
直接生意机会	517	20.12%		定类	有＝1，无＝0
间接生意机会	518	15.06%		定类	有＝1，无＝0
控制变量					

① 本节的统计分析所使用的数据有 JSNET2014 全样本、JSNET2014 自雇样本、JSNET2016 追踪数据的自雇样本，对这三个数据的变量处理方法都一致。鉴于 JSNET2014 自雇样本是本章最主要的分析数据，表 16-1 报告的是 JSNET2014 自雇样本数据的描述统计结果。

变量	样本量	平均值	标准差	测量	内容和赋值说明
性别	525	58.29%		定类	男 = 1，女 = 0
年龄	525	39.96	10.75	定距	年
婚姻状况	525	82.86%		定类	已婚 = 1，未婚 = 0
受教育年限	524	11.52	3.45	定距	年
政治面貌	525	7.24%		定类	中共党员 = 1，其他 = 0
户口类型	525	69.52%		定类	城市 = 1，农村 = 0
父亲受教育年限	525	7.64	4.21	定距	年
所在区域	525	51%		定类	1 = 东部，0 = 非东部
自雇类型	513	35.67%		定类	1 = 10 万元及以上，0 = 10 万元以下

三　分析策略

跨体制社会资本的首创研究者分析了受雇群体，而本章的分析重点是自雇群体。所以，在此首先比较受雇和自雇两个群体的特征差异性，然后聚焦自雇群体，针对研究假设展开模型分析。

由于因变量收入是定距变量，分析 2014 年截面数据时采用多元线性回归模型。2016 年的追踪调查，相对于 2014 年的基线调查样本量少了将近一半，减少比例较高；北京大学主持的中国家庭动态调查和中山大学主持的劳动力动态调查，都是全国范围的追踪调查，样本减少比例相对低于 JSNET 调查，主要原因是这两个调查泛及了农村和小城镇，追踪样本的缺失比例显著小于大城市。

社会资本与收入之间存在内生性问题，会导致估算偏误，从而不能证实真正的因果效应（陈云松、范晓光，2011；胡安宁，2012）。本节的内生性主要存在于两个方面：一是遗漏变量问题，跨体制社会资本和收入均是个人努力的结果，在这个过程中可能会受到个人性格和能力等因素影响，且难以直接衡量，从而产生遗漏变量问题；二是互为因果问题，跨体制社会资本固然可能增加自雇者的收入，但不能否认的是可能正是由于自雇者的高收入才给他们带来了跨体制社会资本。这些可能出现的内生性问题都会影响估计结果。

为了解决这些问题，我们采取了两种策略。一是使用 2014 年和 2016 年两期数据构建滞后模型，即用 2014 年的基线调查数据作为自变量，2016 年的二期追踪数据作为因变量构建回归模型。二是在 2014 年的横截面数据中使用工具变量分析法，即在 2014 年的基线调查数据中找到一个工具变量，要求这个变量与跨体制社会资本密切相关，但又不直接影响收入。在此我们使用的工具变量是可以诉说心事的朋友数量。在 JSNET 问卷中，有一道题询问被访者"在本地，您有多少个关系密切，可以向他/她诉说心事的朋友/熟人（不包括亲属）"。之所以选择"诉说心事朋友的数量"作为工具变量，基于两个考虑。第一，被访者拥有诉说心事的朋友数量越多，其社会网络的规模就越大，所以拥有跨体制社会资本的可能性也越大。这满足工具变量的第一个要求，即与内生变量密切相关。第二，尽管社会资本对收入有显著的正向效应，但这并不意味着拥有诉说心事的朋友数量会直接影响收入。这是因为，既有研究对社会资本的测量多从社会网络资源含量、网络结构和关系强度等视角展开，而不是诉说心事这一情感维度。诉说心事属于表达性行动，获取收入属于工具性行动，这两种行动遵循的是不同的行动逻辑（林南，2005）。表达性行动是为了维持已有的价值资源，而工具性行动是为了寻找和获得额外的有价资源。因此，表达性行动并不必然导致工具性行动，即诉说心事的朋友数量与收入不相关。这满足工具变量的第二个要求，即不直接影响因变量。

第五节　实证分析结果

一　受雇与自雇的群体比较

表 16-2 显示，自雇与受雇两个群体存在显著的特征差异。自雇者中男性比例、已婚比例均高于受雇者，但在平均年龄、受教育年限、党员比例、以及父亲受教育年限等方面低于后者。这就意味着，在接下来的自雇群体分析中我们需要继续控制这些特征变量。

表 16-2　受雇和自雇的基本特征描述

	受雇	自雇	差异性检验
男性比例（%）	46.02	58.40	29.12***
已婚比例（%）	70.29	82.82	36.52***

	受雇	自雇	差异性检验
党员比例（%）	18.38	7.25	40.98***
平均年龄（岁）	43.83	39.95	38.63***
城市户口比例（%）	89.55	69.47	175.84***
受教育年限（年）	12.84	11.52	71.25***
父亲受教育年限（年）	8.10	7.64	5.57**
样本量	4907	524	5433

注：*$p<0.1$，**$p<0.05$，***$p<0.01$。

二 作用机制模型检验

1. 生意机会的回归模型分析

分析目的是看跨体制社会资本是否增加了自雇者的直接和间接的生意机会，通过表 16-3 的两个二元逻辑回归模型来完成。直接生意机会模型显示，在性别、年龄、婚姻状况、受教育年限等控制变量所测量的条件相同时，跨体制社会资本拥有者的直接生意机会相当于没有跨体制社会资本的 2.14 倍（$e^{0.76}=2.14$）。与此同时，间接机会模型的这个倍数是 1.86 倍（$e^{0.62}=1.86$），直接机会略强于间接机会。总的来说，两个模型结果都表明，跨体制社会资本对于自雇者的直接生意机会和间接生意机会，都发生着显著的提升作用。模型结果支持假设 1。

表 16-3 自雇者生意机会获得的二元逻辑回归分析

	直接生意机会	间接生意机会
控制变量$^\Delta$	已控制	已控制
跨体制社会资本（跨体制=1）	0.76***	0.62**
常数项	-2.33***	-2.51***
样本量	516	517
伪 R^2	0.05	0.05
对数似然值	-244.56	-207.49

Δ 包括：性别、年龄、婚姻、受教育年限、政治面貌、户口、父亲受教育年限、区域、自雇类型。

注：**$p<0.05$，***$p<0.01$。

2. 收入水平的回归模型分析

分析目的是看跨体制社会资本和生意机会增量是否产生收入回报，分三套模型完成分析任务，如表 16-4。

表 16-4　自雇者收入的多元线性回归模型

控制变量△	跨体制		生意机会（直接/间接）		跨体制+直接生意机会+间接生意机会	
	模型 1	模型 2	模型 3	模型 4	模型 5	模型 6
	已控制	已控制	已控制	已控制	已控制	已控制
自雇类型（10 万元及以上＝1）	0.74***	0.76***	0.74***	0.70***	0.69***	0.73***
跨体制社会资本（跨体制＝1）	0.26***	0.26***	—	—	0.22***	0.22***
跨体制社会资本＊自雇类型	—	-0.03	—	—	—	-0.05
直接生意机会（有＝1）	—	—	0.26***	—	0.16*	0.16*
间接生意机会（有＝1）	—	—	—	0.31***	0.23**	0.23**
常数项	1.74***	1.74***	1.66***	1.73***	1.76***	1.76***
样本量	488	488	488	488	488	488
调整后 R^2	0.350	0.348	0.345	0.346	0.363	0.362

△ 包括：性别、年龄、婚姻、受教育年限、政治面貌、户口、父亲受教育年限、区域、自雇类型。
注：* $p<0.1$，** $p<0.05$，*** $p<0.01$。

先看跨体制模型。模型 1 的跨体制社会资本的系数为 0.26，统计显著，说明跨体制社会资本提高自雇群体的收入，提高幅度为 30%（$e^{0.26}-1=0.30$），很高。模型 2 显示，跨体制社会资本与自雇类型的互动项统计不显著，与零无异，这说明跨体制社会资本对于自雇群体收入的提升效果，在大小雇主之间都是 30%。

再看生意机会模型。模型 3 显示，直接生意机会的回归系数是正向且统计显著的，模型 4 显示间接生意机会的回归系数也是正向且统计显著的，对于收入的提升幅度分别是 30%（$e^{0.26}-1=0.30$）和 36%（$e^{0.31}-1=0.36$），间接生意机会对于收入的提升幅度高出直接生意机会 6 个百分点。虽然我们没有使用 t 检验测定这个 6 个百分点是否统计显著，但是这个增加幅度表明，区分直接机会（社会关系的自然发生效果）和间接机会（社会关系的有意运作效果）是必要的，有意运作的效果不但是显著的，而且比之自然发生的效果较强。

最后看互动模型，由模型 5 和模型 6 组成。在控制了跨体制社会资本的影响作用的前提下，这两个模型估测直接生意机会和间接生意机会对于收入影响的"净"回归效果，显示了四项重要的实证发现。一是大雇主比之小雇主收入较高，前者高于后者 1 倍左右（模型 5，$e^{0.69}-1=0.99$；模型 6，$e^{0.73}-1=1.08$），显示了经营规模效应。二是跨体制社会资本的回归系数从模型 1 的 0.26 下降到模型 5 和模型 6 的 0.22，统计显著水平仍然保持不变，说明在经营规模一致的条件下，拥有跨体制社会资本的雇主其收入提升 25%（$e^{0.22}-1=0.25$）。三是跨体制社会资本影响幅度的下降，是模型 5 同时纳入了直接机会变量和间接机会变量的缘故，而这两个机会变量的系数都是正向显著的，对于收入的"净"提升分别是 17% 和 26%（$e^{0.16}-1=0.17$，$e^{0.23}-1=0.26$），间接机会的提升效果比直接机会高出 9 个百分点。四是跨体制社会资本的收入提升效果在大小雇主之间没有差别（模型 6 的互动项不显著），所以上述三项实证发现可以推论到经营规模不同的所有雇主。

3. 中介变量效应的检验

我们的两个机会变量在模型中是中介变量，其中介效应检验流程（温忠霖、叶宝娟，2014）具体为：表 16-3 中跨体制社会资本显著增加直接生意机会和间接生意机会；接着，表 16-4 中直接生意机会和间接生意机会显著增加收入，跨体制社会资本显著增加收入，并且随着生意机会变量的加入，跨体制社会资本的系数由 0.26 下降到 0.22。这说明直接机会变量和间接机会变量作为中介机制，对于跨体制社会资本提升自雇者收入优势具有实质性的分析作用。

为了确认这两个中介变量的影响作用是单独且稳定的，我们构建了结构方程模型，对其效应进行进一步的检验，结果见表 16-5。如表 16-5 所示，跨体制社会资本通过直接生意机会对收入产生的效应为 0.040，通过间接生意机会对收入产生的效应为 0.041，两种生意机会变量所产生的总的间接效应为 0.081。这种间接效应占总效应的 15.7%，即在跨体制社会资本对收入产生的效应中有 15.7% 是通过生意机会产生的。

表 16-5　SEM 中介效应检验结果

	系数	标准误	p>｜z｜
直接生意机会的间接效应	0.040	0.018	0.029
间接生意机会的间接效应	0.041	0.018	0.022
总的间接效应	0.081	0.025	0.001
间接效应占总效应比	0.157		

4. 内生性问题的模型分析

虽然上述分析初步表明，跨体制社会资本通过增加机会增量显著提高自雇者的收入，但并未考虑分析中潜在的内生性问题，即遗漏变量和互为因果问题。对此，我们通过构建滞后模型和采用工具变量法两种策略进行解决。具体的分析结果见表 16-6。

首先看表 16-6 中的两个滞后模型的分析结果。在滞后模型 1 中，跨体制社会资本的系数为 0.27，正向且显著。这说明，跨体制社会资本确实可以提高自雇群体的收入。加入了生意机会的滞后模型 2 中，跨体制社会资本的系数由原来的 0.27 下降到了 0.22，并且在样本量不变的情况下，显著度却下降了，而两个生意机会变量的系数却是正向显著的。这表明，跨体制社会资本确实是通过增加自雇群体的生意机会来获得收入回报的。

表 16-6　收入回归模型

	滞后模型 1	滞后模型 2	工具变量法
控制变量 Δ	已控制	已控制	已控制
跨体制社会资本（跨体制 = 1）	0.27 **	0.22 *	1.15 ***
直接生意机会（有 = 1）	—	0.26 **	0.22 **
间接生意机会（有 = 1）	—	0.25 *	0.36 ***
常数项	2.14 ***	1.98 ***	1.91 ***
内生性检验	—	—	-0.74 ***
调整后 R^2	0.23	0.26	—
样本量	246	246	522

Δ 包括：性别、年龄、婚姻、受教育年限、政治面貌、户口、父亲受教育年限、区域、自雇类型。

注：* $p<0.1$，** $p<0.05$，*** $p<0.01$。

然后来看使用工具变量法的分析结果。表 16-6 中内生性检验值为 -0.74，且通过了显著性检验。这表明跨体制社会资本确实是内生变量，在此情况下，工具变量模型的估计结果优于一般回归模型。在工具变量模型中，跨体制社会资本的系数为 1.15，且显著。这说明即使考虑了内生性问题之后，跨体制社会资本依然对收入具有显著的正向效应。需要额外说明的是，之所以滞后模型的样本量是 246，工具变量模型的样本量是 522，是由于滞后模型使用的是 2014 年和 2016 年两期的追踪数据，工具变量模型使用的是 2014 年的横截面数据，追踪数据有将近一半的样本丢失。[①]

5. 稳健性检验

虽然上文已经运用滞后模型和工具变量法尽可能克服遗漏变量、反向因果等内生性问题，但由于数据、变量等的限制，分析过程中仍然可能存在选择性偏误问题，即是否拥有跨体制社会资本可能并不满足随机抽样，而是自雇者"自我选择"的结果。为此，我们通过倾向值匹配法构建反事实框架加以纠正，以进一步验证跨体制社会资本对收入的正向作用是否具有一致、稳定的效果。不过，倾向值匹配法主要控制的是可观测变量的影响，若可观测变量选择不当或过少，则很容易引起估计偏差（胡安宁，2012）。由于我们没有足够的把握证明本章节选取的可观测变量不存在任何纰漏，因此，仅将倾向值匹配法作稳健性检验[②]。表 16-7 报告的是通过倾向值匹配构建出来的匹配样本的回归分析结果，表明在消除了样本间可观测的系统性差异后，跨体制社会资本依然通过机会增量提升自雇者的收入回报。

表 16-7　收入的多元线性回归模型（匹配样本）

	跨体制	直接生意机会	间接生意机会	跨体制 +直接生意机会 +间接生意机会
控制变量△	已控制	已控制	已控制	已控制
跨体制社会资本（有=1）	0.31***	/	/	0.25***
直接生意机会（有=1）	/	0.46***	/	0.32***
间接生意机会（有=1）	/	/	0.47***	0.32**
常数项	1.63***	1.75**	1.81***	1.75***
样本量	349	349	349	349
调整后 R^2	0.14	0.15	0.14	0.18

△ 包括：性别、年龄、婚姻、受教育年限、政治面貌、户口、父亲受教育年限、区域、自雇类型。
注：＊＊$p<0.05$，＊＊＊$p<0.01$。

[①] 为了检验追踪样本是否存在自选择偏误，本章构建了是否被追踪上的二元逻辑回归模型，结果表明城市户口的被访人更容易被追踪，其他变量，特别是本章关心的跨体制社会资本变量，都不存在自选择偏误。为此，表 16-6 显示的结果适用于对研究总体的统计推论。

[②] 比较了卡尺范围内的最近邻居匹配法、马氏距离匹配法、最佳匹配法的匹配结果，最为理想的是卡尺范围内的最近邻居匹配法。表 16-7 报告的即是采用此方法获得匹配样本后的分析结果。

第六节　结论与讨论

跨体制社会资本及其收入优势已经获得首创性研究（边燕杰等，2012）。但是，关于跨体制社会资本的收入作用机制，首创性研究仅提出了可能的理论概括，缺乏关于具体作用路径的理论分析和实证检验，并且忽视了中国市场化改革所形成的职业群体分化，其研究立足点仅为受雇群体。本章认为，自雇群体才是中国渐进式市场化和体制改革所导致的职业群体结构变革的最重要结果，只有将改革开放最活跃的自雇群体纳入研究视野，分析跨体制资源的流动、跨体制社会资本的效用机制问题，才是检验这个理论是否成立的真正落脚点。因此，我们立足于中国市场化改革中自雇群体这个生力军，探讨其跨体制社会资本对收入的具体作用机制，深化对跨体制社会资本内在变动逻辑与收入优势因果效应的认识。

从自雇行为目标与回报逻辑来看，自雇群体缺乏受雇群体所依附的单位等级体制、科层职位或其他资源条件，维持自雇活动存在和发展的压力使其对生意机会的追求成为首要目标，在市场空间中的必然逻辑与受雇群体迥然不同。因此，从起主导作用的回报逻辑来看，我们认为自雇群体跨体制社会资本的主导回报逻辑为机会增量获得，自雇群体收入获得遵循的是机会增量机制。从自雇经营发展的历程来看，无论创业初始还是立业以后，自雇者占据了跨体制的优势关系地位，就可以借此获得蕴藏商机的信息，收获生意订单带来盈利的效果。但在市场竞争中要想持续赢得商机，不但需要注意接收直接关系所给予的直接机会，还必须靠自己去有意识地培养和拓宽跨体制的人情和信任纽带，动员人情网络去争取各种间接机会，即使立业以后进入稳定发展时期，也靠这些纽带维持市场合同、开发新的生意、争取长期合同。

从增量机制的统和逻辑来看，跨体制社会资本的这种稳定作用，关键机制是机会增量，主要有三个渠道：一是信息-机会渠道，将无意和有意获得的商业信息变为生意机会，赢得订单和合同；二是资源-机会渠道，利用跨体制的人脉运作资金、寻找技术和经营管理人才，将关系运作得来的金融和人力资本转化为实现生意目标、完成合同任务的现实力量；三是选择-机会渠道，即在几个可能的项目之间，通过与跨体制社会网络关系获得分析、评价、预测，选择对自雇经营把握最大、风险最小的项目，稳中做大做强。因此，跨体制社会资本提升自雇群体机会增量的逻辑链条可以归纳为：在自雇经营的过程中，跨体制社会资本提供了增量信息、增量资源、增量选择空间，都转化为增量生意机会，从而增加经营收入。

增量生意机会的现实途径有二。一是直接机会增量，即自雇者拥有跨体制的关系网络，从中直接获得生意机会；二是间接机会增量，即自雇者的跨体制关系人对于拥有机会增量的目标客体施以人情影响，从而间接地生成生意机会。实证分析结果表明：跨体制社会资本对自雇者两种机会增量的获得均有显著提升作用；在自雇者收入的多元线性模型中，通过跨体制社会资本回归系数的变化和模型拟合度的变化，清晰表明跨体制社会资本通过直接和间接两种机会增量增加了自雇者的收入。区分两种机会增量，在理论上明确了跨体制社会资本的两种作用方式、两条机会通道，强调了间接性对于社会资本作用空间拓展的重要意义；而其应用意义则在于启发自雇群体更加着力于开拓间接机会通道，发挥跨体制社会资本的作用来挖掘那些间接机会。

自雇者跨体制社会资本的收入优势效应存在内生性问题（陈云松、范晓光，2011）。与此同时必须看到，自从社会资本内生性问题提出以来，许多研究者所做的反事实模型结果表明，多元线性模型的绝大多数成果依然是成立的，包括陈云松等分析的中国和前东德的情况（陈云松等，2013）。应该承认，反事实模型的精髓在于全面完整地控制其他变量，保证被解释变量和解释变量的因果关系成立。而这个条件，在多元线性分析中也是尽力而为的，并且很多结果都是可靠的，这也是为什么大部分线性分析结果依然稳健的主要原因。本章提供的多元线性模型结果也属于这种情况：反事实模型分析证明这些结果是成立的。

跨体制社会资本与收入的关系，还存在双向因果的问题。本章的相关分析证明，这个可能性不会从根本上影响前者对后者的因果作用，理由有三。第一，多元影响效应在回归模型中得到较为有效的控制。收入高的人虽然理论上可以凭借高收入水平去扩展跨体制社会资本，但是他们跨体制社会联系的增加，是多种因素影响的结果，包括个人的地位、权力、性别、经验、个性和网络地位等，而这些要素在多元分析模型中也能够得到很好的控制，因此双向因果的强度不大，即收入对于跨体制社会资本的影响虽然可能存在，但是影响并不显著。第二，收入机会的满足减少了收入和跨体制社会资本之间的因果影响。成熟的自雇者往往收入高，不然他们不能存活也不会坚持做自雇经营。对于这些人来说，有相当部分的收入机会是可以锁定的，而新的收入机会往往可以较容易地来自一个体制，不需要进一步通过扩展跨体制社会资本来实现。第三，关系累积效应很大程度上排除了反因果问题。我们所使用的跨体制社会资本是基于拜年网而形成的，其关系网络的成分是稳定的，都是个人生命历程发展中关系累积的结果，关系测量中很少新的成分。最新实证研究成果也表明，关系具有基于事件而增强信任的累积效应（Burt & Burzynska, 2017；Burt & Opper, 2017；Burt, Bian & Opper, 2018），很好地证明了这一点。

虽有上述理论认知，在实证分析中我们高度重视潜在的内生性问题，处理了两种可能导致跨体制社会资本的内生性问题的情况，即遗漏变量和互为因果问题。通过使用 JSNET2014 和 JSNET2016 两期数据构建滞后模型，并使用工具变量方法，我们检验并支持了跨体制社会资本对收入的显著正向效应。同时，我们也考虑到可能的选择性偏误问题，即是否拥有跨体制社会资本有可能是自雇者自我选择的结果，并通过倾向值匹配法构建反事实框架加以纠正，作为稳健性检验。上述三种方法检验结果均与多元线性分析结果保持一致，本章研究假设能够得以最终成立，即跨体制社会资本能够有效提升自雇者的直接和间接的生意机会，而直接和间接的机会增量均能够提高自雇者及其家庭的年收入。因此，本章回应了跨体制社会资本收入效应所面临的市场化带来的职业群体结构分化，构建自雇群体跨体制社会资本收入效应的机会增量作用机制，为跨体制社会资本优势的收入效应，不但建立了因果关系分析模型，而且此模型及其结果对于未来相关研究提供了可资参考的比较标准。

总的来说，跨体制社会资本理论植根于中国渐进式市场化改革导致的体制二元并存，对职业群体结构分化这一社会结构重大变化，给予了直接回应，体现了作为创新理论的深厚现实根基。与此同时，对跨体制社会资本的创新探索，突破了传统社会资本理论微观、中观与宏观的边界，深化了体制属性与社会关系网络的结合，由此形成新的社会资本概念。从市场化转型角度来看跨体制社会资本的蕴意，需要将其纳入到从再分配体制向市场经济体制的历时性和时代性转变过程中来认识。在世界范围内，自 20 世纪 80 年代末至今，30 多个国家经历着从社会主义再分配经济向市场经济的体制转型，无一例外地都涉及了个体经济和私营经济的崛起，其社会意义成为重要的社会科学研究议题。从体制转型特征看，一方以俄罗斯和东欧诸国为代表，激进式改革使得原有体制迅速退出历史舞台，而另一方以中国和越南为代表，渐进式改革的后果形成了规模大、影响强、长期并存的二元体制格局，是社会主义市场经济的成功范例。因此，本章研究的跨体制社会资本概念，虽然基于中国体制转型的本土经验，它的跨国的、一般性的社会学意义确是十分明确的：凡是渐进式的体制转型社会，都将产生跨体制的社会资本，为此关于跨体制社会资本的中国知识，不仅提供了一种新的理论概念，而且成为跨国比较研究的指导。

第十七章　线上网络的线下行为意义分析[*]

第一节　引言

互联网改变了人际互动和交流方式。它使人们通过文字、画面、声音、动漫等多种方式开展远程交流互动，或即时或延时，交往频率自主控制。特别是，持续交往形成了稳定的社会关系，产生了"虚拟社区"或"虚拟空间"（Rheingold，2000；Markham，1998），成为以互联网为载体的特殊社会互动场所（曼纽尔，2001；Wellman，1996）。可以肯定，虚拟空间既不脱离现实生活，也不是现实生活的简单复制。那么，它对实体空间人际交往的社会学意义是什么呢？

笔者认为，虚拟空间的核心社会学意义之一，就是通过较为自由的网上交流，拓展了社会交往者的特征异质性、层次广泛性、地位达高性，从而提高和强化了人们的社会资本。这是本章的理论命题。经验研究对此提供了初步支持。例如，上海市调查表明，博客的使用有助于培育特征差异的网友（黄荣贵等，2013）。北京某高校调查发现，在校生通过社交网，维护和加深了现有人际关系，扩展了社交圈（刘静、杨伯淑，2010）。广东某高校调查发现，在校生的网上沟通和互动娱乐对其社会交往、人际信任、社团参与均有正面影响（曾凡斌，2014）。网络调查发现，社交媒体对维护亲友、同学、同事关系都有明显的积极作用（赵曙光，2014）。令人感到缺憾的是，

*　本章的原文以"虚实之间：社会资本从虚拟空间到实体空间的转换"发表在《吉林大学社会科学学报》2017年第3期，作者：边燕杰、雷鸣。本次收录时作者做了必要修改。

这些研究的覆盖面较窄，所分析的交往形式与经典社会资本变量无涉。本章考察虚拟空间的社会交往如何转化为实体空间的社会资本，把握拜年网和餐饮网两个重要的社交形式和社会资本变量，通过 2014 年八大城市 JSNET 调查数据，检验上述理论命题。

第二节　个体社会资本的含义与测量指标

一　个体社会资本的含义

当代社会科学存在两类不同的社会资本研究。一类以政治学家普特南、福山为代表，认为公共参与、社会规范、人际信任等要素是一种集体层面的社会资本（Putnam，1993；Fukuyama，1995）。此类社会资本不是本章的研究对象。另一类以社会学家布迪厄、波茨、林南为代表，认为社会资本是一种嵌入个体社会网络中的、行动者可以涉取和动员的社会资源（Bourdieu，1983/1986；Portes，1998；Lin，2001a）。这种社会资本着眼于个体层面，关系到社会联系的过程和结果，适用于本章的研究问题。本章是在个体层次意义上使用社会资本概念的，称为个体社会资本。

根据林南的社会资本理论，个体社会资本有"涉取"和"动员"两种存在形式。涉取的社会资本（accessed social capital）是指，个人从社会联系中可能获得的社会资源，例如同学、同事、朋友、亲属可能提供的各种信息、资助、支持等资源。动员的社会资本（mobilized social capital）则是指，个人在行动中正在使用的社会资源，例如人们使用亲朋好友所提供的信息和影响来实现求职目标。前者是社会资本的潜在形式，后者是社会资本的实现形态，两者处于行动者社会资本的不同阶段，合在一起全面反映出个人建构、维持、使用社会资本的能力与效果（Lin，2001a）。本章的研究问题是，互联网上的人际交往如何构成两种形式的社会资本？

二　个体社会资本的测量

人际关系网络是社会资本的载体。研究表明，人际关系网络的异质性、广泛性、达高性是社会资本的重要测量指标（Lin，2001a）。所谓异质性，是指人际交往的对象，即"关系人"（alter），其社会特征的相异程度，例如性别、年龄、民族、籍贯、信仰等。这表明人们跨越群体边界的交往能力，跨界越多，社会资本的异质性越高，为此社会资本就越丰厚。所谓广泛性，是指关系人对于社会分层体系的覆盖范围，即高低地位之差，人们向上联系和向下联系的幅度；幅度越大，社会资本越广泛。例如，关系人集中于大学毕业生？还是覆盖了从小学到博士的所有教育水平？所谓达高性，是指关系人的社会地位能有多高，从而表明人们向上联系的能力。例如，从职业地位来看，地位最高的关系人是国家领导人还是个体户老板？可见，异质性、广泛性、达高性三项指标，反映了个体社会网的拓宽能力、纵深能力、触顶能力，三者的综合是个体社会资本的质量。

社会资本的常用测度数据来自定名法和定位法。定名法通过设定人生重大问题（如筹措资金、咨询难题等），让被访者提供"关系人"名单，同时搜集这些人的性别、年龄、教育、职业等特征信息（Marsden，1987）。美国社会学家首创定名法，设定了被访者与关系人讨论重要问题的情境，其测得的社会网被称为"讨论网"，在我国应用过（Marsden，1987；阮丹青、周路等，2015）。与定名法不同，定位法是通过职位达到测量目的（Lin，1986）。研究者预先编订一个具有代表性的职业列表，被访者从中选出重要关系人的职业类别，根据职业类别数量、职业声望高低、最高职业声望得分，计算个体社会网络的异质性、广泛性、达高性，是测量社会资本的有效工具（Lin，1999）。定位法首次在我国使用时被置于春节情境下，测量拜年者的职业状况，由此获得"拜年网"变量，是一种契合本土文化背景的有效测量工具（边燕杰、李煜，2000）。

定位法和定名法各有特色。定名法测量的是个人的核心网络，成员数量往往限定在3—5人，以"强关系"为主。这种方法明确了人们之间的社会联系性，关系人社会特征的复杂性，但是问卷使用空间较大，对于个体社会网的覆盖面较小。定位法的测量可以容纳个人社会网中联系比较紧密、人情交换比较关键的大部分成员，同时囊括了"强关系"和一部分"弱关系"。比较而言，定位法测得的社会资本覆盖更广，通过职业地位而反映的资源含量更丰富，国际学界2017年跨国调查（ISSP）采用了此方法。本章分析的JSNET调查，所采用的是基于定位法的拜年网，简称拜年网。

拜年网测量的是涉取的社会资本，而不是动员的社会资本（Lin，1999）。基于JSNET数据，本章使用"餐饮网"测量动员的社会资本。在我国，人们往往通过餐饮活动进行社会交往，加强情感交流，运作人情交换（Bian，2001；边燕杰，2004；边燕杰、郭小弦，2015）。在餐饮过程中，人们不但能联络老朋友，巩固社会联系，运作已有的社会资本，而且还能结识新朋友，拓宽社会联系，增加新的社会资本（边燕杰、郭小弦，2015）。可以看出，社交餐饮既体现了本土文化特色，又具备相当的普遍性，兼具涉取和动员社会资本的功能，具有很强的社会行为意义（邹宇春、敖丹，2011；陈云松、边燕杰，2015）。研究发现，餐饮网的成员多样性和内涵复杂性均高于讨论网和拜年网（边燕杰，2004），是一种独具特色的社会资本测量工具。

拜年网和餐饮网是实体空间的社会网络，也是在实体空间产生的个体社会资本，分别称为拜年网社会资本和餐饮网社会资本。本章的研究问题是，人们的互联网社会交往是否提高这两种形式的个体社会资本？如何提高？

第三节　理论分析与研究假设

一　虚拟空间社交能否维持和提升个体社会资本

这是一个有争议的话题，学界存在正向关系和反向关系两种论点。反向关系论认为，长期"泡"在互联网的人，往往是孤独者，社会融合较差，人际联系较少。美国匹兹堡追踪调查发现，沉浸在虚拟空间的人们，减少了与家人的沟通和社会性交往，增加了孤独感（Kraut et al.，1998）。跨国研究发现，上网会显著减少人们的家庭交谈和户外社交（Robinson & Godbey，2010）。许多大型调查也证实，使用互联网减少人们的线下社会活动（Nie，2000），他们身上发生了"时间替代"（简·梵·迪克，2014），即互联网时间替代了现实的社会联系时间。

正向关系论认为，互联网是一种交流工具，为保持和扩展社会联系提供了方便（Lin，2001a）。研究发现，网民与家人和同事的联系，很大程度上转由电子邮件承担（简·梵·迪克，2014）。美国、加拿大调查显示，互联网便捷了远程交流，延伸了人际互动，维系了居住分散的友情联系（Wellman，2001）。包括中国台湾地区在内的其他调查支持了这一结论：互联网扩大了人们的社会交往面，增强了对陌生人的普遍信任水平（Robinson，1997；

Cole，2000；Franzen，2000；Hampton et al.，2000）。纽曼等人指出，必须注重上网群体的内部差异，因为不同网民上网经验和技术有别，其社会联系的拓宽能力和个人社会资本的增量存在很大差别（Neuman et al.，1996）。

笔者坚持正向关系论，原因有二。其一，虽然上网可能导致"时间替代"，但不能忽视其对扩大社会联系范围的作用。其二，随着互联网社交行为的增加，稳定的虚拟社会关系和虚拟交往社区就将出现，通过丰富交往内容、加深交往层次、转化交往形式，形成向现实交往的跨越。所以，考察互联网的使用是否影响人们的社会联系，关键在于是否把互联网作为人际交流和社会联系的工具，即虚拟空间社交，不仅仅是笼统的上网时间。这是一个实证研究空白。我们认为，虚拟空间社交对于实体空间社交，存在维持和扩展两种功能，即巩固现有社会联系、发展新的联系并向实体空间的联系转化。为此提出假设 1：

假设 1：虚拟空间社交维持和扩展人们在实体空间的社会网络规模。

除了社会网络规模效应，虚拟空间社交还可以增强人们实体空间的社会资本。首先，虚拟空间社交可以匿名，有助于克服性别、年龄、种族、教育、收入等社会特征制约，减少社会群体的排他性（Wellman et al.，1999），从而增加人际社会网的异质性。其次，虚拟空间社交可以跨越地理空间，无须介绍中介，自设交往场合，拓宽了交往范围，从而增加人际社会网的广泛性（McPherson et al.，2001）。最后，虚拟空间社交既有兴趣偏好导向（Bargh，2004），也有很强的工具目的导向（Lin，2001a），遵从向上联系的声望原则（Laumann，1966），从而产生人际社会网的达高性效应。在拥有稳定的虚拟交往社区的网民中，网上社交将部分地转化为实体空间的密切关系，进入拜年网范围。为此提出假设 2：

假设 2：虚拟空间社交提升人际交往的异质性、广泛性、达高性，从而增强个体拜年网社会资本。

与拜年社交不同，餐饮社交具有拓宽社会关系、动员社会资源的重要功能。餐饮社交之所以产生拓宽和动员功能，是由于餐饮场合具备交流的亲密性、随意性、灵活性，通过近距离的互动，情形的把握，主客体之间可以拿捏自如，分寸掌握的恰当，工具目的性融入于情感沟通之中。我们已经知道，虚拟空间社交产生了交往的异质性、广泛性、达高性，当网民的稳定虚拟交往社区转为面对面的实体交往时，社交餐饮机会增加。具体的说，人们的虚拟空间社交越活跃、越稳定、越长久，社会关系在虚实之间转移需求就越高，请人就餐、被请就餐、陪请就餐的机会就会增加，从而提升个体餐饮网社会资本。为此提出假设3：

假设3：虚拟空间社交增加人们的社交餐饮机会，从而增强个体餐饮网社会资本。

二　虚实空间社会联系转换是否存在群体差异

我们从"数码鸿沟"（digital divide）视角分析这个问题。数码鸿沟是指人们在信息技术占用上的不平等，存在两极分化的态势。在数码鸿沟的此岸，一部分人占用最强大的计算机、最快的网络服务、受到了最好的信息教育；在数码鸿沟的彼岸，另一部分人出于各种原因不能占用这些硬件和软件条件、缺乏网络服务和信息教育（李升，2006）。来自美国、日本和一些发展中国家的研究均表明，拥有高学历、高职位、高收入的群体在互联网的接触、使用程度以及相应知识水平上具有明显优势（Miller & Dan，2000；DiMaggio & Bonikowski，2008；Miller，2000），并且这一趋势随着互联网技术的发展得到强化（DiMaggio et al.，2001）。数码鸿沟现象是不难理解的。首先，互联网的使用存在技术门槛，包括互联网操作的技术能力和解决问题实现目标的信息能力（Mossberger et al.，2003），而具备这两种能力，尤其是信息能力，需要较高的专业教育。其次，较高职业地位的群体，更能接受新事物，工具性目标明确，从学习和参与中提高自己，将互联网技术能力和信息能力当作增强人力资本的行为（DiMaggio et al.，2004）。最后，上网需要一定的设备投入，产生上网费用，所以数码鸿沟也是收入不平等的直接反映（DiMaggio et al.，2001）。

数码鸿沟是否造成社会资本转换能力的群体差异呢？换句话说，有较高受教育程度、职业地位、收入水平的群体是否更加有效地将互联网使用转换为个体社会资本呢？如果回答是肯定的，那么数码鸿沟的社会关系后果是强化不平等，这是令人担忧的。这种回答的理论逻辑是马太效应论，并得到一些实证研究发现的支持（张文宏，2005）。较高受教育程度、职业地位、收入水平的群体，不但占用更好的互联网技术能力和信息能力，而且通过这些能力更主动、更有效地开展虚拟空间的社会交往，将其转换为实体空间个人社会资本。

否定回答的理论逻辑是趋势平等论。林南认为，互联网的操作越来越便利，使用成本越来越低，同时互联网上的资源越来越丰富，其流动性也越来越强，能为使用者提供更加多样化的资源渠道以及社会联系，这些都为人们获取社会资本提供了一个平等化的机会（Lin，2001a）。这比较符合我国现状。与虚拟空间相联的社交软件的发展，确实呈现出操作越来越便利、成本越来越低的特征，主流的 QQ、微信等社交软件，不但不存在高深的操作技术障碍，并且均可免费安装应用。为此，总的趋势是使用社交软件的个人越来越多，群体差异越来越小，数码鸿沟的社会关系不平等后果越来越弱化。

我们用一对相悖的研究假设总结虚实空间社会资本转换的两种不同的群体效应：

> 假设 4a：马太效应论预测，随着虚拟空间中社交行为的增加，较高受教育程度、职业地位、收入水平的群体，更有能力增加拜年网社会资本和餐饮网社会资本。
>
> 假设 4b：趋势平等论预测，随着虚拟空间中社交行为的增加，受教育程度、职业地位、收入水平对于增加拜年网社会资本和餐饮网社会资本的作用，趋于弱化。

第四节　研究设计与统计描述

本节使用的数据来自 2014 年 JSNET 问卷调查。该调查在长春、广州、济南、兰州、上海、天津、厦门和西安八城市采用多阶段系统随机抽样的方式，共调查了 5480 位有非农职业经历的 18—69 岁城镇居民，主要描述数据见表 17−1。

拜年网社会资本是主要因变量之一，分别通过拜年网的网络差异、网络位差、网络顶端来测量。JSNET2014问卷相关问题是："春节期间以各种方式（含手机短信、电子邮件、QQ、微博、微信）与您互相拜年、交往的亲属、亲密朋友和其他人……，里面有无从事下列职业的人"[具体职业名称详见参考文献（边燕杰等，2012）]。对于每一位被访者，此问题填答的职业类型数目是"网络差异"的分值，所列全部职业类型的职业声望高低分差是"网络位差"的分值，最高职业声望是"网络顶端"的分值。这三个指标分别用于测量拜年网社会资本的异质性、广泛性、达高性，取自然对数后的得分均值，见表17-1。另一个主要因变量是餐饮网社会资本，通过被访者过去三个月在外社交就餐的三种情况来测量，即请人就餐频率、被请就餐频率、陪请就餐频率，表17-1给出了百分比分布。

表 17-1 主要变量的描述性统计结果

变量	均值/百分比	变量	均值/百分比	变量	均值/百分比
网络差异（对数）	1.42	过去三个月陪请就餐频率		受教育程度分层	
网络位差（对数）	4.16	从不	21.83%	大专及以上：高	46.11%
网络顶端（对数）	4.16	很少	33.33%	高中/中专/技校：中	29.40%
过去三个月请人就餐频率		有时	30.46%	初中及以下：低	24.49%
从不	23.47%	较多	8.81%	职业声望地位分层	
很少	34.07%	经常	5.56%	高	14.80%
有时	30.34%	社交软件使用频率		中	40.61%
较多	6.65%	从不	29.30%	低	44.59%
经常	5.46%	很少	10.68%	家庭年收入分层	
过去三个月被请就餐频率		有时	9.90%	高	18.84%
从不	18.96%	经常	33.61%	中高	20.83%
很少	33.21%	总是	16.51%	中	20.12%
有时	33.61%	维持网络规模	14.86	中低	20.40%
较多	8.43%	扩展网络规模	2.79	低	19.81%
经常	5.79%				

　　前文提出互联网社交具有维持和扩展人际社会网络规模的两大功能，测量指标依据问卷的两道题："有多少从网上认识的网友变成了网下交往的朋友""网上共有多少关系比较好的朋友，包括网上认识的以及原本现实中的朋友"，均填答具体数字。调查设定，只有社交软件使用频率达到"有时"的情况下才回答以上两题。这两题的答案，前者反映了通过互联网社交而"扩展"的社会网络规模，平均值为 2.79；后者减去前者反映了通过互联网社交而"维持"的社会网络规模，平均值为 14.86。两者的比值为 18.77%，即社会资本的虚实转换率接近 1/5。这说明，社会资本虚实转换的研究议题不容忽略。

　　本章节中把社交软件使用频率作为核心自变量。相关问卷题为：被访者"平时使用 QQ、微博、微信等社交网络软件（包括在电脑/手机/Pad 等各种设备上使用）的频率"。表 17-1 列出了各选项所占百分比，其中"经常"使用约占 1/3，"从不"使用接近 30%。

　　表 17-1 还列出了被访者的受教育程度、职业声望地位、家庭年收入分层等三个社会经济分层变量，也用于自变量。其他个人特征和社会身份变量包括：被访者的年龄、性别、婚姻状况、原住地、性格、外貌、户籍、有无产权房、是否党员、所在城市、现职单位性质。这些将在模型分析中用为控制变量。

第五节　模型结果

一　虚拟空间社交对实体空间社交的维持和扩展

　　表 17-2 的四个模型分别检验了社交软件使用对实体空间社会网络规模的维持功能和扩展功能。分析社会网络规模，一般采用负二项回归模型（黄荣贵、桂勇，2010）。但是 JSNET 数据表明，不少被访者并未使用互联网来维持（1/4）或扩展（1/3）实体空间的社会网络规模，在表 17-2 的两个因变量上的赋值分别取值为 0，所以数据适用于零膨胀负二项回归模型。调查设定，当被访者"从不"或"很少"使用社交软件时，他们不再填答表 17-2 的两个因变量。换句话说，表 17-2 显示的零膨胀负二项回归模型的样本，只包括填答"有时""经常""总是"使用社交软件的被访者。与未答者相比，填答者的特征不但可能相异，也可能与两个因变量相关，造成所谓的样本选择性偏误（Winship et al.，1992）。为此我们使用赫克曼模型（陈

云松、范晓光，2010；郭申阳、马克·W. 弗雷泽，2012），分析何种因素影响人们使用社交软件、社交软件的使用又如何影响社会网络规模的维持和扩展，增加数据分析结果的稳健性。赫克曼模型对因变量取自然对数，数值0 转变为 0.01，以使相关样本进入模型分析（黄荣贵、桂勇，2010）。

表 17-2　社交软件使用对实体空间社会网络规模的影响

变量	维持社会网络规模		扩展社会网络规模	
	零膨胀负二项回归模型	赫克曼模型	零膨胀负二项回归模型	赫克曼模型
社交软件使用（有时 = 参照）				
经常	0.335**	0.386*	0.017	0.097
总是	0.730***	0.849***	0.357*	0.410*
对数似然值/卡方值	−7560.87	217.10	−3834.08	261.62
样本量	2520	4408	2255	4143

注：$* p<0.05$，$** p<0.01$，$*** p<0.001$。所有模型均使用了教育、职业、收入和所有控制变量（见第四节最后一段），为节省空间未列出，下同。

表 17-2 显示，与 "有时" 使用社交软件相比，"经常" 和 "总是" 使用社交软件，对维持和扩展社会网络规模具有显著的提升作用；社交软件的使用频率越高，其维持和扩展的功能越大。具体来说，零膨胀负二项回归的结果显示，"经常" 使用社交软件对于社会网络的维持功能提高 40%（$e^{0.335}-1$），"总是" 使用提高 1 倍多（$e^{0.730}-1$），而其扩展功能提高 43%（$e^{0.357}-1$）。在赫克曼模型中，上述三个系数分别是 47%（$e^{0.386}-1$）、134%（$e^{0.849}-1$）、51%（$e^{0.410}-1$）。两种模型结果十分接近，且都统计显著，支持了假设 1：互联网社交对实体空间社会网络规模有很强的维持和扩展功能。

二　虚拟空间社交对个人社会资本的影响机制

假设 2 和假设 3 分别指出，上网社交通过提高社会网的异质性、广泛性、达高性来提升拜年网社会资本，通过增加请人就餐、被请就餐、陪请就餐的机会来提升餐饮网社会资本。表 17-3 给出了检验结果。先看上半部分。"OLS 基准模型" 1—3 表明，随着社交软件使用频率逐步提高，拜年网的异质性、广泛性、达高性也逐步增高；与 "从不" 使用社交软件相比，从

"很少"到"总是"使用社交软件,其增量幅度最低 15% ($e^{0.140}-1$,达高性模型的"很少"系数),最高 46% ($e^{0.380}-1$,异质性模型的"总是"系数)。这些结果强有力地支持了假设 2。

再看表 17-3 上半部分的"赫克曼维持模型"和"赫克曼扩展模型"结果。这两组结果都是通过赫克曼模型获得分析结果的,其中维持模型是分析社交软件使用对于"维持网络规模"的效应,扩展模型是分析社交软件使用对于"扩展网络规模"的效应。模型结果显示,人们通过互联网社交每维持一个朋友,其拜年网的异质性提高 0.1% ($e^{0.001}-1$),每增加一个新朋友,拜年网的异质性提高 0.3% ($e^{0.003}-1$)。在异质性模型中,社交软件使用的系数不再统计显著,说明其作用是中介性的,通过维持功能和扩展功能而提高拜年网社会资本。维持和扩展功能未在广泛性和达高性模型中得以体现。

表 17-3　社交软件使用对实体空间社会资本的影响

拜年网分析	OLS 基准模型			赫克曼维持模型			赫克曼扩展模型		
变量/模型	异质性	广泛性	达高性	异质性	广泛性	达高性	异质性	广泛性	达高性
	1	2	3	4	5	6	7	8	9
社交软件使用(从不=参照)									
很少	0.198***	0.142***	0.140***						
有时	0.281***	0.161***	0.159***						
经常	0.357***	0.231***	0.228***	0.057	0.036	0.034	0.017	0.015	0.013
总是	0.380***	0.263***	0.261***	0.085	0.071*	0.069*	0.072	0.062	0.060
维持社会网络规模				0.001*	0.000	0.000			
扩展社会网络规模							0.003**	0.001	0.001
R^2/卡方值	0.16	0.18	0.18	304.10	184.69	179.52	331.64	186.01	182.01
样本量	4193	4184	4193	3974	3970	3974	4218	4214	4218
餐饮网分析	Ologit 基准模型			赫克曼维持模型			赫克曼扩展模型		
变量/模型	请人就餐	被请就餐	陪请就餐	请人就餐	被请就餐	陪请就餐	请人就餐	被请就餐	陪请就餐
	10	11	12	13	14	15	16	17	18
社交软件使用(从不=参照)									
很少	0.592***	0.504***	0.427***						
有时	0.933***	0.868***	0.652***						

续表

变量/模型	请人就餐	被请就餐	陪请就餐	请人就餐	被请就餐	陪请就餐	请人就餐	被请就餐	陪请就餐
	10	11	12	13	14	15	16	17	18
经常	1.088***	1.069***	1.002***	0.046	0.083	0.182**	−0.004	0.052	0.148*
总是	1.204***	1.289***	0.989***	0.119	0.205**	0.164*	0.075	0.176**	0.101
维持社会网络规模				0.001	0.002***	0.002**			
扩展社会网络规模							0.004*	0.005**	0.005**
伪 R^2/卡方值	0.12	0.09	0.11	187.10	208.60	201.03	231.37	236.08	246.86
样本量	4693	4695	4698	4133	4136	4137	4398	4401	4401

注：* p<0.05，** p<0.01，*** p<0.001。

接下来看表 17-3 的下半部分。这部分是关于餐饮网的分析结果。因为请人就餐、被请就餐、陪请就餐均为频率定序变量，因此采用 Ologit 模型进行统计分析。Ologit 基准模型结果显示，随着社交软件使用频率的逐步提高，请人就餐、被请就餐、陪请就餐的频率也越来越高（除总是小于经常外）（统计显著）。这些结果支持了假设 3。"赫克曼维持模型"和"赫克曼扩展模型"结果显示，通过虚拟空间社交而维持的社会网络，提高了被请就餐和陪请就餐的机会，而社会网络规模的扩展，同时提高请人、被请、陪请的三种就餐机会。这些结果表明，通过虚拟空间社交维持和扩展的社会网络规模，均有助于提升餐饮网社会资本。

三　虚实空间社会资本转换的群体差异检验

表 17-4 模型结果用于检验社会资本虚实转换的群体差异，看其属于马太效应论（假设 4a）还是趋势平等论（假设 4b）。建模方法是在表 17-3 的相关模型基础上，加入社交软件使用频率与社会地位指标的互动项。我们选择的社会地位指标是受教育程度、职业地位、收入水平，均在定序分层处理，各以"高"地位作为参照项。为此，如果互动项系数是负值且统计显著，并且地位越低负值越小，则表明马太效应；反之，如果互动项的系数取正值且统计显著，则表明趋势平等效应；如果正向系数随着受教育程度、职业地位、收入水平的降低而提高，则说明趋势平等的效应极大。

表 17-4　社会地位差异对虚实空间社会资本转换的影响

变量	异质性	广泛性	达高性	请人	被请	陪请
	模型 1-3	模型 4-6	模型 7-9	模型 10-12	模型 13-15	模型 16-18
受教育程度×社交软件使用						
（高=参照）中	0.073 ***	0.042 **	0.043 **	0.069	0.072	0.028
（高=参照）低	0.053 *	0.028	0.026	-0.061	0.009	-0.023
职业声望地位×社交软件使用						
（高=参照）中	0.068 **	0.021	0.022	0.124 *	0.114	0.172 **
（高=参照）低	0.104 ***	0.061 **	0.062 **	0.210 **	0.189 **	0.213 ***
家庭年收入×社交软件使用						
（高=参照）中高	0.004	0.009	0.009	-0.013	-0.012	0.011
（高=参照）中等	-0.003	0.006	0.006	-0.045	-0.102	-0.124
（高=参照）中低	0.013	0.018	0.017	-0.023	-0.075	-0.020
（高=参照）低	-0.004	0.028	0.031	0.139	0.014	-0.010

注：* $p<0.05$，** $p<0.01$，*** $p<0.001$。

　　先看表 17-4 的左边三列系数，是关于拜年网的异质性、广泛性、达高性的模型结果。结果很清楚，所有的统计显著的系数都是正向的，都落在受教育程度和职业地位的模型里，说明网上社交频率对于网下拜年网社会资本的提高，不存在受教育程度和职业地位的马太效应，其趋势是平等效应，并且职业地位越低，平等效应越大！互动项系数在家庭年收入的模型里都是统计不显著的，说明随着社交软件使用频率的提高，各收入水平群体之间在拜年网三个指标上的变化程度，未有明显差异，既无马太效应，也无平等效应。总的来说，表 17-4 左边模型结果的含义是，随着互联网社交行为的增加，不同社会地位群体的拜年网异质性、广泛性、达高性的变化程度，收入水平没有产生差异，而较低受教育程度特别是较低职业地位群体，相对获益更大，支持了趋势平等论（假设 4b）。

　　再看表 17-4 的右边关于餐饮网的三个指标。趋势比较相似。随着互联网社交行为的增加，各受教育程度群体和各收入阶层的请人就餐、被请就餐、陪请就餐的频率变化程度，均无明显差异，所以不存在马太效应。但是，与高职业地位群体相比，随着网上社交频率的增加，网下社交餐饮机会，对于中职业地位群体有明显的提高，而对低职业地位群体的提高幅度最大。与左边关于拜年网的分析结果结合在一起，我们可以肯定的是，从职业地位的视角看，中国不存在"数码鸿沟"所预示的马太效应，而事实则相反，无论拜年网社会资本，还是餐饮网社会资本，在不同职业地位群体之间的虚实转化，体现出一种平等化的趋势。

第六节　结论

基于八大城市调查数据，我们获得以下两点主要结论。

第一，虚拟空间社交行为对个人社会资本的含量，无论是拜年网社会资本，还是餐饮网社会资本，都有提升效果。人们的日常交往免不了受到种种结构限制，因而其社会网络成员往往呈现同质性趋向。互联网的出现突破了这一趋向，不但个体的社会网络规模随之扩大，并且拓展了与弱关系、陌生人的交往，促进社会网络结构的改善，即提高了个体社会资本的异质性、广泛性、达高性，继而丰富社会网络资源含量，有利于社会资本的动员。总的来说，虚拟社交对于个体社会资本的影响是积极的，是当今社会人们增加社会资本的重要方式。

第二，经济社会地位对于虚实社会资本转化能力的效应，随着上网行为和网络技术的普及趋于弱化。根据对调查数据的分析发现，随着虚拟空间中社交行为的增加，受教育程度、职业地位和收入水平的提高并未给使用者带来更丰富的社会资本。乐观地看，技术的进步促进了虚拟空间中交友行为的大众化而非精英化，有助于缩小甚至抹平个人社会资本的差距。当然，本章节不想全面去验证或否定"数码鸿沟"现象，只是指出，在虚拟空间中的社交行为与现实中个人社会资本的增减这一论题上，并未出现强者越强、富者越富的马太效应。

本章依据的数据来自我国八大城市，并不代表全国。在缺乏小城镇和农村数据的条件下，上述研究结论有待更有代表性的调查数据检验。在未来研究中，一个有意义的议题是互联网社交对社会网络规模的维持和扩展功能，以及它们在社会资本的虚实转换中所起的中介作用。这些作用，本章的实证分析并没有得到首尾一贯的结果，仅为进一步的研究提供了参考。

第十八章　线上网络与线下网络的双重转换[*]

第一节　引言

　　互联网正在改变人类的交流方式。在互联网诞生之前，人类的交流方式局限于"线下实体空间"，当面、书信、电话等方式的交流通常是在相识者之间进行的，拓宽结交范围往往凭借熟人介绍、场合安排、偶遇机缘等社会环境条件，受个人的身份、性别、年龄、外貌、地位、财富、权力等结构性要素的制约。互联网诞生之后，"线上虚拟空间"排除了这些社会环境条件和结构性要素的制约，上网者通过虚拟社区、社交软件、即时通讯等方式，跨地域、跨身份、跨结构边界穿行于虚拟世界，按照个人志趣和愿望结识网友，较为自由地形成、保持、调整、重组个人的虚拟社会网络。可以预见，当通信技术上升为"5G"水平之后，虚拟社会网络在人类交往中的作用将越来越稳定有效，成为人类交流的主要方式。

　　但是，很难想象线上虚拟空间将取代线下实体空间的社会交往功能。这是因为，人类最基本的社会联系性及其活动，诸如情爱、婚姻、生育、求学、劳动、事业、娱乐、就医、公共事务参与等，都是在实体空间得以实现的。这就意味着，在实虚空间之间，社会交往的双向影响和社会网络的双向转换，是当代社会一个具有重大意义的研究课题。研究表明，线上虚拟社会网络与线下实体社会网络都具有促进社群团结、增强社会资本的作用，这两

---

　　[*]　本章的原文以"论社会网络虚实转换的双重动力"发表在《社会》2019 年第 6 期，作者：边燕杰、缪晓雷。本次收录时笔者做了必要修改。

种社会网络对于人类的社会联系性和社会资本具有同等的积极意义（Wellman，2001）。基于此，学者们利用实体空间社会网络的传统分析方法测量了虚拟社会网络，无论是整体网络的测量（Williams，2006），还是个体网络的测量（陈华珊，2017），都发现线上和线下的社会网络的结构相似性和功能同一性。特别是一些研究表明，社会网络从虚拟空间向实体空间发生了转换，线上网友变为线下朋友、事业挚友、生活伴侣（陶振超，2015；边燕杰、雷鸣，2017）。

　　社会网络从虚拟空间向实体空间的转换是一个值得深入讨论的问题。如果虚拟社会网络只停留在线上，从不下线，那就形成了社会网络的二元分割状态。与之相反，如果虚拟空间存在一种推动力使之向线下转移，而且实体空间还存在一种拉动力，使之变为实体空间的社会资本，那么就形成了线上和线下的社会联系性和社会资本的融合。为此，我们应该努力发现这两种动力及其指标，完善对社会网络虚实转变机制的认知。本章对此开展理论探讨和实证分析。

第二节　文献综述

一　虚拟社会网络的三种论点

　　关于虚实社会网络的理论探讨集中体现为三种效应论。时间替代效应论（time displacement）是一种消极悲观的观点，认为上网时间的增加将减少线下交往机会，在社会交往从实体空间向虚拟空间的倾斜中，弱化了人类的社会联系性，导致社会资本的下降。与之相反，社会补偿效应论（social compensation）是一种积极乐观的观点，认为线上社交弥补了线下社交的空缺，而不是替代已有的线下交往，所以在保持线下交往的同时增加了新的交往平台，从而对人类的社会联系性有补偿作用，增加社会资本。最后，网络刺激效应论（network stimulation）是对补偿论的推进和延伸，重视社会网络由虚拟空间向实体空间的转换，不是简单增加新的交往平台，而是通过线上交往对线下交往的刺激效应，使得实体空间社会网络实现内容充实和结构改善，从而扩大和丰富了人类的社会联系性，强化了社会资本。下文分别讨论这三种论点及其实证发现。

1. 向虚拟空间的倾斜

时间替代效应论认为，社会网络从实体空间向虚拟空间倾斜过程中出现了重大问题。数字产品出现伊始，虚拟时间替代实体时间的效应便被人们所重视，由于数字产品的使用占用了大量日常生活时间，因此有人担心互联网的使用会占用个人的时间，从而减少与他人面对面的交流时间，影响社会网络的形成，侵蚀实体空间中的社会资本。普特南（Putnam，1995）在研究美国社会资本变化时提出，电视和互联网等现代技术的发展使得人们更愿意待在家里，而不是参与户外的社会活动，这带来了近些年美国社会资本的逐步下降。美国成年人随机调查显示，电子邮件、信息搜索、网络娱乐是常见的互联网行为，25 岁以下的年轻人普遍使用网络聊天。人们用在互联网上的时间越多，投入实体空间的社会联系时间就越少，即使每周只有 2—5 小时的网络使用时间，此效应依然明显。对于每周上网时间超过 10 小时的人群，则有约 15% 的被访者的实体空间社会活动明显减少。同时，互联网也挤占了传统媒体的时间，25% 的被访者由于上网而减少了电视和读报时间（Nie and Erbring，2002）。另外，随着互联网的发展和网络社交的兴起，沉迷于网络交往的人群日益增多，使得实体空间中的社会网络受到严重的挑战，部分上网者甚至出现亲友疏离、社会孤立、孤独抑郁等社会心理问题（Kraut et al.，1998）。

2. 对实体空间的补偿

社会补偿效应论提出相反的观点。该论点认为，互联网不仅没有替代实体空间的社会交往，反而由于线上互动比线下互动更加快捷方便，更有利于社会网络规模的扩展，从而成为积累社会资本的新途径（Lin，2001a）。这是因为，网上互动虽与当面交流形式不同，但同样可以建立起人际关系，特别是这种关系多为兴趣导向、相对宽松、收放自由，形成了虚拟圈子、虚拟社区、虚拟组织等线上共同体，更有利于社会资本的积累。对美国国家地理学会网站的上网者调查表明，互联网已经进入日常生活，在线互动不但补充了当面交流和电话沟通的不足，而且推进了志愿组织的发展（Wellman et al.，2001）。另一随机抽样调查表明，网上表达真实自我的人，有可能形成密切的在线关系，并发展成为一对一的友谊，比线下形成的友谊更经得起时间的考验（McKenna et al.，2002）。这些实证研究都说明，互联网不仅没有侵蚀社会资本，反而是它的新的增长点。所以，社会补偿效应论的判断是，自互联网进入社会生活以来，社会资本总量不但没有下降，反而可能发生了革命性的上升。

3. 对总体社会资本的强化

网络刺激效应论是对社会补偿效应论的推进和完善。该论点认为，线上社交媒体提供了互动平台，有效补偿了由于社会结构制约而在线下不能实现的人际沟通和交往内容，这是应该肯定的。但与此同时，该理论明确提出，人们在线上通过意见交流、信息发布、自我表达等方式，不但可以结识新的网友，更重要的是让实体空间中的弱纽带在互联网上有了更多的互动频率，过去通过强纽带在实体空间发生的情感沟通，随着网络的扩展而变得更加普遍，从而有助于增强亲密感，使得部分弱纽带发展成为强纽带。多纳斯（Donath，2007）从信号理论的概念框架出发，指出在线社交网络是一种有效的工具，帮助建立人际信任和身份特征，成为实体空间人们相互合作关系的基础。马纳戈等（Manago et al.，2012）对大学生进行了调查，分析了他们的脸书联系人，发现人们通过在线社交网络进行情感沟通，披露自己的近况与心事，同时扩大了亲密关系和陌生人的数量，表明社交网站也是亲密性联系的平台。琼斯等（Jones et al.，2013）通过脸书数据分析线上互动，同时收集线下互动的调查数据，发现线上与线下的互动一致性：二人之间的脸书互动越频繁，他们的线下互动越是亲密的朋友。这些实证研究说明，线上交往互动是线下交往互动的一种刺激机制，使得线上和线下的交往互动同时增加，其结果是构建了线上和线下相融合的新的社会交往形态，人们的总体社会资本得到丰富和加强（Birnie and Horvath，2010）。

二　虚实转换的动力

现阶段对于社会网络虚实转换的研究，多数支持社会补偿效应论的观点，认为互联网的使用可以扩展实体空间的社会网络，从而带来更多的社会资本。即使是从时间替代效应论出发，观点持有者也认为网络沉迷、迷失现实等行为属于个别现象，特别是在上网者越来越普及的互联网时代（郭文斌，2006；佟新、申超，2018）。因此，从社会补偿效应论出发，现有研究对于虚实转换的动力研究，可以分为线上网络使用驱动力和线下的社会阶层影响力。

1. 线上网络使用驱动力

不同的网络使用方式对线上、线下两种社会网络同时产生影响（钟智锦，2015）。例如，网络论坛、电子邮件、即时通讯、社交网络软件等线上交往平台，不仅可以扩展线上的虚拟网络，同样可以扩展线下的实体空间网络。曾凡斌（2014）分析了互联网使用方式的调查数据，从中提取了娱乐因子、新闻因子、购物支付因子、意见表达因子等四个方面，发现线上网络交往对于扩展线下社会资本的影响是正向显著的。

然而，现有研究普遍存在两点不足。首先，人们承认虚拟空间社会网络与实体空间社会网络的同时存在，都很活跃，但是缺少对两者之间联系的深入考察，特别是对线上好友是否可以转化为线下好友的考察。其次，人们只是根据互联网使用习惯的不同来分类网络使用方式（祝建华、何舟，2002），缺少基于数字不平等理论对其加以区分。

2. 线下的社会阶层影响力

社交网络软件的使用对于线下社会网络的扩展受到社会阶层的影响。研究发现，不同的受教育程度、职业地位、收入水平的上网者，线上网络交往带来的线下社会网络扩展呈现平等化趋势，而并非实体空间中社会网络研究中呈现出的阶层差异（张文宏，2005；边燕杰、雷鸣，2017）。然而，这种线下社会网络的扩展只是在数量上的增长，在质量上仍然存在阶层差异，例如社会经济地位较低的进城农民工，虽然可以通过 QQ 聊天等方式结识更多的新朋友，扩展其社会网络，但其交往的同质性较强，社会资本仍然受到社会经济地位的制约（吴予敏、朱超勤，2016）。

在社会阶层的影响方面，现有研究也存在两点不足。首先，现有研究缺少线上和线下的比较分析，对于社会网络虚实转换影响的孰轻孰重，值得继续探讨。其次，现有研究将线上或线下的某种因素当作独立存在的变量，缺少不同因素之间的互动分析。比如，线上和线下诸多影响因素是如何在相互作用下而推动虚实转换的？

第三节　理论立场和研究假设

国际社会网络研究权威学者威尔曼（Wellman，2001）提出了虚实网络等价理论，认为线上虚拟网络本质上也是一种社会网络。该理论的核心观点是，通过线上交往构建的虚拟社会网络，是实体空间社会网络在虚拟空间的再现。这一观点表明，线上社会网络和线下社会网络的逻辑起点是一致的，就是人类个体之间的相互沟通和相互交往的社会性需求；两者的区别是，线下实体空间的交往是在相识者之间满足这一需求，而线上虚拟空间的交往不但是超越了实体空间的种种限制进一步满足了相识者的交往需求，而且为了满足陌生人之间的这种交往需求创造了虚拟空间平台。从相识者之间的交往到陌生人之间的交往是一个质的飞跃，由此我们不禁追问，线上交往何以转移为线下交往呢？

笔者的理论立场是，社会网络从虚拟空间向实体空间的转换，是线上推动力和线下拉动力共同作用的结果。线上推动力根植于人际交往的一般规律，即从陌生到相识、再到相熟、最后到亲密和知己的发展过程。正如互联网小说的开山之作《第一次亲密接触》所描写的那样，痞子蔡与轻舞飞扬两位主人公相识于网络，通过不断的了解与交流，将虚拟空间的亲密感情变成了实体空间中的生命寄托。这是社会联系性由表及里、由浅入深、由偏向全的一种发展过程；在社会网络虚实转换过程的表现就是，当网友之间的交往达到一定深度时，当事人不再满足线上"缺位"交往，而要进一步推动到线下"在位"交往（刘少杰，2015）。与此同时，线下拉动力也在发生作用：人们对于亲密性人际交往的渴求产生了一种拉力，但此渴求受当事人在实体空间的结构条件制约，超脱结构性制约的能力越强，线下的拉动力就越大。下文提出关于线上推动力和线下拉动力的研究假设。

一　网络交往的亲密性推动力

亲密性是虚实关系转换的重要推动力。与实体空间的人际交往类似，互联网上的人际关系也要经历从陌生到相识、再到相知的过程，形成了普通网友与亲密网友两种关系，类似于实体空间的弱纽带和强纽带，学者将其称为虚拟社会资本（Williams，2006）。通过即时通讯、休闲游戏、社交软件等途径，上网者之间形成了网络社区，完成了从陌生大众到普通网友的过渡，其中许多人维系了较大规模的线上社会网络（黄荣贵等，2013）。进一步，在稳定的网友关系中，线上频繁互动所带来的直接结果是形成了亲密网友。不同于普通网友，在亲密网友之间，线上交流的话题往往超出群体一般性，增加了个体特殊性，与日常工作生活、个人故事经历、彼此利益关系等内容密切相关，久而久之特别亲密的网友之间就产生了一对一的情感交流需求，渴望向面对面的实体空间亲密关系转移。虽然具有个体差异，但总的趋势包括三种状态：其一，没有亲密网友，无从产生虚实转换的推动力；其二，亲密网友的数量较少，产生虚实转换的推力源就少；其三，亲密网友的数量较多、规模较大，这种虚实转换的推力源就多、力度就大。三种状态的背后逻辑是，亲密网友的数量构成了社会网络由虚拟空间向实体空间的转换推动力。为此，我们提出本章的第一个研究假设：

　　假设 1：虚拟空间的亲密网友越多，转换为实体空间亲密朋友的规模就越大。

二　网络使用的专业性推动力

专业性是虚实关系转换的另一种推动力。这与"数字鸿沟"现象相关，"数字鸿沟"即对互联网信息通信技术是否接入的第一道数字鸿沟，以及关于这些技术使用能力差异性的第二道数字鸿沟（Attewell，2001）。在我国，两道数字鸿沟都已出现，与西方的发展同步（张伦、祝建华，2013；韦路、谢点，2015），集中表现为互联网使用的主导目标和功能的差异，一部分将其作为沟通工具的专业性使用者，另一部分则将其作为业余生活的一般性使用者。随着社交网络的出现，无论是国内的微博和知乎，还是国外的脸书和维基百科，这些网络平台聚集了大量的用户，上网者根据其主导目标来选择网络平台的服务功能，成为专业性使用者或者一般性使用者。研究表明，一般性使用者受教育程度较低，较少关心线上网络的知识类内容，而满足于互联网提供的休闲娱乐和一般交流功能，从而停留在大众网民的存在形式（Katz and Aspden，1997；Brandtzæg et al.，2011）。与此不同，专业性使用者受教育程度较高，对于网络沟通不但具有知识诉求，而且这种诉求通常带有专业化倾向，通过参与专业社群获得专业知识，解决学习和工作中的专业性问题（郝大海、王磊，2014）。这个群体的成员并不拒绝借助虚拟空间开展和维持社交互动，但是他们的专业知识诉求往往产生了一种推力，将部分具有同样专业知识、同样专业诉求的网友，特别是已经达到了一定相知程度的网友，发展为线下朋友，从而进一步深化专业性交流，成为专业性的合作伙伴。这是专业性较强的上网者由线上走到线下，将专业问题的研讨从虚拟空间带到实体空间的一种趋势。为此，我们就专业性使用者和娱乐性使用的差异性提出本章第二个研究假设：

假设 2：与一般社群成员相比，专业社群成员有较强推力实现其社会网络的虚实转换。

三　人际交往需求的线下拉动力

人际交往需求是虚实转换的一种重要的线下拉动力。实体空间中，每个人都有自己的交往圈，表现为以行动者自我为中心、按照亲疏远近延伸出去的差序格局（费孝通，1998）。对于每个具体的行动者，与他人交往的需求各不相同。有些人受性格或环境等因素影响，不善于和他人交往，使得自身的社会网络规模较小；还有些人具有较强的人际交往需求，不仅自身的社交圈广泛，亦可占据"结构洞"的网络位置，与互不往来的他人建立稳定的交往关系，获得信息和控制优势（Burt，1992）。线上好友作为一种新形式的社会网络资源，同样满足人际交往的需求，当这种需求达到一定程度时就形成一种拉力，将社会网络从虚拟空间向实体空间转换。哪些人的此类需求较高呢？是那些人际交往需求相对强烈、交往参与相对活跃的人们。研究证明，这些人是社交餐饮的频繁参与者，以请客、被请、陪同等身份参与其间，维系老朋友，结识新朋友，借此场合实现其情感性和工具性的双重人情交换（边燕杰等，2004；邹宇春、敖丹，2011；陈云松、边燕杰，2015；边燕杰、郭小弦，2015）。这说明，社交餐饮参与度越高，人们的交往需求越高，因此提出本章的第三个假设：

假设 3：人们的社交餐饮参与度越高，其社会网络虚实转换的拉动力就越大。

四　人际交往承付与兑现能力的线下拉动力

社会交往的本质是人情交换，不但涉及当事人的需求问题，也涉及他们各自的承付与兑现能力问题。"没有免费午餐"（no free lunch）所讲的道理，就是指西方社会的人际交往都有其经济承付和人情兑现问题，而我国餐饮社交文化何尝不是这样？一方面，较强的交往承付和兑现能力与较高的经济地位密切相关，行动者基于实体空间的行为目的性需要更大规模的扩展社会资本，同时要利用互联网寻求更广泛的合作；另一方面，互联网社群的发展在市场推动下产生了利益化倾向，经济地位较高的人可以利用更多的网络消费行为实现社会网络虚实转换的目的，例如相亲网站需要充值会员才可以找到心仪的对象，网络直播与小视频软件需要高额消费才能与网友见面等。这些现象都说明，收入水平作为经济承付与兑现能力的指标，将成为社会网络虚实转换的线下拉动力。因此，本章提出最后一个研究假设：

　　假设 4：人们的收入水平越高，其虚实社会网络转换的拉动力就越强。

第四节　研究设计、数据与变量

一　数据来源

本研究使用数据来自 JSNET 调查。该调查于 2014—2015 年在长春、广州、济南、兰州、上海、天津、厦门和西安八个城市进行，采用规模等比（PPS）的多段随机方法抽取居民社区，使用地图法随机抽取家庭户，入户后由计算机辅助调查系统（CAPI）随机抽选有过非农工作经历的家庭成员作为被访者，最终收集到有效问卷 5476 份，其中，收集到的网络行为部分问卷为 3289 份。将数据中部分缺失值进行处理，最终得到的总样本量为5473，其中涉及虚实社会网络转换的样本量为 3287。

二　变量及描述

1. 因变量

社会网络由虚拟空间向实体空间的转换规模是本研究的因变量。对于这个因变量，我们关心的是，有多少虚拟空间的亲密网友变为实体空间的朋友？由于线上的好友中通常有部分人本身又是线下的好友，虚实转换的真实数量受到实体空间中上网好友数量的影响，虚实转换出现非线性的动态结果。为了排除这种干扰，我们选用 JSNET2014 调查问卷中的"您通过 QQ、微博、微信、电邮等社交网络平台（包括在电脑/手机/Pad 等各种设备上使用）的社群中认识的网友，有多少变成了网下交往的朋友？"一题来作为因变量的测量题器。调查中引导被访者只提供互联网上结识的线上好友转换数量，以提高测量信度。因变量是一个整数定距变量，调查结果的最小值为 0、最大值为 400，差异巨大。通过数据可知，样本的虚实转换率均值约为 25%，即平均四个线上朋友中有一人会变成线下朋友。

在 JSNET2014 问卷中，询问被访者平时使用社交网络软件的频率，有 2186 名被访者选择"从不"或者"很少"，从而直接跳过了互联网使用部分的剩余问题，未进入模型计算，约占总样本量的 40%。为了分析由此引发的内生性问题，本章同时分析样本选择性模型，所以对因变量虚实转换规模进行对数运算，得到均值为 0.22、标准差为 0.39 的正态分布因变量。因变量的描述统计如表 18-1 所示。

2. 自变量

我们的线上推力有两个变量。线上亲密性推力变量通过网上关系密切的好友数量来测量。根据邓巴数字定律，人类拥有的社交网络规模有限，多数人的网络亲密好友在 20 人左右，上限在 150 人左右；实证分析中，邓巴等人将 5、15、50、150 个好友作为分界点，得到亲密关系随着好友数量上升而衰减的曲线（Dunbar et al.，2015）。JSNET2014 问卷中通过提问"网络社群中有多少关系比较好的朋友"，得到最小值为 0、最大值为 1000、均值为 13.53 的整数型连续变量，依照邓巴等人的研究范式取 0、5、15、50 四个分离点，将变量划分为五层的序列类别变量。

线上专业性推力变量通过互联网社群类别来测量。根据数字鸿沟的实证研究，我国进入 21 世纪以来，第二道数字鸿沟已经出现，并且形成稳定的格局，虽然上网者参与的社交网络平台或虚拟社区具有一定的同质性，但其中仍然体现出专业性和一般性的社群差异。基于不同类型的社群参与，区分为专业性上网者和一般性上网者两个社交群体。JSNET2014 调查直接提问了下列问题，"您参与的互联网线上社群中，有多少个与您的专业/工作/学习相关的社群？"回答类别分别是：0 个、1 个、2—7 个、7 个以上。我们据此整理出是否专业社群成员的二分变量：选答 1 个或多个被视为至少参与一个专业社群，分类为专业性线上社群成员（编码为 1），选答 0 个的被访者被认为是从未参与过线上专业社群，上网活动只是进行浏览信息、娱乐休闲等普通内容，归类为非专业性的一般线上社群成员（编码为 0）。为表述简便，我们将两个社群称之为"专业社群"和"一般社群"。

我们的线下拉动力也有两个变量。一个是测量人际交往需求的变量，用"餐饮网参与度"来测量。JSNET2014 问卷中提问了被访者请人就餐、被请就餐、陪人就餐三个方面的频率，分别是 5 点测量的定序变量。我们对这三个变量提取一个公因子，因子值即为社交餐饮参与度的标准化指标，经转换，成为最小值为 0、最大值为 100 的连续变量，均值 35.71，标准差 24.39，因子解释度 82%，三个变量的因子负载值位于 0.883—0.925，结果非常理想。另一个是测量人际交往承付能力的变量，用被访者 2013 年的家庭总收入为指标，单位为万元。由于收入是右偏分布的，特将变量作对数运算，以调整右偏分布可能造成的收入系数的估计偏误。

3. 其他变量

在样本选择模型中，本章用是否使用社交网络软件作为选择变量，从不上网的被访者跳过了网络交往部分的调查，编码为 0；其余有上网行为的被访者编码为 1。控制变量主要有被访者的个人特征变量以及社会身份变量，由于网络使用存在性别和年龄差异，不同的家庭背景、受教育程度对于网络使用也存在影响（Brandtzæg，2011），因此加入性别、年龄、年龄平方项、民族、户口类型、婚姻状况、受教育年限等作为控制变量。同时，由于社会体制、经济发展等因素，会造成信息技术的不平等（Norris，2001），因此加入党员身份、单位性质、所在城市作为控制变量。所有变量的描述性统计如表 18-1 所示。

表 18-1 变量的描述性统计

变量	样本量	均值/百分比	标准差	最小值	最大值
因变量					
虚实转换规模（原值）	3287	2.48	12.83	0	400
虚实转换规模（对数）	3287	0.22	0.39	0	2.60
自变量					

变量		样本量	均值/百分比	标准差	最小值	最大值
亲密朋友数量	0	876	26.65%			
	1—5	984	29.94%			
	6—15	793	24.13%			
	16—50	509	15.49%			
	>50	125	3.80%			
网上社群类别（一般社群=0）		3287	29.81%			
社交餐饮参与度		5473	35.71	24.39	0	100
收入水平（对数）		5473	0.90	0.30	0	2.70
选择变量						
社交网络软件使用（不使用=0）		5473	39.94%			
控制变量						
性别（女=0）		5473	52.84%			
年龄		5473	43.56	13.75	16	84
年龄平方项/100		5473	20.86	12.36	2.56	70.56
户口类型（农业户口=0）		5473	12.37%			
民族（少数民族=0）		5473	3.33%			
政治面貌（非党员=0）		5473	82.28%			
婚姻状况（未婚=0）		5473	28.50%			
受教育年限		5473	12.69	3.76	0	20
单位性质（体制外=0）		5473	45.82%			
所在地区（内陆=0）		5473	48.88%			

第五节　实证分析结果

一　零膨胀负二项回归模型

由于因变量是一个从 0 到极大值变化的计数型变量，存在大量 0 值，所以选用零膨胀负二项回归模型（zero-inflated count model）（黄荣贵、桂勇，2010）。该模型分两步进行，首先用 Logistic 模型估计选取 0 值与选取非 0 值的对比率，其次在取非 0 值的被访者中采用泊松回归模型分析社会网络虚实转换规模的概率。模型 1 是考察控制变量影响效应的基准模型，模型 2 和模型 3 分别考察线上推动力和线上拉动力的影响效应的线上模型和线下模型，模型 4 是考察所有变量的影响效应的全模型，模型 5 是系数集束化后，比较线上、线下双重动力的效应大小。模型分析见表 18-2。

从基准模型可知，男性比女性有更多的虚拟社会网络向实体空间转换，人们的好奇程度越高、理性程度越低都会实现虚实转换，内地城市的虚实转换率高于沿海城市，与此同时，社会网络的虚实转换率与年龄、民族、婚否、户口类型、受教育年限、政治身份、单位性质无关。这些数据结论证实了，虚实转换在个体特征存在性别、地域差异，而由其他变量测量的不同群体之间的虚实转换，在我国大城市并不存在数字鸿沟所预示的马太效应，体现的是平等化的趋势（边燕杰、雷鸣，2017）。

表 18-2　线上和线下双重动力对社会网络虚实转换规模的影响（零膨胀负二项回归模型）

变量	模型 1 基准模型	模型 2 线上模型	模型 3 线下模型	模型 4 全模型	模型 5 系数集束化
线上推动力					0.783***
密友数量（参照：0）					
1—5		0.700***		0.667***	
6—15		1.243***		1.167***	
16—50		1.686***		1.601***	
>50		1.808***		1.487***	
专业社群（一般社群=0）		0.847***		0.782***	
线下拉动力					0.335***
社交餐饮参与度			0.018***	0.013***	
收入水平（对数）			0.632***	0.560**	
控制变量					
性别（女=0）	0.511***	0.168	0.377***	0.126	0.126
年龄	-0.039	-0.086*	-0.047	-0.096*	-0.096*
年龄平方项/100	0.086	0.152**	0.102*	0.174***	0.174***
户口类型（农业户口=0）	-0.199	-0.067	-0.129	-0.042	-0.042
民族（少数民族=0）	-0.088	0.054	-0.172	-0.191	-0.191

续表

变量	模型 1 基准模型	模型 2 线上模型	模型 3 线下模型	模型 4 全模型	模型 5 系数集束化
政治面貌（非党员=0）	0.049	-0.179	0.016	-0.209	-0.209
婚姻状况（未婚=0）	-0.164	-0.174	-0.115	-0.128	-0.128
受教育年限	-0.013	-0.010	-0.056*	-0.047*	-0.047*
单位性质（体制外=0）	-0.115	0.034	-0.084	0.042	0.042
地区（内陆=0）	-0.348**	-0.254*	-0.427***	-0.314**	-0.314**
模型特征值					
常数项	2.196**	1.120	1.431	0.728	0.728
对数似然值	-4760.68	-4667.99	-4722.97	-4645.22	-4645.22
BIC	9707.60	9570.81	9648.38	9541.47	9541.47
样本量	3287	3287	3287	3287	3287

注：* $p<0.05$，** $p<0.01$，*** $p<0.001$。为表格简洁起见，标准误省略未表，余同。

线上模型显示，上网个体特征一致的前提下，线上推力作用极大，表现在两个方面。一是线上亲密网友越多，向线下转换的朋友数量就越多；与亲密网友为0的被访者相比，随着亲密网友数量的增加，下线转为实体空间朋友的规模也越来越大，从约0.7上升到约1.8，各虚拟变量的系数均统计显著。二是与一般社群成员相比，专业社群成员更为有效地实现社会网络的虚实转换，两个群体的差异为0.847，统计显著。这些结果分别支持假设1和假设2。

线下模型也证明了线下拉动力效应的存在。其中，社交餐饮参与度对于虚实转换规模有正向的显著影响，系数为0.018，说明交往需求会延伸到虚拟空间中，拉动线上亲密网友成为实体空间中的亲密朋友，也说明中国的关系主义文化已经突破实体空间，进入了互联网的线上人际交往世界了，此结果支持假设3。另外，收入水平的拉动作用也是正向且统计显著的，系数为0.632，说明线下拉力包含了人际交往承付和兑现的能力问题，数据结果支持假设4。

全模型结果显示，分模型所证明的每个自变量在全模型中保持了它们的统计显著性，说明线上推力和线下拉力对于社会网络的虚实转换都有其独立的影响作用，证明我们分别对其开展理论和实证分析是正确的决定，支持假设1—4。与此同时，各个自变量的系数均有微量减少，说明线上推力和线下拉力确有共变，对社会网络的虚实转换同时发生效力。值得注意的是，亲密网友的数量达到 50 人以上时，变量的系数降低，小于前一个虚拟变量的系数，说明社会网络虚实转换的效果，当网上密友数量增加到 50 人时开始减弱，证实了邓巴数字定律在我国网民中也是存在的。

　　在线上推力和线下拉力之间，孰强孰弱？统计分析的系数集束化方法（刘精明，2014）以标准差为单位来运算，其系数反映了相关变量对于因变量的影响程度的差异，为此可以帮助我们回答上述问题。模型 5 显示，对密友数量和专业社群两组变量进行集束化处理后，得到的线上推动力变量的系数为 0.783；对社交餐饮参与度和收入水平对数两个变量进行集束化处理后，得到的线下拉动力变量的系数为 0.335。两者之间有明显的差异，且线上推动力要显著高于线下拉动力；两个系数的比值为 2.34，即线上推动力带来的影响是线下拉动力的 2.34 倍。因此，对于社会网络虚实转换的动力，线上的推力因素更加显著。

二　样本选择模型

　　近 40% 的被访者较少上网或者完全不上网。这部分被访者在调查中跳过了社会网络虚实转换的题器，也就是说在社会网络虚实转换的变量中是缺失个案，发生了统计分析中的所谓样本选择性问题。因此我们采用赫克曼选择模型（Heckman selection model）（Heckman，1974）来重新分析表 18-2 内容，以纠正样本选择性而可能导致的估计偏误问题，新的分析结果见表 18-3。

表 18-3　线上和线下双重动力对虚实转换规模的影响（赫克曼选择模型）

变量	模型 1 基准模型	模型 2 线上模型	模型 3 线下模型	模型 4 全模型
密友数量（参照：0）				
1—5		0.162***		0.154***
6—15		0.173***		0.161***
16—50		0.164***		0.156***
>50		0.231***		0.208***

续表

变量	模型 1 基准模型	模型 2 线上模型	模型 3 线下模型	模型 4 全模型
专业社群（娱乐社群＝0）		0.098 ***		0.085 ***
社交餐饮参与度			0.003 ***	0.002 ***
收入水平（对数）			0.115 ***	0.092 ***
全部控制变量进入模型	略	略	略	略
常数项	0.293 *	0.123	0.108	−0.014
逆米尔斯比值	−0.089	−0.004	−0.039	0.029
卡方值	151.97	403.47	270.63	488.53
样本量	5473	5473	5473	5473

注：* $p<0.05$，** $p<0.01$，*** $p<0.001$。

赫克曼选择模型的分析结果与零膨胀负二项回归模型的结果相似。线上模型显示，亲密网友数量的系数仍然正向显著，与零膨胀负二项模型不同的是，亲密网友数量在 16—50 人时趋势变得减弱，在 50 人以上趋势又有所增强。这一方面说明，当不使用社交网络软件的群体参与网络交往时，亲密网友数量对于虚实转换的正向效应依然存在；另一方面也说明，邓巴数字定律起作用的起点要比表 18-2 显示的更低。线下模型与零膨胀负二项模型的结果也是一致的，说明实体空间中的社交参与度与收入水平本就对网络交往与虚实转换有拉力作用，即使不参与网络交往的群体也跨越数字鸿沟参与交往，这种作用依然存在。表 18-3 中利用赫克曼选择模型计算出的所有逆米尔斯比值均不显著，说明该模型并不存在样本选择问题，即使删除从未使用或很少使用社交网络软件的样本，对于回归估计也不会造成偏误，证明了表 18-2 中零膨胀负二项回归模型的稳健性，同时支持假设 1—4。

三　推力与拉力的互动作用

表 18-2 和表 18-3 的全模型都显示了线上推力与线下拉力的共同作用。这使我们有兴趣进一步考察双力的互动效应，即双重动力的相互综合、相互调节的效应。在零膨胀负二项模型与赫克曼选择模型的基础上，分别开展线上—线下交互效应的统计分析，具体结果见表 18-4。

表 18-4 线上推力与线下拉力的互动效应

互动变量	线上模型	线下模型
密友数量（参照：0）		
1—5	2.191***	
6—15	2.866***	
16—50	3.032***	
>50	2.561**	
专业社群（娱乐社群=0）	2.621***	
社交餐饮参与度		0.025***
收入水平（对数）		1.180**
线上推力互动：密友×社群		
1—5×专业社群	-2.439***	
6—15×专业社群	-2.608***	
16—50×专业社群	-2.259***	
>50×专业社群	-1.792*	
线下拉力互动：社交×收入		-0.012*
全部控制变量进入模型	略	略
常数项	-0.244	0.308
对数似然值	-4603.17	-4643.29
样本量	3287	3287

注：$*p<0.05$，$**p<0.01$，$***p<0.001$。

先看线上推力的互动效果。以 0 个密友为参照组，零膨胀负二项模型的交互项系数都是负向显著的。将模型的结果进行边界效应运算得到图 18-1，支持三点结论。第一，亲密性与专业性是相互影响的线上推力，但在密友 6—15 人时，专业社群和一般社群之间几乎没有差别。第二，专业性具有明显推力作用，即使专业社群成员的密友为 0，部分一般网友仍然转换为线下朋友，而维持 15 个以上密友，虚实转换的推力最大。第三，一般社群成员中，密友小于 15 人，虚实转换规模随着亲密网友数量的增加而显著提高，但超过 50 人时随着亲密网友的增加而虚实转换规模急剧下降。这说明，虚拟世界的娱乐空间越大，得到的娱乐满足越强，网友下线变为实体空间朋友的动力越发不足。这也揭示了"网络成瘾"的问题：网络使用与实体空间的工作学习缺乏联系，使得虚拟空间和实体空间形成二元隔离结构，他们缺乏虚实转换的动力，沉迷于网络娱乐的虚拟世界。

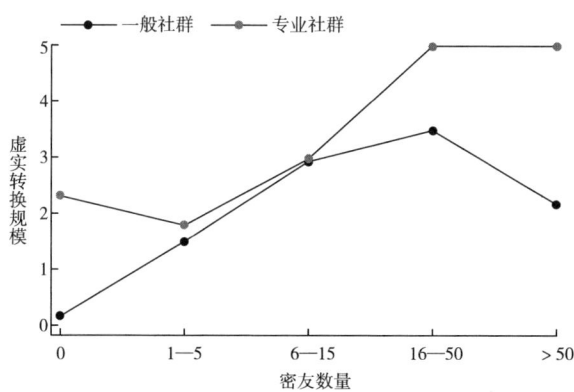

图 18-1 亲密朋友数量与社群使用差异的交互效应

再看线下拉力的互动效果。餐饮社交与收入水平的交互项，其系数是负向显著的，说明了人情交往的需求和承付/兑现能力共同拉动网友下线，成为实体空间的朋友，同时也具有相互抑制作用。将社交餐饮参与度的变量按每 20 个单位等分，将收入水平对数的变量按每 0.2 个单位等分，得到两个变量的交互效应，作图 18-2，帮助我们做出两个重要结论。第一，当承付/兑现能力较弱时，人际交往的需求越高，则社会网络虚实转换的规模也越高，直到个人年收入水平达到 8 万元 [exp（2.08）] 以上时人际交往需求出现负向效应，即随着收入的增长，人际交往需求越低的上网者拥有越高的虚实转换规模。第二，当人际交往需求较低时，承付/兑现能力对于社会网络虚实转换规模有显著的正向效应，随着人际交往需求每提升一个单位，承付/兑现能力的正向效应将减少 0.012 个单位，直到人际交往需求数值增加到约 95 时，承付/兑现能力的正向效应被抹平，此时随着收入水平的提高，虚实转换规模不再显著上升，甚至开始下降。

四 结论

社会网络从虚拟空间向实体空间的转换是当代社会网络研究的一个重大问题。基于互联网的社会补偿效应论，现有研究多从互联网使用对于线下社会资本的影响出发，或从社会阶层对于网络虚实转换的影响出发，支持虚拟

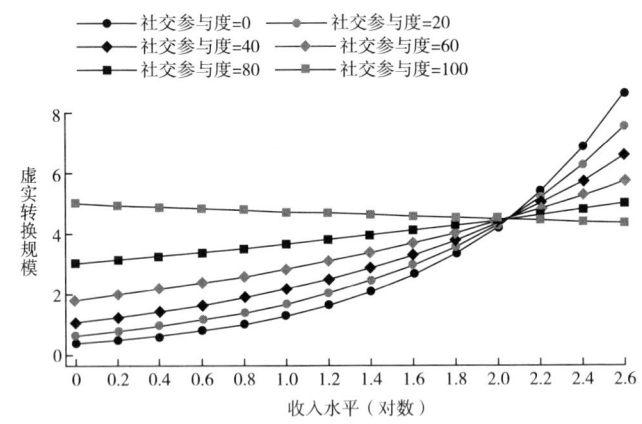

图 18-2　社交餐饮参与度与收入水平（对数）的交互效应

空间社会网络向实体空间转换的假设。我们基于威尔曼的虚实网络等价理论，认为线上网络和线下网络享有共同的逻辑起点，就是人类个体之间的相互沟通和相互交往的社会性需求；线下网络满足了相识者之间的交往，而线上网络超越了实体空间的种种限制满足了陌生人之间的交往需求。为此，线上网络和线下网络都可以用同一种理论框架和研究方法开展分析，而不是割裂地考察线上或线下的部分。本章基于 JSNET2014 调查数据，考察社会网络由虚拟空间向实体空间的转换过程，发现虚实转换受到线上推动力和线下拉动力双重动力的作用。

第一，线上推动力和线下拉动力构成了社会网络虚实转换的双重动力。对于线上推动力而言，笔者从网络交往的亲密性和网络使用的专业性两个角度衡量，发现网络交往的亲密性对于虚实转换有一定的正向影响，但受到邓巴数字定律的限制，当亲密性上升或是好友数量增多时，个人所拥有的社会网络规模将会逐渐递减。线上社群的使用决定了上网者的专业性与一般性差异，专业性使用者出于工作学习和获取知识的目的，在虚实转换的规模上有更强的推动力。对于线下拉动力而言，笔者从人际交往需求和人际交往承付两个角度衡量，发现交往需求不仅在实体空间中对行动者有影响，在虚拟空间中仍然存在，说明与人交往的目的性行动是个人长期社会化的结果，作为一种情感性和工具性的表达，同样会传递到虚拟空间。交往承付能力则更多的是一种经济能力，由于自身专业的需求、朋友功能性需求等因素，使得经济地位较高的群体更有能力拉动社会网络的虚实转换。

第二，线上和线下两种动力既发挥独立影响，也存在交互效应。构成线上推动力的亲密性与专业性之间存在互动效应。当网络亲密朋友数量较少时，网络专业使用者出于获取知识、学习技能的需要，会倾向于发展更多的网络亲密关系，并将其推动成实体空间的好友；网络一般使用者多数利用网络进行休闲娱乐，线上的人际关系越亲密，当亲密朋友数量规模越大，反而越不利于向实体空间转换，造成虚拟空间与实体空间的区隔，这也解释了网络沉迷和网络成瘾的部分成因。构成线下拉动力的人际交往需求与承付/兑现能力存在负向的交互效应，说明线下拉动力之间相互抑制，承付/兑现能力虽然能提升虚实转换的规模，但较高的承付/兑现能力预示着高收入群体在网络交往中并不受到实体空间中交往需求的影响，甚至线下不愿意交往的高收入群体反而在网上表现得更加积极；人际交往意愿虽然能够显著提升虚实转换规模，但在线下拥有极强交往能力的行动者其线上交往意愿会因收入水平的提高而降低，例如在社会网络中占据结构洞的行动者，本身拥有丰富的异质性资源，当其收入水平提高时说明线下社会资本带来了回报，因此并不需要再从互联网交往中寻求扩展更多的网络资源。

第三，线上推动力效应大于线下拉动力效应。通过系数集束化对比两种动力的效应，发现亲密性和专业性两种线上推动力对于社会网络虚实转换带来的影响，都显著高于交往需求和交往承付两种线下拉动力带来的影响。虽然虚拟空间社会网络的研究和实体空间社会网络的研究方法相似，然而虚拟空间受到匿名化、碎片化、快餐化等特征影响，线上推动力会直接影响虚拟社会网络规模，以及向实体空间转换的规模。因此，对于网络交往、网络动员等与虚实转换相关的社会问题，应该更多的从线上角度实施监督和干预，网络治理的关注点集中在信息权利、社群规模等方面。

上述三点结论基于八大城市的随机样本调查数据，所以可以有信心地说适用于我国大城市的推论。但是，我国非农人口的较大比例生活在中小城镇，还有大量的农村人口。所以，本章的数据分析结果及其结论，都有待于全国代表性样本的数据检验，而本章提出的线上和线下两种动力的理论观点及其变量测量，为这些后续研究提出了可资参考的分析框架。

中文参考文献

（按照作者姓名英文字母顺序排列）

B

边燕杰，1999，《社会网络与求职过程》，载林益民、涂肇庆主编《改革开放与中国社会：西方社会学文献述评》，香港：牛津大学出版社。

边燕杰，2010，《关系社会学及其学科地位》，《西安交通大学学报》（社会科学版）第 3 期。

边燕杰，2004a，《城市居民社会资本的来源及作用：网络观点与调查发现》，《中国社会科学》第 3 期。

边燕杰，2004b，《中国城市中的关系资本与饮食社交：理论模型与经验分析》，刘翠霞、林聚任译，《开放时代》第 2 期。

边燕杰，2006a，《社会资本研究》，《学习与探索》第 2 期。

边燕杰，2006b，《网络脱生：关于企业脱生的社会学分析》，《社会学研究》第 6 期。

边燕杰，2009，《中国转型经济时期人际关系作用的上升》，在康乃尔大学（2007 年 4 月）、新加坡大学（2007 年 7 月）、加州洛杉矶大学（2007年 4 月）、加州伯克利大学（2008 年 10 月）、台湾大学（2008 年 7 月）、北京大学（2008 年 11 月）等地的演讲。

边燕杰、李煜，2000，《中国城市家庭的社会网络资本》，《清华社会学评论》第 2 期。

边燕杰、Ronald Breiger，Deborah Davis，Joseph Galaskiecz，2005，《中国城市的职业、阶层和关系网》，《开放时代》第 4 期。

边燕杰、郭小弦，2015，《餐饮网社交功能的中日韩比较》，《学术交流》第 2 期。

边燕杰、雷鸣，2017，《虚实之间：社会资本从虚拟空间到实体空间的转换》，《吉林大学社会科学学报》第 3 期。

边燕杰、马旭蕾、郭小弦、缪晓雷、鲁肖麟，2020，《防疫社会资本的理论建构与行为意义》，《西安交通大学学报》（社会科学版）第 4 期。

边燕杰、孙宇，2019，《职业流动过程中的社会资本动员》，《社会科学战线》第 1 期。

边燕杰、丘海雄，2000，《企业的社会资本及其功效》，《中国社会科学》第 2 期。

边燕杰、王文彬、张磊、程诚，2012a，《跨体制社会资本及其收入回报》，《中国社会科学》第 2 期。

边燕杰、杨洋，2018，《改革开放 40 年中国社会学的发展历程》，《西安交通大学学报》（社会科学版）第 6 期。

边燕杰、张文宏，2001，《经济体制、社会网络与职业流动》，《中国社会科学》第 2 期。

边燕杰、张文宏、程诚，2012b，《求职过程中的社会网络模型：检验关系效应假设》，《社会》第 3 期。

边燕杰、张磊，2013，《论关系文化与关系社会资本》，《人文杂志》第 1 期。

C

蔡昉，2013，《中国经济增长如何转向全要素生产率驱动型》，《中国社会科学》第 1 期。

蔡莉、单表安，2013，《中国情境下的创业研究：回顾与展望》，《管理世界》第 12 期。

曹荣湘，2003，《解读数字鸿沟——技术殖民与社会分化》，上海：上海三联书店。

陈华珊，2017，《罚似然图模型与社会网络测量》，《社会》第 2 期。

陈介玄，2001，《班底与老板：台湾企业组织能力之发展》，台北：联经出版社。

陈俊杰、陈震，1998，《“差序格局”再思考》，《社会科学战线》第 1 期。

陈光金，2011，《中国私营企业主的形成机制、地位认同和政治参与》，《黑龙江社会科学》第 1 期。

陈云松、边燕杰，2015，《饮食社交对政治信任的侵蚀及差异分析：关系资本的"副作用"》，《社会》第1期。

陈云松、范晓光，2010，《社会学定量分析中的内生性问题：测估社会互动的因果效应研究综述》，《社会》第4期。

陈云松、范晓光，2011，《社会资本的劳动力市场效应估算：关于内生性问题的文献回溯和研究策略》，《社会学研究》第1期。

陈云松、比蒂·沃克尔、亨克·弗莱普，2013，《"找关系"有用吗——非自有市场经济下的多模型复制与拓展研究》，《社会学研究》第3期。

储小平，2000，《家族企业研究：一个具有现代意义的话题》，《中国社会科学》第5期。

D

丁华，2002，《解析"面子"：一个社会学的视角》，《社会》第10期。

F

范晓光、吕鹏，2018，《中国私营企业主的"盖茨比悖论"——地位认同的变迁及其形成》》，《社会学研究》第6期。

费孝通，1948，《乡土中国》，载《费孝通译文集》（2002），北京：群言出版社。

费孝通，1998，《乡土中国 生育制度》，北京：北京大学出版社。

费孝通，2003，《试谈拓展社会学的传统界限》，《北京大学学报》（哲学社会科学版）第3期。

冯军旗，2010，《中县干部》，博士学位论文，北京大学社会学系。

G

管兵，2016，《命名方法论与社会科学创新：从〈乡土中国〉谈起》，《社会学评论》第4期。

国家统计局，1984，《中国统计年鉴》，北京：中国统计出版社。

郭申阳、马克·W.弗雷泽，2012，《倾向值分析：统计方法与应用》，郭志刚、巫锡炜等译，重庆：重庆大学出版社。

郭文斌，2006，《大学生网络交往调查研究》，《中国健康心理学杂志》第4期。

郭小弦，2017，《社会网络资源收入效应的比较研究》，《吉林大学社会科学学报》第5期。

H

郝大海、王磊，2014，《地区差异还是社会结构性差异？——我国居民数字鸿沟现象的多层次模型分析》，《学术论坛》第 12 期。

郝明松，2015，《社会网络对人职匹配的正负作用》，《学术交流》第 2 期。

贺雪峰，2007，《差序格局与乡村治理的区域差异》，《江海学刊》第 4 期。

胡荣、胡康、温莹莹，2011，《社会资本、政府绩效与城市居民对政府的信任》，《社会学研究》第 1 期。

华尔德（魏昂德），1996，《共产党社会的新传统主义：中国工业中的工作环境与权力结构》，龚小夏译，香港：牛津大学出版社。

黄荣贵、桂勇，2010，《社会网络规模的影响因素：不同估计方法的比较》，《社会学研究》第 4 期。

黄荣贵、骆天珏、桂勇，2013，《互联网对社会资本的影响：一项基于上网活动的实证研究》，《江海学刊》第 1 期。

胡安宁，2012，《倾向值匹配与因果推论：方法论述评》，《社会学研究》第 1 期。

胡安宁、周怡，2013，《再议儒家文化对一般信任的负效应———一项基于年中国居民调查数据的考察》，《社会学研究》第 2 期。

J

简·梵·迪克，2014，《网络社会———新媒体的社会层面》，蔡静译，清华大学出版社。

金耀基，1988，《人际关系中的"人情"之分析》，载杨国枢主编《中国人的心理》，台北：桂冠图书出版公司。

金耀基，2002，《金耀基自选集》，上海：上海教育出版社。

L

李路路，1998，《向市场过渡中的私营企业》，《社会学研究》第 6 期。

李路路、朱斌，2014，《家族涉入、企业规模与民营企业的绩效》，《社会学研究》第 2 期。

李培林，2008，《20 世纪上半叶社会学的"中国学派"》，《社会科学战线》第 12 期。

李升，2006，《"数字鸿沟"：当代社会阶层分析的新视角》，《社会》第

6 期。

李友梅，2016，《中国特色社会学学术话语体系建构的若干思考》，《社会学研究》第 5 期。

梁觉、李福荔，2010，《中国本土管理研究的进路》，《管理学报》第 5 期。

梁漱溟，1949，《中国文化要义》，香港：正中出版社；2011 年重印版，上海：上海人民出版社。

林南，2005，《社会资本——关于社会结构与行动的理论》，张磊译，上海：上海人民出版社。

林南、敖丹，2010，《社会资本之长臂：日常交流获取工作信息对地位获得的影响》，《西安交通大学学报》（社会科学版）第 6 期。

刘静、杨伯淑，2010，《校内网使用与大学生的互联网社会资本——以北京大学在校生的抽样调查为例》，《青年研究》第 4 期。

刘林平，2001，《外来人群体中的关系运用——以深圳"平江村"为个案》，《中国社会科学》第 5 期。

刘林平，2002，《关系、社会资本与社会转型：深圳平江村研究》，北京：中国社会科学出版社。

刘精明，2014，《能力与出身：高等教育入学机会分配的机制分析》，《中国社会科学》第 8 期。

刘少杰，2015，《网络化的缺场空间与社会学研究方法的调整》，《中国社会科学评价》第 1 期。

龙登高，1998，《海外华商经营模式的社会学剖析》，《社会学研究》第 2 期。

路风，1989，《单位：一种特殊的社会组织形式》，《中国社会科学》第 1 期。

陆学艺主编，2002，《中国社会分层研究报告》，北京：中国社会科学出版社。

罗家德，2000，《人际关系连带、信任与关系金融：以嵌入性观点研究台湾民间借贷》，《清华社会学评论》特辑第 2 期。

罗家德，2012，《关系与圈子——中国人工作场域中的圈子现象》，《管理学报》第 9 期。

罗家德、赵延东，2005，《社会资本的层次及其测量方法》，载李培林、覃方明主编《社会学：理论与经验》，北京：社会科学文献出版社。

M

马光荣、杨恩艳，2011，《社会网络、非正规金融与创业》，《经济研究》第 3 期。

曼纽尔·卡斯特，2001，《网络社会的崛起》，夏铸九、王志弘等译，北京：社会科学文献出版社。

马戎，2007，《"差序格局"——中国传统社会结构和中国人行为的解读》，《北京大学学报》（哲学社会科学版）第 2 期。

木志荣，2007，《国外创业研究综述及分析》，《中国经济问题》第 6 期。

P

潘泽泉，2005，《实践中流动的关系：一种分析视角——以〈礼物的流动：一个中国村庄中的互惠原则与社会网络〉为例》，《社会学研究》第 3 期。

R

人力资源社会保障部，2017，《关于支持和鼓励事业单位专业技术人员创新创业的指导意见》，人社部规〔2017〕4 号。

阮丹青、周路、布劳、魏昂德，1990，《天津城市居民社会网初析——兼与美国社会网比较》，《中国社会科学》第 2 期。

S

沈毅，2008，《"家""国"关联的历史社会学分析——兼论"差序格局"的宏观建构》，《社会学研究》第 6 期。

沈毅，2013，《迈向"场域"脉络下的本土"关系"理论探析》，《社会学研究》第 4 期。

史宪民，1993，《体制的突破》，北京：中国社会科学出版社。

帅满，2016，《信任溃败与圈子解散：田园茶叶公司的集体离职事件研究》，《社会》第 5 期。

〔英〕斯宾塞，1981，《群学肄言》，严复译，北京：商务出版社。

孙立平，1996，《"关系"、社会关系与社会结构》，《社会学研究》第 5 期。

孙立平，2002，《"90 年代中期以来中国社会结构演变的新趋势"》，《当代中国研究》第 3 期。

孙庆忠，2012，《社会学与中国社会研究——杨庆堃先生的学术人生》，《学术界》第 12 期。

苏力，2007，《费孝通、儒家文化和文化自觉》，《开放时代》第 4 期。

苏力，2017，《较真"差序格局"》，《北京大学学报》（哲学社会科学版）第 1 期。

T

陶振超，2015，《网际网路与友谊网络：取代、扩大或强化》，《传播与社会学刊》第 34 卷。

佟新、申超，2018，《互联网时代资本主义的赢利模式与时间秩序的变化——以网络游戏为例的研究》，《江苏社会科学》第 1 期。

W

万向东，2012，《非正式自雇就业农民工的社会网络特征与差异——兼对波斯特"市场化悖论"的回应》，《学术研究》第 12 期。

王建民、宋金浩，2016，《网络空间中的差序格局——"众筹"的社会学研究》，《兰州大学学报》（社会科学版）第 6 期。

王卫东，2006，《中国城市居民的社会网络资本与个人资本》，《社会学研究》第 3 期。

王文彬、赵延东，2012，《自雇过程的社会网络分析》，《社会》第 3 期。

卫海英、骆紫薇，2014，《中国的服务企业如何与顾客建立长期关系?》，《管理世界》第 1 期。

韦路、谢点，2015，《全球数字鸿沟变迁及其影响因素研究——基于 1990—2010 世界宏观数据的实证分析》，《新闻与传播研究》第 9 期。

温忠霖、叶宝娟，2014，《中介效应分析：方法和模型发展》，《心理科学进展》第 5 期。

吴敬琏，2002，《转轨中国》，四川：四川人民出版社。

吴晓波、周浩军，2010，《创业研究视角及主要变量：综述与展望》，《重庆大学学报》（社会科学版）第 4 期。

吴晓刚，2006，《"下海"：中国城乡劳动力市场转型中的自雇活动与社会分层（1978—1996）》，《社会学研究》第 6 期。

吴予敏、朱超勤，2016，《新生代农民工 QQ 使用与社会资本研究——基于社会网络分析的视角》，《现代传播》第 11 期。

X

肖鸿（张文宏），1999，《试析当代社会网研究的若干进展》，《社会学研究》第 3 期。

肖瑛，2014，《差序格局与中国社会的现代转型》，《探索与争鸣》第 6 期。

徐晓军，2009，《内核—外围：传统乡土社会关系结构的变动——以鄂东乡村艾滋病人社会关系重构为例》，《社会学研究》第 1 期。

Y

阎明，2016，《"差序格局"探源》，《社会学研究》第 5 期。

阎云翔，2000，《礼物的流动：一个中国村庄的互惠原则与社会网络》，李放春、刘瑜译，上海：上海人民出版社。

阎云翔，2006，《差序格局与中国文化的等级观》，《社会学研究》第 4 期。

杨美惠，2009，《礼物、关系学与国家：中国人际关系与主体性建构》，赵旭东、孙珉译，南京：江苏人民出版社。

于晓宇，2011，《创业失败研究评介与未来展望》，《外国经济与管理》第 9 期。

Z

曾凡斌，2014，《互联网使用方式与社会资本的关系研究——兼析互联网传播能力在期间的作用》，《湖南师范大学社会科学学报》第 4 期。

翟学伟，1993，《中国人际关系的特质——本土的概念及其模式》，《社会学研究》第 4 期。

翟学伟，1999，《个人地位：一个概念及其分析框架——中国日常社会的真实建构》，《中国社会科学》第 4 期。

翟学伟，2007，《关系研究的多重立场与理论重构》，《江苏社会科学》第 3 期。

翟学伟，2009，《再论"差序格局"的贡献、局限与理论遗产》，《中国社会科学》第 3 期。

翟学伟，2009，《从社会资本向"关系"的转化：中国中小企业成长的个案研究》，《开放时代》第 6 期。

张伦、祝建华，2013，《瓶颈效应还是马太效应？——数字鸿沟指数演化的跨国比较分析》，《科学与社会》第 3 期。

赵曙光，2014，《社交媒体的使用效果：社会资本的视角》，《国际新闻界》第 7 期。

张文宏，2003，《社会网络与社会资本研究》，载中国社会科学研究所编《中国社会学年鉴：1999—2002》，北京：社会科学文献出版社。

张文宏，2005，《城市居民社会网络资本的阶层差异》，《社会学研究》第 4 期。

张文宏，2007，《社会网络与社会资本研究》，载中国社会科学研究所编《中国社会学年鉴：2003—2006》，北京：社会科学文献出版社。

张文宏，2011，《中国社会网络与社会资本研究 30 年》，《江海学刊》第 2、3 期。

张玉利、杨俊、任兵，2008，《社会资本、先前经验与创业机会——一个交互效应模型及其启示》，《管理世界》第 7 期。

张其仔，2001，《新经济社会学》，北京：中国社会科学出版社。

赵延东，2002，《再就业中的社会资本：效用与局限》，《社会学研究》第 4 期。

赵延东，2003，《求职者的社会网络与就业保留工资——以下岗职工再就业过程为例》，《社会学研究》第 4 期。

赵延东，2006，《再就业中社会资本的使用——以武汉市下岗职工为例》，《学习与探索》第 2 期。

赵延东，2007，《社会资本与灾后恢复——一项自然灾害的社会学研究》，《社会学研究》第 5 期。

郑也夫，1993，《特殊主义与普遍主义》，《社会学研究》第 4 期。

郑也夫，2001，《信任论》，北京：中国广播电视出版社。

钟智锦，2015，《互联网对大学生网络社会资本和现实社会资本的影响》，《新闻大学》第 3 期。

周飞舟，2015，《差序格局和伦理本位：从丧服制度看中国社会结构的基本原则》，《社会》第 1 期。

周飞舟，2018，《行动伦理与"关系社会"——社会学中国化的路径》，《社会学研究》第 1 期。

周立新，2014，《家族社会资本、先前经验与创业机会识别：来自微型企业的实证》，《科技进步与对策》第 19 期。

祝建华、何舟，2002，《互联网在中国的扩散现状与前景：2000 年在京、穗、港比较研究》,《新闻大学》第 2 期。

　　邹宇春、敖丹,2011,《自雇者与受雇者的社会资本差异研究》,《社会学研究》第 5 期。

　　邹宇春、敖丹、李建栋,2012,《中国城市居民的信任格局及社会资本影响——以广州为例》,《中国社会科学》第 5 期。

英文参考文献

Akerlof, George A. 1970. "The Market for 'Lemons': Quality, Uncertainty and the Market Mechanism." *The Quarterly Journal of Economics* 84:488-500.

Aldrich, Howard, and Catherine Zimmer. 1986. "Entrepreneurship Through Social Networks." Pp. 3-23 in *The Art and Science of Entrepreneurship*, edited by Donald L. Sexton and Raymond W. Smilor. Cambridge, MA: Ballinger Publishing Company.

Allen, David W. 2000. "Social Networks and Self-Employment." *Journal of Social-Economics* 29:487-501.

Arrow, Kenneth J. 1998. "What Has Economics to Say about Racial Discrimination." *Journal of Economic Perspectives* 12:91-100.

Attewell, Paul. 2001. "Comment: The First and Second Digital Divides." *Sociology of Education* 74:252-259.

Bae, Jonghoon, Filippo C. Wezel, and Jun Koo. 2011. "Cross-Cutting Ties, Organizational Density, and New Firm Formation in the U. S. Biotech Industry, 1994-98." *Academy of Management Journal* 54:295-311.

Banfield, Edward C. 1961. *Political Influence*. New York: Free Press of Glencoe.

Barbalet, Jack. 2018. "Guanxi as Social Exchange: Emotions, Power and Corruption." *Sociology* 52:934-949.

Bargh, John A., and Katelyn Y. A. McKenna. 2004. "The Internet and Social Life." *Annual Review of Psychology* 55:573-590.

Barney, Jay. 1991. "Firm Resources and Sustained Competitive

Advantage. "*Journal of Management* 17:99-120.

Baum, Joel A. C. , Tony Calabrese, and Brian S. Silverman. 2000. "Don't Go It Alone: Alliance Network Composition and Startups' Performance in Canadian Biotechnology. "*Strategic Management Journal* 21:267-294.

Becker, Gary. 1976. *The Economic Approach to Human Behavior.* Chicago, IL: University of Chicago Press.

Bell, Daniel. 2002. " The Codification of Scientific Knowledge in the Twentieth Century. " Speech delivered and manuscript circulated at the 100th anniversary of Nanjing University.

Berk, Richard A. 1983. " An Introduction to Sample Selection Bias in Sociological Data. "*American Sociological Review* 48:386-398.

Bian, Yanjie. 1994a. *Work and Inequality in Urban China.* Albany, NY: State University of New York Press.

Bian, Yanjie. 1994b. "Guanxi and the Allocation of Urban Jobs in China. " *The China Quarterly* 140:971-999.

Bian, Yanjie. 1997. "Bringing Strong Ties Back in: Indirect Ties, Network Bridges, and Job Searches in China. " *American Sociological Review* 62: 266-285.

Bian, Yanjie. 1999. " Getting a Job through a Web ofGuanxi in Urban China. " Pp. 255 - 277 in *Networks in the Global Village*, edited by Barry Wellman. Boulder, CO: Westview.

Bian, Yanjie. 2001. "Guanxi Capital and Social Eating: Theoretical Models and Empirical Analyses. "Pp. 275-295 in *Social Capital: Theory and Research*, edited by Nan Lin, Karen Cook, and Ronald S. Burt. New York: Aldine de Gruyter.

Bian, Yanjie. 2002a. "Chinese Social Stratification and Social Mobility. " *Annual Review of Sociology* 28:91-116.

Bian, Yanjie. 2002b. "Institutional Holes and Job Mobility Process: Guanxi Mechanisms in China's Emerging Labor Markets. " Pp. 117 - 136 in *Social Connections in China: Institutions, Culture, and the Changing Nature of Guanxi*, edited by Thomas Gold, Doug Guthrie, and David Wank. New York: Cambridge University Press.

Bian, Yanjie, 2004. " The Social-Network Space in the Domain of Occupational Mobility: A Hong Kong-China Comparison. "*Hong Kong Journal of Sociology* 5:103-117.

Bian, Yanjie. 2005. "Guanxi. "Pp. 312-314 in *International Encyclopedia of Economic Sociology*, edited by Jens Beckert and Milan Zafirovski. New York: Routledge.

Bian, Yanjie. 2006. "Guanxi. "Pp. 312-314 in *International Encyclopedia of Economic Sociology*, edited by Jens Beckert and Milan Zafirovski. London, UK: Routledge.

Bian, Yanjie. 2008a. "Born out of Networks: A Sociological Analysis of the Emergence of the Firm. "Pp. 166-182 in *Chinese Entrepreneurship in a Global Era*, edited by Raymond SK. Wong. London and New York: Routledge.

Bian, Yanjie. 2008b. " Urban Occupational Mobility and Employment Institutions: Hierarchy, Market, and Networks in a Mixed System. "Pp. 165-183 in *Creating Wealth and Poverty in China*, edited by Deborah Davis and Feng Wang. Stanford, CA: Stanford University Press.

Bian, Yanjie. 2017. "The Comparative Significance ofGuanxi. "*Management and Organization Review* 13:261-267.

Bian, Yanjie. 2018. " The Prevalence and the Increasing Significance of Guanxi. "*The China Quarterly* 235:597-621.

Bian, Yanjie. 2019. *Guanxi: How China Works*. Cambridge, UK: Polity Press.

Bian, Yanjie, and Soon Ang. 1997. "Guanxi Networks and Job Mobility in China and Singapore. "*Social Forces* 75:981-1006.

Bian, Yanjie, Deborah Davis, and Shaoguang Wang. 2007. "Family Social Capital: A Social Network Approach. " Pp. 219 - 232 in *Social Change in Contemporary China*, edited by Wenfang Tang and Burkart Holzner. Pittsburg, PA: University of Pittsburgh Press.

Bian, Yanjie, and Xianbi Huang. 2009. " Network Resources and Job Mobility in China's Transitional Economy. "*Research in the Sociology of Work* 19:255-282.

Bian, Yanjie, and Xianbi Huang. 2015. " Beyond the Strength of Social

Ties:Job Search Networks and Entry-Level Wage in Urban China. " *American Behavioral Scientist* 59:961-976.

Bian,Yanjie,and Ken'ichi Ikeda. 2014. "East Asian Social Networks. "Pp. 1-22 in *The Encyclopedia of Social Network Analysis and Mining* ,edited by Reda Alhajj,and Jon Rokne. New York:Springer.

Bian, Yanjie, and JohnR. Logan. 1996. " Market Transition and the Persistence of Power: The Changing Stratification System in Urban China. " *American Sociological Review* 61:739-758.

Bian, Yanjie, and Shuai Man. 2020. "Elective Affinity between Guanxi Favouritism and Market Rationality:Guanxi Circles as Governance Structure in China's Private Firms. "*Asia Pacific Business Review* 26:149-168.

Bian, Yanjie, and Wenbin Wang. 2016. " The Social Capital for Self-Employment in Transitional China. "Pp. 21-35 in *Rethinking Social Capital and Entrepreneurship in Greater China* ,edited by Jenn-Hwan Wang and Ray-May Hsung. London and New York:Routledge.

Bian,Yanjie, and Zhang Lei. 2014. "Corporate Social Capital in Chinese Guanxi Culture. " *Contemporary Perspectives on Organizational Social Networks* (Research in the Sociology of Organizations) 40:421-443.

Bian,Yanjie,Lei Zhang,Jianke Yang,Xiaoxian Guo,and Ming Lei. 2015. "Subjective Wellbeing of Chinese People: A Multifaceted View. " *Social Indicators Research* 4:75-92.

Birley Sue. 1985. "The Role of Networks in the Entrepreneurial Process. " *Journal of Business Venturing* 1:107-117.

Birnie,Sarah A. , and Peter Horvath. 2010. " Psychological Predictors of Internet Social Communication. "*Journal of Computer-Mediated Communication* 7:1-4.

Blau,Peter M. , and Danqing Ruan. 1990. "Inequality of Opportunity in Urban China and America. "Pp. 3-32 in *Research in Social Stratification and Mobility* 9:3-32.

Blau,Peter M. , Danqing Ruan, and Monika Ardelt. 1991. " Interpersonal Choice and Networks. "*Social Forces* 69:1037-1062.

Boisot,Max, and John Child. 1996. " From Fiefs to Clans and Network

Capitalism: Explaining China's Emerging Economic Order. " *Administrative Science Quarterly* 41:600-628.

Boissevain, Jeremy. 1980. *A Village in Malta.* New York: Holt, Rinehart and Winston.

Borgatti, Stephen P. , Daniel J. Brass, and Daniel S. Halgin. 2014. "Social Network Research: Confusions, Criticisms, and Controversies. " Pp. 1 – 32 in *Research in the Sociology of Organizations* Vol. 40, edited by Stephen P. Borgatti, Daniel J. Brass, Daniel S. Halgin, and Ajay Mehra. Bradford, UK: Emerald.

Bott, Elizabeth. 1957. *Family and Social Network: Roles, Norms, and External Relationships in Ordinary Urban Families.* London: Tavistock Publications Limited.

Bourdieu, Pierre. 1983/1986. "The Forms of Capital. " Pp. 241 – 258 in *Handbook of Theory and Research for the Sociology of Education*, edited by John G. Richardson. Westport, CT. : Greenwood Press.

Bourdieu, Pierre. 1986. "The Production of Belief: Contribution to an Economy of Symbolic Goods. " Pp. 131-163 in *Media, Culture and Society: A Critical Reader*, edited by Richard E. Collins, James Curran, Nicholas Garnbam, and Paddy Scannell. London, UK: Sage.

Bourdieu, Pierre. 1989. "Social Space and Symbolic Powder. " *Social Theory* 7:14-25.

Boyd, Robert L. 2005. "The Reemergence of Self-Employment: A Comparative Study of Self-Employment Dynamics and Social Inequality. " *Contemporary Sociology: A Journal of Reviews* 34:634-636.

Brandtzæg, Peter B. , Jan Heim, and Amela Karahasanović. 2011. "Understanding the New Digital Divide—A Typology of Internet Users in Europe. " *International Journal of Human-Computer Studies* 69:123-138.

Breiger, Ronald. 1974. "The Duality of Persons and Groups. " *Social Forces*, 53:181-190.

Bridges, William P. , and Wayne J. Villemez. 1986. "Informal Hiring and Income in the Labor Market. " *American Sociological Review* 51:574-582.

Brown, Jonathan, and Mary B. Bose (eds.) . 1993. *Entrepreneurship*,

Networks, and Modern Business. Manchester and New York: Manchester University Press.

Burt, Ronald S. 1984. "Network Items and the General Social Survey." *Social Networks* 6:293–339.

Burt, Ronald S. 1992. *Structural Holes: The Social Structure of Competition.* Cambridge, MA: Harvard University Press.

Burt, Ronald S. 2000. "The Network Structure of Social Capital." *Research in Organizational Behavior* 22:345–423.

Burt, Ronald S. 2001. "Structural Holes versus Network Closure as Social Capital." Pp. 31–56 in *Social Capital: Theory and Research*, edited by Nan Lin, Karen Cook, and Ronald S. Burt. New York: Aldine de Gruyter.

Burt, Ronald S. 2019. "Network Disadvantaged Entrepreneurs: Density, Hierarchy, and Success in China and the West." *Entrepreneurship Theory and Practice* 43:19–50.

Burt, Ronald S., Yanjie Bian, and Sonja Opper. 2018. "More or Less Guanxi: Trust is 60% Network Context, 10% Individual Difference." *Social Networks* 54:12–25.

Burt, Ronald S., and Katarzyna Burzynska. 2017. "Chinese Entrepreneurs, Social Networks, and Guanxi." *Management and Organization Review* 13:221–260.

Burt, Ronald S., Martin Kilduff, and Stefano Tasselli. 2013. "Social Network Analysis: Foundations and Frontiers on Advantage." *Annual Review of Psychology* 64:527–547.

Burt, Ronald S., and Marc Knez. 1995. "Kinds of Third-Party Effects on Trust." *Rationality and Society* 7:255–292.

Burt, Ronald S., and Sonja Opper. 2017. "Early Network Events in the Later Success of Chinese Entrepreneurs." *Management and Organization Review* 13:497–537.

Chang, Kuang-chi. 2011. "A Path to UnderstandingGuanxi in China's Transitional Economy: Variations on Network Behavior." *Sociological Theory* 29:315–339.

Cheng, Lucie, and Arthur Rosett. 1991. "Contract with a Chinese Face:

Socially Embedded Factors in the Transformation from Hierarchy to Market, 1978–1989. "*Journal of Chinese Law* 5:143–244.

Chiao, Chien. 1982. "Guanxi: A Preliminary Conceptualization. " Pp. 345360 in *The Sinicization of Social and Behavioral Science Research in China*, edited by Kuoshu Yang and Chongyi Wen. Taipei, Taiwan: Academix Sinica.

Cole, Jeffrey. I. 2000. *Surveying the Digital Future*. Los Angeles, CA: UCLA Center for Communication Policy.

Coleman, James S. 1988. "Social Capital in the Creation of Human Capital. "*American Journal of Sociology* 94(Supplement) :S95–S120.

Corcoran, Mary, Linda Datcher, and Greg J. Duncan. 1980. "Most Workers Find Jobs through Word of Mouth. " *Monthly Labor Review* 103(8) :33–35.

Coverdill, James E. 1998. "Personal Contacts and Post-hire Job Outcomes: Theoretical and Empirical Notes on the Significance of Matching Methods. " *Research in Social Stratification and Mobility* 16:247–269.

Davis, Deborah. 1990. "Urban Job Mobility. " Pp. 85 – 108 in *Chinese Society on the Eve of Tiananmen*, edited Deborah Davis and Eraz F. Vogel. Cambridge, CA: Harvard University Press.

de Graaf, Nan Dirk, and Hendrik Derk Flap. 1988. "With a Little Help from My Friends: Social Resources as an Explanation of Occupational Status and Income in West Germany, the Netherlands, and the United States. "*Social Forces* 67:452–472.

DiMaggio, Paul, Eszter Hargittai, Coral Celeste, and Steven Shafer. 2004. "Digital Inequality: From Unequal Access to Differentiated Use. "Pp. 355–400 in *Social Inequality*, edited by Kathryn Neckman. New York: Russell Sage Foundation.

DiMaggio, Paul, and Bart Bonikowski. 2008. "Make Money Surfing the Web? The Impact of Internet Use on the Earnings of U. S. Workers. "*American Sociological Review* 73:227–250.

DiMaggio, Paul, Eszter Hargittai, W. Russell Neuman, and John P. Robinson. 2001. "Social Implications of the Internet. " *Annual Review of Sociology* 27:307–336.

DiTomaso, Nancy, and Yanjie Bian. 2018. "The Structure of Labor Markets in the Us and China: Social Capital and Guanxi. "*Management and Organization Review* 14:5-36.

Donath, Judith. 2007. "Signals in Social Supernets. "*Journal of Computer-Mediated Communication* 13:231-251.

Dubé Yves, Joseph E. Howes, and David L. McGueen. 1957. *Housing and Social Capital.* Ottawa, Canada: The Royal Commission on Canada's Economic Prospects.

Dunbar, Robin I. M. , Valerio Arnaboldi, Marco Conti, and Andrea Passarella. 2015. "The Structure of Online Social Networks Mirrors Those in the Offline World. "*Social Networks* 43:39-47.

Duncan, Otis D. 1961. "A Socioeconomic Index for All Occupations. "Pp. 109-138 in *Occupations and Social Status*, edited by Albert J. Reiss, Otis D. Duncan, Paul K. Hatt, and Cecil C. North. New York: Free Press of Glencoe, Inc.

Emirbayer, Mustafa. 1997. " Manifesto for a Relational Sociology. " *American Journal of Sociology* 103:281-317.

Evans, David S. and Boyan Jovanovic. 1989. "An Estimated Model of Entrepreneurial Choice under Liquidity Constraints. " *Journal of Political Economy* 97:808-827.

Fernandez, Roberto M. , and Roger V. Gould. 1994. "A Dilemma of State Power: Brokerage and Influence in the national Health Policy Domain. "*American Journal of Sociology* 99:1455-1491.

Fisher, Claude S. 1982. *To Dwell among Friends: Personal Networks in Town and City.* Chicago, IL: University of Chicago Press.

Franzen, Axel. 2000. " Does the Internet Make Us Lonely?" *European Sociological Review* 16:427-438.

Fried, Morton H. 1953/1969. *Fabric of Chinese Society: A Study of the Social Life in a Chinese County Seat.* New York: Octagon Books.

Fu Pingping, Anne S. Tsui, and Gregory G. Dess. 2006. "The Dynamics ofGuanxi in Chinese Hightech Firms: Implications for Knowledge Management and Decision Making. "*Management International Review* 46:277-305.

Fukuyama, Francis. 1995. *Trust.* London, UK: Hamish Hamilton.

Galaskiewicz, Joseph, and Akbar Zaheer. 1999. "Networks of Competitive Advantage. "*Research in the Sociology of Organizations* 16:237-261.

GEM. 2018. *Global Report* 2017/2018. London, UK:GERA.

Goffman, Erving. 1955. "On Face-Work:An Analysis of Ritual Elements in Social Interaction. "*Psychiatry* 18:213-231.

Goffman, Erving. 1973. *The Presentation of Self in Everyday Life*. New York:Overlook Press.

Gold, Thomas, Doug Guthrie, and David Wank. 2002. *Social Connections in China:Institutions, Culture, and the Changing Nature of Guanxi*. New York: Cambridge University Press.

Granovetter, Mark S. 1973. "The Strength of Weak Ties. "*American Journal of Sociology* 78:1360-1380.

Granovetter, Mark S. 1974. *Getting a Job:A Study of Contacts and Careers*. Cambridge, MA:Harvard University Press.

Granovetter, Mark S. 1981. "Toward a Sociological Theory of Income Differences", Pp. 11-47 in *Sociological Perspectives on Labor Markets*, edited by Ivar Berg. New York:Academic Press.

Granovetter, Mark S. 1982. "The Strength of Weak Ties:A Network Theory Revisited. "Pp. 105 - 130 in *Social Structure and Network Analysis*, edited by Peter V. Marsden and Nan Lin. Beverly Hills, CA:Sage Publications, Inc.

Granovetter, Mark S. 1985. "Economic Action and Social Structure:The Problem of Embeddedness. "*American Journal of Sociology* 91:481-510.

Granovetter, Mark S. 1995. *Getting A Job* (Second Edition). Chicago, IL: University of Chicago Press.

Guo, Chun, and Jane K. Miller. 2010. "Guanxi Dynamics and Entrepreneurial Firm Creation and Development in China. "*Management and Organization Review* 6:267-291.

Guthrie, Doug. 1998. "The Declining Significance ofGuanxi in China's Economic Transition. "*The China Quarterly* 154:254-282.

Guthrie, Doug. 2002. "Information Asymmetries and the Problem of Perception:The Significance of Structural Position in Accessing the Importance ofGuanxi in China. "Pp. 37 - 56 in *Social Connections in China:Institutions*,

Culture, *and the Changing Nature of Guanxi*, edited by Thomas Gold, Doug Guthrie, and David Wank. New York: Cambridge University Press. 37–56.

Hampton, Keith N., and Barry Wellman. 2000. "Examining Community in the Digital Neighborhood: Early Results from Canada's Wired Suburb." Pp. 194–208 in *Digital Cities: Experiences*, *Technologies and Future Perspectives*, edited by Ishida Toru and Katherine Isbister. Heidelberg, Germany: Springer-Verlag.

Hanser, Amy. 2002. "Youth Job Searches in Urban China: The Use of Social Connections in A Changing Labor Market." Pp. 137 – 161 in *Social Connections in China: Institutions*, *Culture*, *and the Changing Nature of Guanxi*, edited by Tom Gold, Doug Guthrie and David Wank. New York: Cambridge University Press.

Harary, Frank, Robert Z. Norman, and Dorwin Cartwirght. 1965. *Structural Models: An Introduction to the Theory of Directed Graphs*. New York: John Wiley & Sons, Inc.

Haveman, Heather, Jia Nan, Jing Shi, and Yongxiang Wang. 2017. "The Dynamics of Political Embeddedness in China." *Administrative Science Quarterly* 62:67–104.

He, Xin, and Kwai H. Ng. 2018. " 'It Must Be Rock Strong!' Guanxi's Impact on Judicial Decision-Making in China." *American Journal of Comparative Law* 65:841–871.

Heckman, James. 1974. "Shadow Prices, Market Wages, and Labor Supply." *Econometrica* 42:679–694.

Heider, Fritz. 1958. *The Psychology of Interpersonal Relations*. New York: Wiley.

Ho, David Y. 1976. "Concept of Face." *American Journal of Sociology* 81: 867–884.

Homans, George C. 1950. *The Human Group*. New York: Harcourt Brace.

Hsu, Francis L. K. 1954. "Book Review: Fabric of Chinese Society." *American Sociological Review* 19:50–57.

Hu, Hsien-chin. 1944. "The Chinese Concept of 'Face'." *American Anthropologist* 46:45–64.

Huang, Xianbi. 2008. "Guanxi Networks and Job Searches in China's

Emerging Labour Market: A Qualitative Investigation. " *Work*, *Employment and Society* 22:467-484.

Hwang, Kwang-kuo. 1987. "Face and Favor: The Chinese Power Game. " *American Journal of Sociology* 92:944-974.

Jacobs, J. Bruce. 1979. "A Preliminary Model of Particularistic Ties in Chinese Political Alliances: Kanch'ing and Kuanhsi in a Rural Taiwanese Township. " *China Quarterly* 78:237273.

Jackall, Robert. 1988. *Moral Mazes: The World of Corporate Managers.* New York and Oxford: Oxford University Press.

James, Brander, and Tracy Lewis. 1986. " Oligopoly and Financial Structure: The Limited Liability Effect. " *American Economic Review* 76: 956-970.

Javanovic, Boyan. 1979. "Job Matching and the Theory of Turnover. " *The Journal of Political Economy* 87:972-990.

Jones, Jason J. , Jaime E. Settle, Robert M. Bond, Christopher J. Fariss, Cameron Marlow, and James H. Fowler. 2013. " Inferring Tie Strength From Online Directed Behavior. " *PloS One* 8:1-6.

Julien Pierre-André, Eric Andriambeloson, and Charles Ramangalahy. 2004. "Networks, Weak Signals and Technological Innovations among SMEs in the Land-Based Transportation Equipment Sector. " *Entrepreneurship & Regional Development* 16:251-269.

Kahneman, Daniel, and Amos Tversky. 1979. " Prospect Theory: An Analysis of Decision Under Risk. " *Econometric* 47:263-291.

Katz, James E. and Philip Aspden. 1997. " A Nation of Strangers?" *Communications of the Acm* 40:81-86.

Keister, Lisa A. 2000. *Chinese Business Groups: The Structure and Impact of Interfirm Relations during Economic Development.* Oxford and New York: Oxford University Press.

Kihlstrom, Richard E. , and Jean-Jacques Laffont. 1979. " A General Equilibrium Entrepreneurial Theory of Firm Formation Based on Risk Aversion. " *Journal of Political Economy* 19:719-748.

King, Ambrose Y. C. 1985. "The Individual and Group in Confucianism: A

Relational Perspective. " Pp. 57 - 70 in *Individualism and Holism : Studies in Confucian and Taoism Values*, edited by Donald J. Munro. Ann Arbor, MI : Center for Chinese Studies, the University of Michigan.

King, Ambrose Y. C. 1994. " Kuan-hsi and Network Building : A Sociological Interpretation. " Pp. 109 - 126 in *The Living Tree : The Changing Meaning of Being Chinese Today*, edited by Wei-ming Tu. Stanford, CA : Stanford University Press.

Kipnis, Andrew B. 1997. *Producing Guanxi : Sentiment, Self, and Subculture in a North China Village*. Durham, NC : Duke University Press.

Knight, Frank H. 1921. *Risk, Uncertainty, and Profit*. New York : Hart, Schaffner and Marx.

Knoke, David. 1999. "Organizational Networks as Social Capital. "Pp. 17 - 42 in *Corporate Social Capital and Liability*, edited by Roger Th. A. J. Leenders and Shaul M. Gabbay. Boston : Springer.

Kornai, Janos. 1986. *Contraditions and Dilemmas : Studies on the Socialist Economy and Society*. Cambridge, MA : MIT Press.

Krackhardt, David. 1992. " The Strength of Strong Ties : The Importance ofPhilos in Organizations. " Pp. 216 - 239 in *Networks and Organizations : Structure, Form, and Action*, edited by Nitin Nohria and Robert G. Ecckes. Boston, MA : Harvard Business School Press.

Kraut, Robert, Michael Patterson, Vicki Lundmark, Sara Kiesler, Tridas Mukopadhyay, and William Scherlis. 1998. " Internet Paradox : A Social Technology that Reduces Social Involvement and Psychological Well-Being?" *American Psychologist* 53 : 1017–1031.

Laumann, Edward O. 1966. *Prestige and Association in an Urban Community*. Indianapolis, IN : Bobbs-Merrill.

Laumann, Edward O. 1969. " Friends of Urban Men : An Assessment of Accuracy in Reporting Their Socioeconomic Attributes, Mutual Choice, and Attitude Agreement. "*Sociometry* 32 : 54–69.

Laumann, Edward O. 1973. *Bonds of Pluralism : The Form and Substance of Urban Social Networks*. New York : John Wiley & Sons.

Liang, Shuming. 1949. *The Essential Meanings of Chinese Culture*. Hong

Kong:Zheng Zhong Press.

Light, Ivan H. 1972. *Ethnic Enterprise in America: Business and Welfare among Chinese, Japanese, and Blacks.* Berkeley, CA: University of California Press.

Light, Ivan H. , and Parminder Bhachu (eds.) . 1993. *Immigration and Entrepreneurship: Culture, Capital, and Ethnic Networks.* New Brunswick, NJ: Transaction Publishers.

Lin, Nan. 1982. "Social Resources and Instrumental Action." Pp. 131 – 145 in *Social Structure and Network Analysis*, edited by Peter V. Marsden and Nan Lin. Beverly Hills, CA: Sage.

Lin, Nan. 1989. "Chinese Family Structure and Chinese Society." *Bulletin of the Institute of Ethnology* 65:382399.

Lin, Nan. 1990. "Social Resources and Social Mobility: A Structural Theory of Status Attainment." Pp. 247 – 271 in *Social Mobility and Social Structure*, edited by Ronald Breiger. New York: Cambridge University Press.

Lin, Nan. 1995. "Local Market Socialism: Rural Reform in China." *Theory and Society* 24:301 – 354.

Lin, Nan. 1999. "Social Networks and Status Attainment." *Annual Review of Sociology* 25:467 – 487.

Lin, Nan. 2001a. *Social Capital: A Theory of Social Structure and Action.* New York: Cambridge University Press.

Lin, Nan. 2001b. "Guanxi: A Conceptual Analysis." Pp. 153 – 166 in *The Chinese Triangle of Mainland, Taiwan, and Hong Kong: Comparative Institutional Analysis*, edited by Alvin So, Nan Lin, and Dudley Poston. Westport, CT: Greenwood.

Lin, Nan, and Yanjie Bian. 1991. "Getting Ahead in Urban China." *American Journal of Sociology* 97:657 – 688.

Lin, Nan, and Mary Dumin. 1986. "Access to Occupations through Social Ties." *Social Networks* 8:365 – 386.

Lin, Nan, Walter M. Ensel, and John C. Vaughn. 1981. "Social Resources and Strength of Ties: Structural Factors in Occupational Status Attainment." *American Sociological Review* 46:393405.

Lin, Nan, and Wen Xie. 1988. "Occupational Prestige in Urban China." *American Journal of Sociology* 93: 793832.

Logan, John R., and Yanjie Bian. 1993. "Access to Community Resources in a Chinese City." *Social Forces* 72: 555-576.

Loury, Glenn. 1977. "A Dynamic Theory of Racial Income Differences." Pp. 153-186 in *Women, Minorities, and Employment Discrimination*, edited by Phyllis A. Wallace & Annette M. LaMond. Lexington, Mass. : Lexington Books.

Luo, Jar-Der, and Meng-Yu Cheng. 2015. "Guanxi Circles' Effect on Organizational Trust: Bringing Power and Vertical Social Exchanges into Intraorganizational Network Analysis." *American Behavioral Scientist* 59: 1024-1037.

Ma, Rong, Yen-Chih Huang, and Oded Shenkar. 2011. "Social Networks and Opportunity Recognition: A Cultural Comparison between Taiwan and the United States." *Strategic Management Journal* 32: 1183-1205.

Manago, Adriana, Taylor Tamara, and Patricia Greenfield. 2012. "Me and My 400 Friends: The Anatomy of College Students' Facebook Networks, Their Communication Patterns, and Well-Being." *Developmental Psychology* 48: 369-380.

Markham, Annette N. 1998. *Life Online: Researching Real Experience in Virtual Space*. Lanham, MD: AltaMira Press.

Marsden, Peter V. 1982. "Brokerage Behavior in Restricted Exchange Networks." Pp. 201-218 in *Social Structure and Network Analysis*, edited by Peter V. Marsden and Nan Lin. Beverly Hills, CA: Sage.

Marsden, Peter V. 1987. "Core Discussion Networks of Americans." American *Sociological Review* 52: 122-131.

Marsden, Peter V., and Karen E. Campbell. 1984. "Measuring Tie Strength." *Social Forces* 63: 482501.

Marsden, Peter V., and Jeanne S. Hurlbert. 1988. "Social Resources and Mobility Outcomes: A Replication and Extension." *Social Forces* 66: 1038-1059.

Mayo, Elton. 2003. *The Human Problems of an Industrial Civilization*. London, UK: Routledge.

McKenna, Katelyn Y. A., Amie S. Green, and Marci E. J. Gleason. 2002.

"Relationship Formation on the Internet: What's the Big Attraction?" *Journal of Social Issues* 58:9-31.

McPherson, Miller, Lynn Smith-Lovin, and James M. Cook. 2001. "Birds of a Feather: Homophily in Social networks. " *Annual Review of Sociology* 27: 415-444.

Michelson, Ethan. 2007. "Lawyers, Political Embeddedness, and Institutional Continuity in China's Transition from Socialism. " *American Journal of Sociology* 113:352-414.

Miller, Daniel, and Don Slater. 2000. *The Internet: An Ethnographic Approach.* New York: Berg.

Mitchell, J. Clyde. 1969. "The Concept and Use of Social Networks. " Pp. 1 – 50 in *Social Networks in Urban Situations: Analyses of Personal Relationships in Central African Towns*, edited by J. Clyde Mitchell. New York: Humanities Press.

Montgomery, James D. 1992. "Job Search and Network Composition: Implications of the Strength of Weak ties Hypothesis. " *American Sociological Review* 57:586-596.

Mouw, Ted. 2003. "Social Capital and Finding a Job: Do Contacts Matter?" *American Sociological Review* 68:868-898.

Mossberger, Karen, Caroline J. Tolbert, and Mary Stansbury. 2003. *Virtual Inequality: Beyond the Digital Divide.* Washington DC: Georgetown University Press.

Nahapiet, Janine, and Sumantra Ghoshal. 1998. "Social Capital, Intellectual Capital, and the Organizational Advantage. " *Academy of Management Review* 23: 242-266.

Naughton, Barry. 1995. *Growing Out of the Plan.* Cambridge, UK: Cambridge University Press.

Naughton, Barry. 2007. *The Chinese Economy: Transitions and Growth.* Cambridge, MA: MIT Press.

Nee, Victor. 1989. "A Theory of Market Transition: From Redistribution to Markets in State Socialism. " *American Sociological Review* 54:663-681.

Nee, Victor. 1992. "Organizational Dynamics of Market Transition: Hybrid

Forms, Property Rights, and Mixed Economy in China. " *Administrative Science Quarterly* 37:1-27.

Nee, Victor, Lisha Liu, and Daniel DellaPosta. 2017. " The Entrepreneur's Network and Firm Performance. " *Sociological Science* 4:552-579.

Neuman, W. Russell, Shawn R. O'Donnell, and Steven M. Schneider. 1996. *The Web's Next Wave: A Field Study of Internet Diffusion and Use Patterns.* Cambridge, MS: MIT Media Lab.

Nie, N. H. , Lutz E. 2000. *Internet and Society: A Preliminary Report.* Stanford: Stanford Institute for the Quantitative Study of Society.

Nie, Norman H. and Lutz Erbring. 2002. " Internet and Society: A Preliminary Report. " *Internet and Society* 1:275-283.

Nisbet, Peter. 2007. " Human Capital vs Social Capital: Employment Security and Self-Employment in the UK Construction Industry. " *International Journal of Social Economics* 34:525-537.

Nolan, Jane. 2011. " Good Guanxi and Bad Guanxi: Western Bankers and the Role of Network Practices in Institutional Change in China. " *The International Journal of Human Resource Management* 22:3357-3372.

Norris, Pippa. 2001. *Digital Divide: Civic Engagement, Information Poverty, and the Internet Worldwide.* New York: Cambridge University Press.

North, Douglas. 1990. *Institutions, Institutional Change and Economic Performance.* Cambridge, UK: Cambridge University Press.

Opper, Sonja, Victor Nee, and Håkan J. Holm. 2017, " Risk Aversion and Guanxi Activities: A Behavioral Analysis of CEOs in China. " *Academy of Management Journal* 60:1504-1530.

Parish, William L, and Ethan Michelson. 1996. " Politics and Markets: Dual Transformations. " *American Journal of Sociology* 101:1042-1059.

Park, Seung Ho, and Yadong Luo. 2001. " Guanxi and Organizational Dynamics: Organizational Networking in Chinese Firms. " *Strategic Management Journal* 22:455-477.

Parnell, Martin F. 2005. " Chinese BusinessGuanxi: An Organization or Non-Organization? " *Journal of Organisational Transformation and Social Change* 2:29-47.

Parsons, Talcott. 1951. *The Social System*. Glencoe, IL: The Free Press.

Parsons, Talcott, and Edward Shils. 1951. *Toward a General Theory of Action*. Cambridge, MA: Harvard University Press.

Peng, Yusheng. 2004. "Kingship Networks and Entrepreneurship in China's Transitional Economy. "*American Journal of Sociology* 109: 1045-1074.

Podolny, Joel M. 1993. "A Status-Based Model of Market Competition. " *American Journal of Sociology* 98: 929-972.

Podolny, Joel M. 1994. "Market Uncertainty and the Social Character of Economic Exchange. "*Administrative Science Quarterly* 39: 458-483.

Portes, Alejandro. 1995. "Economic Sociology and the Sociology of Immigration: A Conceputal Overview. "Pp. 1-41 in *The Economic Sociology of Immigration: Essays on Networks, Ethnicity, and Entrepreneurship*, edited by Alejandro Portes. New York: Russell Sage Foundation.

Portes, Alejandro. 1998. "Social Capital: Its Origins and Applications in Modern Sociology. "*Annual Review of Sociology* 22: 1-24.

Portes, Alejandro, Manuel Castells, and Lauren A. Benton (eds.) . 1989. *The Informal Economy: Studies in Advanced and Less Developed Countries*. Baltimore, MD: Johns Hopkins University Press.

Powell, Walter W. 1990. "Neither Market nor Hierarchy: Network Forms of Organization. "*Research in Organizational Behavior* 12: 295-336.

Prendergast, Canice, and Robert H. Topel. 1996. "Favoritism in Organization. "*The Journal of Political Economy* 104: 958-978.

Putnam, Robert D. 1995. "Bowling Alone: America's Declining Social Capital. "*Journal of Democracy* 6: 65-78.

Putnam, Robert D. , Robert Leonardi, and Raffaella Y. Nonetti. 1993. *Making Democracy Work: Civic Traditions in Modern Italy*. Princeton, NJ: Princeton University Press.

Rees, Albert. 1966. "Information Networks in Labor Markets. "*American Economic Review* 56: 559-566.

Renaut, Alain. 1999. *The Era of the Individual*. Princeton, NJ: Princeton University Press.

Rheingold, Howard. 2000. *The Virtual Community: Homesteading on The*

Electronic Frontier. Cambridge, MS: The MIT Press.

Robinson, John P., Kevin Barth, and Andrew Kohut. 1997. "Social Impact Research: Personal Computers, Mass media, and Use of Time." *Social Science Computer Review* 15:65-82.

Robinson, John P., and Geoffrey Godbey. 2010. *Time for Life: The Surprising Ways Americans Use Their Time.* University Park, PA: Penn State University Press.

Rosenbaum, James E., Stefanie DeLuca, Shazia R. Miller, and Kevin Roy. 1999. "Pathways into Work: Short-and Long-Term Effects of Personal and Institutional Ties." *Sociology of Education* 72:179-96.

Ruan, Dangqing. 1998. "The Content of the GSS Discussion Networks: An Exploration of GSS Discussion Name Generator in a Chinese Context." *Social Networks* 20:247-264.

Ruan, Danching, Linton C. Freeman, Xinyuan Dai, Yunkang Pan, and Wenhong Zhang. 1997. "On the Changing Structure of Social Networks in Urban China." *Social Networks* 19:75-89.

Saloner, Garth. 1985. "Old Boy Networks as Screening Mechanisms." *Journal of Labor Economics* 3:255-267.

Sanders, Jimy M., and Victor Nee. 1996. "Immigrant Self-Employment: The Family as Social Capital and the Value of Human Capital." *American Sociological Review* 61:231-249.

Sato, Hiroshi. 2003. *The Growth of Market Relations in Post-Reform Rural China.* London and New York: Routledge Curzon.

Scott, W. Richard. 2005. "Institutional Theory: Contributing to a Theoretical Research Program." Pp. 460-484 in *Great Minds in Management: The Process of Theory Development*, edited by Ken G. Smith, and Michael A. Hitt. New York: Oxford University Press.

Shane, Scott, and S. Venkataraman 2000. "The Promise of Entrepreneurship as a Field of Research." *The Academy of Management Review* 25:217-226.

Shirk, Susan. 2007. *China Fragile Superpower.* New York: Oxford University Press.

Smart, Alan. 1993. "Gifts, Bribes, and Guanxi: A Reconsideration of

Bourdieu's Social Capital. "*Cultural Anthropology* 8:388-408.

Smart, Alan. 1999. "Expressions of Interest: Friendship and Guanxi in Chinese Societies. "Pp. 119-136 in *The Anthropology of Friendship*, edited by Sandra Bell and Simon Coleman. New York: Oxford University Press.

Simon, Curtis J. , and John T. Warner. 1992. "Matchmaker, Matchmaker: The Effect of Old Boy Networks on Job Match Quality, Earnings, and Tenure. " *Journal of Labor Economics* 10:306-330.

Stigler, George. 1961. "The Economics of Information. " *The Journal of Political Economy* 60:213-225.

Szelenyi, Ivan. 1978. "Social Inequalities in State Socialist Redistributive Economies. "*International Journal of Comparative Sociology* 19:63-87.

Taylor, Mark P. 1996, "Earnings, Independence or Unemployment: Why Become Self Employed?" *Oxford Bulletin of Economics and Statistics* 58: 253-266.

Uzzi, Brian 1997, "Social Structure and Competition in Interfirm Networks: The Paradox of Embeddedness. "*Administrative Science Quarterly* 42:35-67.

Verbrugge, Lois M. 1979. "Multiplexity in Adult Friendships. " *Social Forces* 57:1286-1309.

Walder, Andrew G. 1986. *Communist NeoTraditionalism: Work and Authority in Chinese Industry*. Berkeley, CA: University of California Press.

Walder, Andrew G. 1992. "Property Rights and Stratification in Socialist Redistributive Economies. "*American Sociological Review* 57:524-539.

Walder, Andrew G. 1995. "Career Mobility and the Communist Political Order. "*American Sociological Review* 60:309-328.

Wand, David L. 1994. "The Institutional Culture of Capitalism: Social Relations and Private Enterprise in a Chinese City. "Paper presented at the annual meeting of the Association for Asian Studies, Boston, March 23-27.

Wank, David L. 1996. "The Institutional Process of Market Clientelism: Guanxi and Private Business in a South China City. "*The China Quarterly* 147: 820-838.

Wank, David L. 1999. *Commodifying Communism: Business, Trust, and Politics in a Chinese City*. Cambridge, UK: Cambridge University Press.

Watanabe, Shin. 1987. "Job-Searching: A Comparative Study of Male Employment Relations in the United States and Japan." Doctoral dissertation, University of California at Los Angeles.

Watts, Duncan J. 2004. *Six Degrees-The Science of a Connected Age.* New York: W. W. Norton & Company Press.

Wasserman, Stanley, and Katherine Faust. 1994. *Social Network Analysis: Methods and Applications.* New York and London: Cambridge University Press.

Wegener, Bern. 1991. "Job Mobility and SocialTies: Social Resources, Prior Job, and Status Attainment." *American Sociological Review* 56:60-71.

Wellman, Barry, Janet Salaff, Dimitrina Dimitrova, Laura Garton, Milena Gulia, and Caroline Haythornthwaite. 1996. "Computer Networks as Social Networks: Collaborative Work, Telework, and Virtual Community." *Annual Review of Sociology*, 22:213-238.

Wellman, Barry. 2001. "Computer Networks as Social Networks." *Science* 293:2031-2034.

Wellman, Barry, Anabel Q. Haase, James Witte, and Keith Hampton. 2001. "Does the Internet Increase, Decrease, or Supplement Social Capital?" *American Behavioral Scientist* 45:436-455.

Wellman, Barry, Wenhong Chen, and Weizhen Dong. 2002. "NetworkingGuanxi." Pp. 221-242 in *Social Connections in China: Institutions, Culture, and the Changing Nature of Guanxi*, edited by Thomas Gold, Doug Guthrie, and David L. Wank. New York, NY: Cambridge University Press.

Wellman, Barry, and Milena Gulia. 1999. "Net-Surfers Don't Ride Alone: Virtual Communities as Communities." Pp. 331-366. in *Networks in the Global Village*, edited by Barry Wellman. Boulder, CO: Westview.

Wellman, Barry, Janet Salaff, Dimitrina Dimitrova, Laura Garton, Milena Gulia, and Caroline Haythornthwaite. 1996. "Computer Networks as Social Networks: Collaborative Work, Telework, and Virtual Community." *Annual Review of Sociology* 22:213-238.

White, Harrison. 2002. "Markets and Firms." Pp. 129-147 in *The New Economic Sociology: Developments in an Emerging Field*, edited by Mauro F. Guillen, Randall Collins, Paula England, Marshall W. Meyer. New York: Russell

Sage Foundation.

Williams, Dmitri. 2006. "On and Off the Net: Scales for Social Capital in an Online Era. "*Journal of Computer-Mediated Communication* 11:593-628.

Williamson, Oliver E. 1993. "The Evolving Science of Organization. " *Journal of Institutional and Theoretical Economics* 149:36-63.

Winship, Christopher, and Robert D. Mare. 1992. "Models for Sample Bias. "*Annual Review of Sociology* 18:327-350.

Wong, Siu-Lun. 1988. *Emigrant Entrepreneurs: Shanghai Industrialists in Hong Kong.* Hong Kong: Oxford University Press.

Wright, Eric O. 1997. *Class Counts: Comparative Studies in Class Analysis.* New York: Cambridge University Press.

Wright, Eric O. , and Donmoon Cho. 1992. "The Relative Permeability of Class Boundaries to Cross-Class Friendships: A Comparative Study of the United States, Canada, Sweden, and Norway. " *American Sociological Review* 57: 85-102.

Xin, Katherine K. , and Jone L. Pearce. 1996. "Guanxi: Connections as Substitutes for Formal Institutional Support. "*Academy of Management Journal* 39:1641-1658.

Yan, Yunxiang. 1996. *The Flow of Gifts Reciprocity and Social Networks in a Chinese Village.* Stanford, CA: Stanford University Press.

Yang, Ching-Kun. 1959. *The Chinese Family in the Communist Revolution.* Cambridge, MA: MIT Press.

Yang, Mayfair M. 1994. Gifts, Favors, and Banquets: The Art of Social Relationships in China. Ithaca, NY: Cornell University Press.

Yang, Mayfair M. 2002. "The Resilience ofGuanxi and Its New Deployments: A Critique of Some New Guanxi Scholarship. " *The China Quarterly* 170:459-476.

Yueh, Linda. 2009. "Self-Employment in Urban China: Networking in a Transition Economy. "*China Economic Review* 20:471-484.

Zhang, Lei. 2016. "Guanxi-Based Corporate Social Capital and Chinese Entrepreneurship. "Pp. 36-55 in *Rethinking Social Capital and Entrepreneurship in Greater China: Is Guanxi Still Important?* edited by Jenn-Hwan Wang, Ray-

May. Hsung. Oxon, UK: Routledge.

Zhou, Xueguang. 2000. "Economic Transformation and Income Inequality in Urban China: Evidence from Panel Data." *American Journal of Sociology* 105: 1135-1174.

Zhou, Xueguang, Nancy B. Tuma, and Phyllis Moen. 1996. "Stratification Dynamics under State Socialism." *Social Forces* 28: 440-468.

Zhou, Xueguang, Nancy B. Tuma, and Phyllis Moen. 1997. "Institutional Change and Job-Shift Patterns in Urban China." *American Sociological Review* 62: 339-365.

Zhou, Xueguang, Wei Zhao, Qiang Li, and He Cai. 2003. "Embeddedness and Contractual Relationships in China's Transitional Economy." *American Sociological Review* 68: 75-102.

图书在版编目（CIP）数据

论关系与关系网络 / 边燕杰著. -- 北京：社会科
学文献出版社，2023.6
（关系社会学丛书）
ISBN 978-7-5228-1818-4

Ⅰ.①论…　Ⅱ.①边…　Ⅲ.①社会关系-研究-中国
Ⅳ.①D668

中国国家版本馆 CIP 数据核字（2023）第 091478 号

·关系社会学丛书·
论关系与关系网络

著　　者 / 边燕杰

出 版 人 / 王利民
责任编辑 / 李明锋
责任印制 / 王京美

出　　版 / 社会科学文献出版社·群学出版分社（010）59367002
　　　　　　地址：北京市北三环中路甲 29 号院华龙大厦　邮编：100029
　　　　　　网址：www.ssap.com.cn
发　　行 / 社会科学文献出版社（010）59367028
印　　装 / 三河市尚艺印装有限公司

规　　格 / 开　本：787mm × 1092mm　1/16
　　　　　　印　张：20.5　字　数：353 千字
版　　次 / 2023 年 6 月第 1 版　2023 年 6 月第 1 次印刷
书　　号 / ISBN 978-7-5228-1818-4
定　　价 / 128.00 元

读者服务电话：4008918866

版权所有 翻印必究